Achim Heinze

Corona und was wir daraus lernen können
Die Folgen der Pandemie für das Zusammenleben

Achim Heinze

Corona und was wir daraus lernen können

Die Folgen der Pandemie für das Zusammenleben

Rediroma-Verlag

Bibliografische Information der Deutschen Nationalbibliothek:
Die Deutsche Nationalbibliothek verzeichnet diese Publikation in der Deutschen Nationalbibliografie; detaillierte bibliografische Daten sind im Internet über http://portal.dnb.de abrufbar.

ISBN 978-3-98527-704-9

Umschlagillustration:
Daniel Bieter/Dr. A. Heinze

www.rediroma-verlag.de
16,95 Euro (D)

"Sei, willst du unter Menschen gehn,
Mit geist'gem Kleingeld vorgesehn.
Gedanken tief und groß und stark
Lass lieber ganz zu Haus:
Auf einen Schein von tausend Mark
Gibt niemand gern heraus."[1]

Inhaltsverzeichnis

„Ein Tor, wer gelehrt und nicht verständig.“[2]

Einleitung: Ein unsinniger Donnerstag mit tieferem Sinn

„Mach mich zum Wächter deiner Weiten,
Mach mich zum Horchenden am Stein
Gib mir die Augen auszubreiten
Auf deiner Meere Einsamsein. “[3]

Am Unsinnigen Donnerstag – mit dem Datum 20.2.2020 auch noch eine lustige Schnapszahl – fand in der von mir geleiteten Grundschule eine gut besuchte Veranstaltung mit weit über einhundertfünfzig Personen in unserer nicht allzu großen Schulaula statt. Eigentlich war alles so wie jedes Jahr zur Erkältungszeit: draußen kalt, innen zu warm; viel Lachen und Gesang; fleißiges Händeschütteln; auch freundliche Umarmungen und beste Wünsche. Wie Bilder aus einer guten, alten Zeit mutet das inzwischen alles an, während ich es nur wenige Monate danach niederschreibe.

Bemerkenswerterweise ging es bei dieser Veranstaltung, die zwar am Unsinnigen Donnerstag stattfand, aber keine Faschingsveranstaltung war, auch noch um das Thema Gesundheit: eine Schulklasse sang von den bösen Viren und Bakterien, die sich einschleichen; eine andere bot ein szenisches Spiel, das ebenfalls den Infektionsschutz thematisierte. Doch von dem, was auf der Bühne gelehrt wurde, war abseits davon nichts zu merken – das Wort Corona war zwar schon eines das man kannte – und das nicht nur als Biermarke; aber das dazu gehörige Problem galt uns hierzulande noch als ein chinesisches bzw. wenigstens ein italienisches. Wir alle sahen uns damals auf der sicheren Seite.

Ein Kind immerhin hatte auf dem abgelichteten Zeitungsfoto von dieser kleinen Großveranstaltung tatsächlich schon einen medizinischen OP-Mundschutz getragen (es war als Arzt verkleidet und dürfte damit wohl europaweit das erste Schulkind mit Mundschutz gewesen sein). Und jetzt kommt es: Diesen Schutz hätten wir an diesem Tag alle schon dringend gebraucht! Denn in der darauf folgenden Woche der Faschingsferien war mehr als ein Drittel der Schulkinder krank darniedergelegen. Corona oder nicht? Das dürfte für die meisten jetzt die entscheidende Frage sein; doch damals war sie es allgemein noch nicht.

Für mich persönlich allerdings schon. Denn auch ich bekam pünktlich zu den Faschingsferien leichte Erkältungssymptome: nicht so schlimm, dass ich flachgelegen wäre – aber doch so, dass ich diese Ferienwoche im dauererschöpften Zustand verbringen musste. Ich machte mir durchaus ernsthaftere Sorgen, als das zu dieser Zeit in Deutschland die gängige Medienmeinung war. Denn während in den Medien das Thema Coronavirus noch eisern totgeschwiegen wurde, sah es im Inneren mancher vorausdenkenden Menschen schon ganz anders aus – die Schutzmasken beispielsweise waren in den Geschäften und Baumärkten längst ausverkauft. Nicht nur deshalb, sondern auch aus dem Grund, weil ich Verwandte im italienischen Veneto habe, wusste ich offenbar schon deutlich mehr bzw. vielleicht wollte ich aber schlichtweg einfach mehr wissen. Auf ein ungutes Gefühl, das uns alle längst beschlichen hatte, sollte man schließlich nicht mit Verdrängung, sondern besser mit Erkenntnis reagieren! Im Prinzip wurde damals taktisch bereits vorweggenommen, was dann zur Strategie der notorisch-dogmatisierten Corona-

Akzeptanz-Verweigerer gemacht wurde: einfach alles ablehnen als die einzige „Lösung".

Auch während der eingangs beschriebenen schulischen Mini-Massenveranstaltung am Unsinnigen Donnerstag hatte ich immer wieder still bei mir gedacht: ob es das alles hier in dieser Form so schnell wieder geben würde? Ein Gefühl des Trügerischen ließ sich bereits damals nicht mehr abschütteln.

Eine Bekannte wollte mit mir während der besagten Faschingswoche eine Skitour in Österreich machen – ich hatte sie immer wieder vertröstet: mit dem Argument, dass ich nicht ganz fit sei. Das war allerdings nur ein Vorwand, denn meine Fitness hätte trotz leichtem Unwohlsein dafür schon ausgereicht, um mit ihr mitzuhalten. Ich fürchtete vielmehr eine mögliche Ansteckung mit dem Coronavirus auf einer Skihütte bzw. gar eine Grenzsperrung bei der Rückreise aus Österreich, was womöglich eine Nacht im Auto bedeutet hätte. Aber auch ich hatte unsere Behörden überschätzt. Bis zu einer solchen damals bereits akut dringend erforderlichen Grenzsperrung bzw. wenigstens entsprechenden Einreisekontrollen sollte es noch drei lange Wochen dauern.

Das, was in diesem Buch angesprochen wird – und das möchte ich ganz klar herausstellen –, zählt nicht zur Kategorie derjenigen, welche hinterher schlauer sind; sondern zielt vielmehr darauf ab, es schon vorher zu sein – wenigstens zukünftig: aus der Krise zu lernen, das ist exakt damit gemeint! Aber natürlich wird sich auch weiterhin der Erste die Finger verbrennen, welcher etwas Unangenehmes und Unerwünschtes ausspricht; somit hilft es in einer massenmedial bestimmten Gesellschaft nicht unbedingt, rechtzeitig schlau(er) zu sein, weil einem ohnehin die Hände (bzw. die individuelle Meinungsartikulation) gebunden sind.

Krisenmodale Widersprüche, Zwänge und Verhängnisse werden nun in diesem Buch im Einzelnen dargestellt. Dieses Schriftwerk unterscheidet sich damit von den meisten Veröffentlichungen, die zum Thema Corona auf den Markt geworfen wurden. „Corona – und was wir daraus lernen können“ verfolgt einen soziologischen und psychosozialen Ansatz, der einen umfassenden Blick auf unsere Gesellschaft und unsere Art zu leben wirft: vor, während und ebenso nach der Krise.

In einem persönlichen Abschnitt in diesem Buch spreche ich an, dass das vorausschauende Denken der Menschen im postmodernen Zeitalter weitestgehend verloren gegangen ist. Dies könnte man anhand sehr vieler privater wie professioneller Situationen belegen. Dieses Buch war allerdings ebenso wenig geplant wie die entsprechende Krise. Entstanden ist dieses Werk nicht „from the scratch“, indem man sich vielleicht vor ein leeres Blatt Papier oder eine noch byte-freie Computerdatei setzt und diese allmählich mit Statistiken, Interpretationen und aus dem Internet abgeleiteten Prognosen füllt – nein danke! Das Motiv für diese Veröffentlichung war auch kein Von-der-Seele-Schreiben oder eine vergleichbare Form der Triebabfuhr – der Weg war in diesem Fall ein gänzlich anderer: Beim Korrekturlesen verschiedener Bücher, deren Manuskripte allesamt im ersten Halbjahr 2020 fertiggestellt wurden, fiel mir immer wieder auf, dass sich dort das Thema Corona in vielen Beispielen und Schlussfolgerungen eingeschlichen hatte. Dieses virulent-virale Auftreten drohte angesichts seiner hohen gesellschaftspolitischen Relevanz einerseits das jeweilige Buchthema regelrecht gegen die Wand zu drücken – auf der anderen Seite aber hatte sich so schleichend wie unbemerkt ein Strukturgerüst für ein eigenes Buch zum Thema Corona aufgebaut und bereits zunehmend mit lesenswerten Inhalten angefüllt. Es ergab sich regelrecht von selbst, dass dieses Manuskript wuchs und wuchs – bis zum nun vorliegenden Endresultat.

Allen Lesern danke ich an dieser Stelle ganz herzlich für ihr großes Interesse und wünsche eine gewinnbringende Lektüre sowie gesundheitlich das Beste!

A.H. im Herbst 2022

Über Nacht plötzlich alles anders

Nichts zu verschweigen

„Zu schweigen, ist das wahre Verbrechen gegen die Menschheit.“[4]

Ein kleiner zoonotischer Erreger hatte zu Beginn des dritten Jahrzehnts unseres gerade erst angebrochenen dritten Jahrtausends alles verändert. Eine Art Schalter wurde umgelegt, der die Lebensfreude, das soziale Miteinander, auch die letzte Freude einer nicht ewig währenden Spaßgesellschaft und all das, was wir zeitlebens gewohnt waren, mit einem Schlag ausradierte. Aber war unsere Gesellschaft tatsächlich noch so unbekümmert und heiter, wie wir das rückwirkend gerne einmal verklären? Hatten Ground Zero, ein nachhaltig äußerst negativ wirksamer Börsencrash, der schleichende Klimawandel, verheerende Tsunamis, der japanisch-atomare Super-GAU oder die bis heute andauernde Asylkrise unsere Gesellschaft und unser Leben nicht schon längst nachhaltig verändert? War vor Corona hierzulande wirklich alles noch so in Ordnung, wie wir uns es plötzlich alle wünschten? Wurde der Begriff des alten Europa nicht längst von einer ehemaligen Auszeichnung zu einem Menetekel? Werden das Lachen, die Freude und die Unbeschwertheit wieder in unsere Gesichter zurückkehren bzw. war unser Lachen vor Corona wirklich ein unbeschwertes und freies? Auch Kindern sah man längst Sorgen an, die nicht in offene kindliche Gesichter gehören – das Land des Lächelns waren wir schon zuvor nicht!

Corona hat ebenso im Medialpolitischen eine neue monopolistische Agenda eingeläutet; abgesehen vom 11.9.2001 mag man an dieser Stelle vielleicht widersprechend anführen – doch die damaligen Ereignisse in New York waren für uns alle noch weit genug weg, während sich Wuhan plötzlich aufmachte, direkt zu uns zu kommen. Plötzlich war sie doch viel schneller als gedacht da, die vielzitierte und durchaus diskriminierend-projektiv heraufbeschworene „gelbe Gefahr", welche zuerst militärisch, dann wirtschaftlich, aber am allerwenigsten viral gefürchtet wurde.

Überhaupt nahm ein kleiner und relativ unselbstständiger Erreger einen medialen Vorrang ein, welcher bisher nur Personen zukam. Selbst der elfte September konnte mit dem Konterfei von Osama Bin Laden ebenso in direkte Verbindung gebracht werden, wie der Irak-Krieg mit Saddam Hussein, der Kommunismus mit Josef Stalin oder das Dritte Reich mit Adolf Hitler. Mit der Coronakrise aber entstand erstmals ein personelles Vakuum – es gab keinen bösen Menschen, dem man hauptverantwortlich machen konnte, kein Gesicht der Pandemie, keinen menschlich gewordenen Namen für die Krise – nur ein kleines Virus, das man mit bloßem Auge nicht erkennen kann. Konnten die Medien der ebenfalls nicht direkt sichtbaren Klimakatastrophe mit Greta von Thunberg noch ein (wenn auch ungeeignetes) Gesicht geben, so war dieses Klimakonterfei Anfang März 2020 mit einem Schlag ebenso abgemeldet wie die entsprechenden Themen Klimaschutz, Plastikmüll oder Atomkraft – und sie sollten es auch für eine sehr lange Zeit bleiben. Denn das, was man ansonsten eher dem Drehbuchautor eines James-Bond-Filmes zugetraut hätte, der einen Bösewicht die ganze Welt vergiften lässt, war plötzlich von der cineastischen Fiktion zur ubiquitär realen Wirklichkeit geworden.

Zum Thema Corona gab es erwartungsgemäß sehr schnell eine große Veröffentlichungsflut. Denn so, wie das Virus pandemisch die Kontinente „überschwemmte", folgte ihm die publizistische Verwertung auf dem Fuße – und das in einem Ausmaß, wie man es noch nie zuvor angetroffen hatte. Doch diese Podcasts, Brennpunkte oder Zeitungsnachrichten gewordenen Schnellschüsse stellten im Wesentlichen nichts anderes als vergängliche Momentaufnahmen dar, die nach ihrem Erscheinen oft schon am nächsten Tag wieder von der Wirklichkeit überholt worden waren.

Im vorliegenden Buch wird nun der literarische Blick von der Metaebene auf unseren von Covid durchseuchten Planeten gewagt: Was hat sich mit Beginn des Jahres 2020 auf der Welt alles verändert? Kann die Welt von gestern (das tatsächlich noch gar nicht so lange her ist, wie es sich für uns anfühlt) wieder dieselbe werden, welche sie zuvor war? Werden wir wieder einmal ausgelassen unter fremde Menschen gehen und mit ihnen feiern wollen? Oder bleibt die soziale Distanz erhalten?

Nicht wenige Menschen schrieben deshalb das Jahr 2020 schlichtweg als Seuchenjahr ab – mit einer solchen verdrängenden Flucht allerdings konnten sie kaum dauerhaft glücklich werden; es werden wohl noch einige Jahre ins Land ziehen, die sich als abschreibungswürdig erweisen – mit oder ohne Covid![5] Manche verdrängen dabei aus Angst, andere Menschen hingegen interessieren sich für das, was einen so und so bald wieder einholen wird. Denn „das Leben bietet heute immer mehr Erwachsenen keine sichere Perspektive, kein Gefühl, dass man sich darauf verlassen könne, in zwanzig Jahren werde immer noch alles einigermaßen in Ordnung sein."[6] Mit der Coronapandemie ist dieses befürchtete Morgen der Unsicherheit nun endgültig zum realen Heute geworden.

Eine Ausgeburt der Angst

„Die Trennungslinie zwischen denen, die denken wollen und deshalb für sich selbst urteilen müssen, und denen, die sich kein Urteil bilden, verläuft quer zu allen sozialen Unterschieden, quer zu allen Unterschieden in Kultur und Bildung."[7]

Unsere globale Gesellschaft befindet sich spätestens seit der Jahrtausendwende in einem fundamentalen und unumkehrbaren Transformationsprozess zur Massengesellschaft, welche zugleich in individuelle Egoismen zerfällt. Diese Entwicklung bringt nicht nur wegen ihres Veränderungscharakters, sondern auch wegen der entsprechenden Tabuisierungen bzw. Beschwichtigungen und den gleichzeitigen erdrutschartigen Veränderungen große innere Ängste der Menschen mit sich. „Wir haben uns in das Gefängnis der Charakterschablone aus Angst begeben. Groß ist deshalb die Angst, aus der Schablone wieder herauszutreten."[8] Ängste haben in einer solchen neuen Situation, wie sie diese Pandemie darstellte, im Grund genommen alle Menschen in einer gewissen Form – es wird allerdings in aller

Regel nichts Positives aus diesen Ängsten gewonnen. Sie werden lediglich verdrängt und es wird nach außen hin so getan, als wäre möglichst viel von dem, was Angst macht, doch gar nicht so schlimm. Menschen gestehen sich immer nur so viel Realität ein, wie sie auch verkraften können – und das ist mittlerweile ziemlich wenig geworden!

Kommt nun jemand mit neuen Erkenntnissen an und erinnert wieder an die wenigstens halbwegs verdränge Wahrheit, dann wird dieser Mensch unter Umständen stellvertretend für das bekämpft, woran er erinnert. Daher kommen eine sich heute nicht nur angesichts Covid breitmachende anti-intellektuelle Front, eine gewisse Wissenschaftsfeindlichkeit, eine neue Nestbeschmutzer-Mentalität und eben auch die Abwehr der eigenen Lern- und Wissenschancen. Dieser regelrechte mainstreammedialreaktionsbildende Exorzismus des Intellekts schadet uns schlussendlich aber allen, weil dabei der fruchtbare gesamtgesellschaftliche Diskurs entfällt und man sich stattdessen auf ein gegenseitiges Ablehnen reduziert. Artikuliert wird die aufkeimende Unzufriedenheit dann stets abgelöst von der ursächlichen Diskussion. In der Gegendemonstration kann man dabei seine inneren Ängste gut in der Masse verstecken. Selbstverständlich hatten die Anti-Corona-Maßnahmen-Demonstranten durchaus in einigen Punkten Recht – das galt allerdings ebenso (und quantitativ wie vor allem qualitativ deutlich mehr) für die Gegenseite, welche diese Beschränkungen erlassen hatte. Hier nun eine Front mit zwei sich spinnefeind gegenüber stehenden Lagern aufzumachen, ist aus soziokultureller Sicht als grundverkehrt anzusehen. Eine solche entstandene Haltung der Unversöhnlichkeit ist allerdings den etablierten Meinungsführern stärker anzulasten, denn ihre berufliche wie demokratische Aufgabe ist schließlich diejenige der Völkerversöhnung – und diese beginnt bereits beim eigenen Volk!

Dementsprechend, wie Friede mehr ist als Nicht-Krieg, ist auch eine Demokratie mehr als allein die Abwesenheit von Diktatur. Im Spannungsfeld von freiheitlicher Demokratie und solidarischem Gesundheitsschutz zu agieren, ist gewiss nicht gerade einfach, wenn man zwar einen funktionierenden Kompass erhält, aber selbst gar nicht weiß, wo man eigentlich steht. Denn eingenordet wurde das Groß der heutigen Entscheider und des aktuellen Medienkonvoluts schließlich von wirtschaftsliberaler Seite – eine biophile Ideologie des Lebendigen, wie sie etwa Erich Fromm, Albert Schweitzer, Ernst Bloch oder Baruch de Spinoza (und auch ich als Autor) vertreten, dürfte den meisten Entscheidungsträgern weitgehend fremd sein. Sie lassen sich stattdessen von Wirtschaftsgremien beraten und ihre Gesetzesvorlagen werden ihnen in den Ausschüssen von entsprechender Seite vorbereitet. Dazu kommt, dass so manche Politiker neben dem Inhaltlichen auch methodische Fachmängel aufweisen: große Didaktiker, Psychologen oder Pädagogen sind sie definitiv nicht.[9] Die Folge ist dann eine Erodierung des Demokratischen, eine diesbezügliche Abwendung großer Massen und eine fundamentale Kritik, die sich nicht allein im Begriff „Coronokratie“ erschöpft, sondern händeringend (und hoffentlich nicht bald auch wieder armhebend) nach Neuem sucht und denkbar große Gefahr läuft, wieder einmal den falschen Heilsversprechern in die offenen Arme zu laufen. Denn „Menschen ohne eigenes Selbst sind immer eine Gefahr, da in ihnen ein großes Potenzial an Wut lauert, das sich zu entladen droht, sobald ihre Scheinwelt Risse bekommt. Solange die äußeren Umstände stabil bleiben, können sie ein weitgehend unauffälliges Leben führen. Wenn jedoch das äußere Gerüst ins Wanken gerät, werden ihre destruktiven Impulse offenbar. Wenn der äußere Halt bröckelt, brechen bei Menschen ohne inneren Kern die Wunden der Kindheit wieder auf. Für Demagogen, Kriegstreiber und Hassprediger sind andere Menschen willfährige Opfer, denn die vermeintlihen Autoritäten liefern ihnen das ideologische Rüstzeug, das ihnen erlaubt, ihre Aggressionen gegen „legitime" Feindbilder zu richten. In Krisenzeiten wächst die Gewaltbereitschaft. Dies ist die Stunde für politische Führer, die – unter dem Vorwand, für die Gesellschaft nur das Beste zu wollen – die Erlaubnis erteilen, Hass und Verachtung gegen soziale Gruppen zu richten, die angeblich für die Missstände verantwortlich sind. Das Bindeglied, das Menschen dazu veranlasst, machtbesessenen Führern und ihren Ideologien zu folgen, ist eine allgemeine Gehorsamkeitsbereitschaft, zu der wir alle erzogen wurden. Wir fühlen uns wohl, wenn wir einem starken Menschen folgen. Das gibt uns nicht nur Halt und Orientierung. Die Identifikation mit Macht und Stärke vermittelt ein Gefühl von Bedeutung und Sinnhaftigkeit. So kommt es immer wieder zu der paradoxen Situation, dass ausgerechnet Benachteiligte solche politischen Führer wählen, die nur Verachtung für sie übrig haben und deren Programm ihre Situation noch verschlimmert."[10]

Corona als moralische Wasserscheide

„Denken heißt überschreiten."[11]

In diesem Buch werden den Kapiteln immer Sentenzen großer Denker und Dichter vorangestellt. An dieser Stelle würde sich sogar die doch etwas banale Alltagsweisheit „Irren ist menschlich" eignen – jedoch einen Irrtum zuzugeben? Das kommt heute nur noch selten vor und kann sehr schnell einmal das politische Aus bedeuten. Sich in den eigenen Lebenslügen getroffen zu fühlen, ruft bei den betreffenden Menschen zudem eine sehr starke Abwehr hervor, welche in ihrer Aggressivität derjenigen der eigenen Überlebenssicherung nahesteht. Dazu kommt weiter, dass wir als Menschen allesamt dem aktuellen Zeitgeist unterliegen – um nicht zu schreiben unterlegen sind. „Ein Irrtum nach dem anderen wird gelassen aufs Eis gelegt, das Ideal wird nicht widerlegt – es erfriert. Auch das Mitleiden kühlt sich bedeutend ab."[12]

Die Sicht auf und der Umgang mit Corona waren nicht soziologisch, nicht pädagogisch, nicht psychologisch und auch nicht immer vorrangig medizinisch motiviert, sondern vor allem politisch. Vieles galt als gesetzt und es stand von vornherein fest, wer bis zuletzt als Juwel die wenigsten wirtschaftlichen Abstriche machen musste.

„Keines Morgens Antlitz will sich röten,
Und wir finden unsre Wege nicht."[13]

Es trug gewiss auch nicht zum innenpolitisch-föderalen Frieden bei, wenn man sich als politisch Verantwortlicher in der Krise, wie man es ansonsten auch zu tun pflegt, besser darzustellen suchte als etwa die Nachbarregion; denn in der Krise liegt schließlich immer auch die Wahrheit! Wer hier jedoch nur abtut, vertuscht, verschweigt oder auch einmal direkt lügt, wird in der Krise im Gegensatz zum allgemein Politischen nicht mehr so leicht damit durchkommen – es wird etwas hängenbleiben; denn in jeder Krise wird den Verantwortlichen genauer auf die Finger geschaut. Eine Vermittlungsprovision für Masken, die gegenüber sonstigen Deals mit knapp 50 Millionen Provisionsanteil eher in einem Portokassenbereich liegt, ruft dann nicht nur hohe Entrüstung hervor, sondern kann durchaus zu einem weiteren Sargnagel der Demokratie werden. Die bekannt gewordenen Namen stehen dabei als beschämende Beispiele der Botschaft einer von oben verursachten Demokratieerosion; denn in der Krise auch noch Geschäfte mit ebendieser machen zu wollen, ist mehr als nur schäbig.

Heute wird in den meisten westlichen Demokratien die Politik vorrangig als Wirtschaftspolitik gemacht; seit dem Niedergang des bürokratisch-diktatorisch pervertierten Sozialismus Anfang der 1990er-Jahre fühlt sich der Kapitalismus als Sieger – und Sieger tendieren häufig dazu, maßlos zu werden. Die endgültigen Folgen der jahrzehntelangen Ökonomisierung des Unökonomischen konnte man schließlich bei der Coronapandemie im großen Stil erfahren: Atemschutzmasken fehlten, Desinfektionsmittel gingen sehr schnell zur Neige (im Internet wurden deshalb sogar schon Rezepte verbreitet, wie man diese selbst herstellen könne) und schließlich musste der Staat sogar in den freien Markt eingreifen, damit die Krankenhäuser und Arztpraxen als Erste wieder mit den so dringend erforderlichen Hygiene-Standardartikeln versorgt wurden. Ähnliches durfte man während der zweiten Welle mit Impfstoffen und FFP2-Maskenpflicht (die erst nach dem Höhepunkt der zweiten Welle kam) erneut erleben. Wie ein roter Faden zog sich dabei auch eine rote Blutspur des Versäumens durch die Pandemie: Wer zu spät kommt, der bestraft das Leben!

Die Coronapandemie hat uns paradigmatisch vorgeführt, dass eine Wirtschaftsform, die sich vorrangig darauf versteht, die Bedürfnisse zu erfüllen, welche sie selbst erzeugt, dann kläglich versagt, wenn die Bedürfnisse fremdgesteuert auftreten. Ganz konkret: Wenn plötzlich nach etwas verlangt wird, mit dem bisher nur wenig Umsatz generiert werden konnte und das nicht dem Portfolio des Marktprofils entspricht, dann entsteht eine leere Nachfrage, die nicht erfüllt werden kann. Bis der Markt dann endlich einmal soweit ist, entsprechend zu liefern, sind allerdings viele Menschen der Erkrankung, dem Leiden und dem Sterben ausgeliefert worden: Wie viele Menschenleben aber hätten wir allein mit einer rechtzeitigen und flächendeckenden Versorgung mit Schutzmasken retten können?

Die breite Masse der Menschen wurde jedoch angesichts einer drohenden Pandemie zunächst nicht geschützt: Landesgrenzen blieben viel zu lange offen, die Räder des Waren- und Wirtschaftsverkehrs müssten weiterrollen, auch wenn damit schon längst nichts mehr gewonnen werden konnte, sondern nur die Niederlage abgemildert werden sollte. Unsere Mitmenschen wurden aus Gründen der Ansteckungsgefahr über Nacht zu Gefahren und zu Feinden. Das spielte der tonangebenden Klasse zu allem Überfluss auch noch in die Karten. Je diktatorischer veranlagt, umso mehr wurde dies in der Not(verordnungs)Situation vom betreffenden Politiker mehr oder minder ausgenutzt.

Falsche Einschätzungen waren dabei der Nährboden der Viral-Pandemie, auf welchem diese gedeihen konnte. So wiegte eine erstmals sinkende Zahl von Neuinfektionen während der ersten Coronawelle viele Verantwortliche und Bürger frühzeitig in falscher Sicherheit. Doch entscheidend war vielmehr eine Inkubationszeit von bis zu vierzehn Tagen, eine gewisse Dauer der Krankheit bis zu einer Intensität, welche einen Arztbesuch und Test erforderlich machte, sowie eine Auswertungsdauer der Tests von anfänglich bis zu zwölf Tagen und ganz besonders die statistisch nicht erfassbare Dunkelziffer von infektiösen Personen, die nicht oder nur leichter erkranken. All das ließ die betreffende Statistik unberücksichtigt und erwies sich damit als nichts anderes als eine Zahlen-„Wissenschaft", deren Absolutsetzung bekanntlich zu im Ergebnis unrichtigen Schlüssen und Verhaltensweisen führen musste.[14] Doch man klammerte sich an Inzidenzwerte wie an die Planken eines längst im Sinken begriffenen Schiffes. Mit retrospektiv angelegten Statistiken zu argumentieren, ist ohnehin nicht der Weisheit letzter Schluss; schließlich hinkt man dabei stets der Entwicklung hinterher und bedient sich darüber hinaus oft einer dünnen Datenlage. Eigenaktives prospektives Denken fehlt demgegenüber und man regrediert einmal mehr auf die bereits bekannte Tatsache, dass sich die Menschheit in aller Regel nur diejenigen Aufgaben stellt, welche sie auch lösen kann. Werden diese Anforderungen nun extern gestellt, so wird man mit dem bisher bewährten Denken scheitern. Doch dass z.B. „die akuten respiratorischen Erkrankungen zum Winterhalbjahr zunehmen, war ebenso zu erwarten wie die Problematik um die Reiserückkehrer im Sommer."[15] Es ist also weniger entscheidend, ob jemand ärztlicher Direktor, Politiker oder Virologe ist – entscheidend sind neben dem Intellekt besonders seine Charaktereigenschaften: Kann er vorausdenken, ist er zu produktivem Tätigsein in der Lage? Macht das prospektive Denken einen möglichst großen Teil seiner charakterlichen Identität aus? In solchen Krisenfällen rächt sich ansonsten eine Stellenbesetzungspraktik, die eher den servil-ehrgeizigen Konformisten dem kritisch-konstruktiven Denker vorzieht. Denn „alle Technik der Welt kann die Unfähigkeit, etwas zu bemerken, nicht kompensieren."[16] Wir mussten allerdings zu allen Zeiten und Pandemielagen feststellen, dass es keine Deckungsgleichheit von medizinischen Erfordernissen und politischem Handeln zu geben scheint. Nicht einmal der zweite Corona-Gesundheitsminister Karl Lauterbach konnte diese herstellen; als neu ernannter Gesundheitsminister verzichtete er auf einen angesichts der Omikron-Variante aus damaliger medizinischer Sicht erforderlichen Weihnachts-Lockdown 2021, welchen er ansonsten als Oppositionspolitiker händeringend gefordert hätte. Auch Verantwortliche, die sich im Februar 2021, als die Omikronwelle gebrochen war, nicht ausmalen konnten, dass eine Rückkehr zur Vor-Corona-Situation an den Schulen durchaus im Frühjahr wieder vorstellbar sei, waren mit ihren Denkfähigkeiten alles andere als auf der Höhe der Zeit; selbiges gilt für Amtspersonen, die – egal, was auch passieren möge – sich selbst zuschwörten, dass sie bis zum Ende mit ihren gewohnt-erlernten Abläufen an Ort und Stelle bleiben würden. Solche Anwandlungen hatten schon mehr als nur etwas vom bürokratischen Durchhalte-Totalitarismus der neunzehnhundertvierziger Jahre. Leider sind das alles keine Einzelfälle, sondern das Phänomen fehlenden prospektiven Denkens stellt heute vielmehr den schicksalsergeben-servilen Regelfall dar.

Bereit für die Krise?

„Der Mensch darf nicht von den Umständen, sondern die Umstände müssen vom Menschen beherrscht werden."[17]

Wer sind wir heute als globale Gesellschaft von bald acht Milliarden Menschen? Mit den mehr als nur krisenerprobten Menschen, die sich nach einem Ersten Weltkrieg sowie einer großen Revolution der pandemischen Spanischen Grippe gegenübersahen, können wir uns ein ganzes Jahrhundert später, in dem sich so viel geändert hatte, wie in der Menschheitsgeschichte niemals zuvor, gewiss nicht mehr vergleichen. Wir Menschen des postmodernen Okzidents gelten mehr als nur wohlgenährt, saturiert und übersättigt; wir lassen uns leben, unsere heiligen Tempel und Pilgerstätten sind die Einkaufs- und Konsumzentren geworden; möglichst alles wird outgesourct, wir lassen längst andere in weit entfernten Erdteilen stellvertretend für uns arbeiten, die Finger machen wir uns nicht mehr gerne schmutzig – und als besonders politisch gebildet gilt man in den meisten westlichen Gesellschaften auch nicht mehr.

Eine Bevölkerung aber, die sich weder bei der unsichtbaren atomaren Strahlung, dem gesundheitsschädigenden

Elektrosmog oder den allgewaltigen kanzerogenen Emissionen aus dem Straßenverkehr heute noch etwas Negatives denkt, nun auf eine nahende weltweite Pandemie einzustellen, deren Überträger für die menschlichen Augen unsichtbar sind, konnte eigentlich gar nicht zum Erfolg führen. Gehen wir deshalb zur vergleichenden Erhellung dieser Problematik einmal auf die wesentlichen Bereiche, welche uns eine medial andressierte Ignoranz gegenüber dem Unsichtbar-Schadvollen über Jahre und Jahrzehnte eingeimpft hat, im Einzelnen ein:

- **Atomare Strahlung:** Die Tatsache, dass die atomare Strahlung unsichtbar ist, wäre uns allen eigentlich bekannt. Seit Tschernobyl 1986 wissen wir, was bzw. wie schnell unser Stündlein schlagen kann. Auch Fukushima 2011 war mehr als nur eine weitere Warnung in dieser Hinsicht – ganz zu schweigen von der russischen Invasion in die Ukraine mit ihren an Kriegsschauplätzen weiterlaufenden Atomkraftwerken. Das, was man mit bloßen Augen nicht sieht, kann uns weitaus mehr Schaden zufügen, als das, was wir leichter erkennen und dem wir direkt ausweichen können.[18]

- **Elektrosmog:** Fast jeder Mensch in unserer Gesellschaft hat heute ein Handy bzw. ein Smartphone. Dieser Umstand macht uns psychisch immer mehr zu Gefangenen – unsere Wärter sind dabei multinationale Konzerne, die Land für Land mit Sendemasten zupflastern (gegen welche sich im Gegensatz zu Windrädern kein Widerstand regt) und lokale politische Gremien und Bürgerinitiativen dabei regelrecht überrollen. Die Empörung der Bevölkerung war dabei anfangs stets groß; doch gebrochen wurde dieser Widerstand immer dann, wenn auf der entscheidenden Bürgerversammlung von einem abgesandten „Fachmann“ (der bestenfalls ein Fachmann für Manipulation, denn für biochemische Medizin bzw. Gesundheitsschutz war) in den Saal hineingefragt wurde, wer denn hier aller ein Handy besitzen würde. Etwas verhalten gingen dann zumeist einzelne Hände nach oben. Sofort folgte in diesem längst abgekarteten und tausendfach von Konzernseite gewonnenen Spiel die Gegenprobe: Wer hat kein Handy? Verschwindend wenige Hände gingen dann nach oben – und diese wurden dann von der „Bürgergemeinschaft“ so manches Mal sogar noch belächelt: Sieg auf ganzer Linie für den Großkonzern sowie für seine Interessen – und den Gnadenstoß durfte man sich sogar noch selbst versetzen!

- **Verkehrsemissionen:** Das Thema der beständig ausgestoßenen Umweltgifte betrifft bekanntermaßen nicht allein den Bereich der Strahlung: Ein neues Eigenheim neben einer verkehrsreichen Durchgangsstraße? Wenn der Lärm abgeschirmt wird, dann wäre dabei doch alles in Ordnung! Oder etwa nicht? Doch der Lärm stellt wie auch die Lichtverschmutzung gegenüber den ständigen Schadstoffemissionen aus dem Straßenverkehr das weitaus geringere Problem dar. Die menschliche Gesundheit wird vor allem durch die eingeatmeten Partikel stark geschädigt – deren kanzerogenes Potenzial ist ein Aspekt davon. Gemeinhin lebt man dennoch in der Verdrängung dessen, was man nur schwerlich ändern kann.

Alles, was man nicht sieht und ebenso nicht hören kann, das soll es demzufolge auch nicht geben. Dieses oft zweckdienliche und der eigenen Vernunft widerlaufende Erdscheibendenken finden wir heute bis hinauf in höchste politische Ebenen: „Mit wem man es eigentlich zu tun hat, mit Leidenden, die es sich selbst nicht eingestehen wollen, was sie sind, mit Betäubten und Besinnungslosen, die nur eins fürchten: zum Bewusstsein zu kommen.“[19]

- **Psyche:** Auch unsere Psyche kann man weder ergreifen noch sehen; erst das zumeist später daraus resultierende Verhalten wird augenfällig. Dementsprechend behandeln wir Kinder z.B. erst dann, wenn sie Auffälligkeiten zeigen – auch hier fehlt es bereits an präventivem Einfühlungsvermögen und daher kommt es auch, dass wir häufig nur das Symptom und nicht dessen Ursache bekämpfen. Zudem werden gemeinhin die psychisch leisen Störungen übersehen. Es fällt uns heute vielleicht noch auf, wenn Kinder an Bewegungsmangel leiden und an Körpergewicht zunehmen (Kinder bewegten sich während des ersten Lockdowns noch bis zu 150 Minuten täglich, im zweiten nur noch eine Stunde; der TV-Konsum stieg parallel dazu von 130 auf 220 Minuten[20]) – jedoch, wenn Menschen psychisch leiden, dann erkennen das die wenigsten.[21] Etwa elf Millionen Kinder waren von den Bildungs-Lockdowns betroffen, welche für sie vor allem Sozial-Lockdowns waren; 71% fühlten sich durch die Kontaktbeschränkungen belastet, bei 40% verschlechterten sich die persönlichen Freundschaftsbeziehungen.[22] Da Studien allerdings zumeist das herausfinden, was sie herausfinden wollen, blieb auch hier die Tatsache weitgehend unbeachtet, dass Kinder demgegenüber immerhin wieder mehr Kontakt zu ihren Eltern und Geschwistern erhielten (bzw. wenigstens die Möglichkeit dazu) – danach wurde aber schlichtweg gar nicht gefragt. Es lag somit an den Eltern, wie gewinnbringend dieser Kontakt gestaltet wurde. Wenn man den öffentlichen Verlautbarungen während der Pandemie-Lockdowns folgte, so wünschte man allgemein von Elternseite, dass man die Kinder möglichst schnell wieder in Kitas und Schulen „zurückparken" konnte. Ist es denn wirklich so schlimm, seine eigenen Kinder ertragen zu müssen und mit ihnen zusammen zu leben und zu lernen? Offenbar: Denn die mit Fernsehen, Computer, Smartphones und Co. insgesamt verbrachte Zeit stieg während der Pandemie täglich von vier auf über fünf Stunden.[23] Nichts war es somit mit einem Wieder-näher-Zusammenrücken und der Familienzusammenführung im Lockdown! Wenn nun aber schon wieder lautstark darüber gejammert wurde, dass Kinder während der Coronapandemie zu Hause sein mussten, anstatt sich über ihre Anwesenheit und die gemeinsame Zeit zu freuen, dann haben wir gewiss nicht besonders viel aus den verhängnisvollen Erziehungsstilen der breiten Masse ein Jahrhundert zuvor gelernt.

Viele Kinder haben wichtige Entwicklungsphasen in sozialer Isolation erleben müssen.[24]

Fassen wir an dieser Stelle kurz zusammen: Das, was man nicht mit den bloßen Augen sehen kann, scheint es heute gemeinhin nicht zu geben. Man konnte dies angesichts der Coronapandemie in der Konsequenz relativ unverblümt erleben: Was als Schutzmaßnahme nicht angeordnet wurde, wurde auch nicht ergriffen. Das mag einerseits sicherlich an einem übermächtigen konditionierenden medialen und gesellschaftspolitischen Charakter liegen; aber auch die Tatsache, dass eine Gesellschaft, welche beispielsweise die Atomkraft nicht als existenzielle Gefährdung zu erkennen vermag (bzw. diese oft in reaktionsbildender Weise als harmlos eintaxiert), dann auch einen unsichtbaren Virus als Gesundheitsgefahr nicht besonders ernst nimmt, steht durchaus in einem engen Zusammenhang. Wenn man seitens der Verantwortlichen in der Lage gewesen wäre, besonders das zu erkennen, was man nicht sehen kann – wir wären von Anfang an allesamt weitaus besser durch diese Krise gekommen!

"Sie werden denselben Fehler immer wieder machen, solange sie nicht wissen, warum sie ihn machen."[25]

Schlag auf Schlag: eine Chronologie der Ereignisse

Wie wir alle in die Krise hineinschlitterten

„Unsere Gebildeten von heute, unsere „Guten“ lügen nicht – das ist wahr.“[26]

Als im Dezember 2019 die ersten spärlichen Berichte über eine neuartige Covid 19-Epidemie in China gesendet wurden, fühlte man sich in Europa noch sehr (selbst-)sicher. Dass hierzulande jemals ein einziger Mensch mit Mundschutz einen Supermarkt betreten würde, lag uns zur Jahreswende 2019/20 noch so fern wie der Saturn der Erde. Dementsprechend wurde auch das Land China belächelt und besonders die dortige zögerliche Corona-Informationspolitik der Bevölkerung gegenüber als undemokratisch diffamiert – was sie durchaus auch war. Doch wie so oft, bekommt einem die Schadenfreude nicht gut: nur sechs bis acht Wochen später war Europa zum neuen Zentrum dieser globalen Pandemie geworden; und die Informationspolitik war in hiesigen Breiten auch nicht viel besser![27]

Als die Coronapandemie im Januar 2020 erstmals punktuell Europa erreichte – genauer gesagt Bayern – wurden immerhin sogleich die richtigen Maßnahmen ergriffen. Es sah fast so aus, als wären dies lediglich Einzelfälle, die in den Griff zu bekommen wären. Doch so einfach, wie man es sich machen wollte, war es dann doch nicht. Es gab bereits damals Erkrankte, die wiederholt mit beidseitigen Lungenentzündungen bei Ärzten vorstellig geworden waren, anschließend in Krankenhäuser eingewiesen und gegebenenfalls nach einer fehlgeschlagenen antibiotischen Behandlung wieder entlassen wurden, um dann erneut zu ihrem jeweiligen Hausarzt in die Praxis zu kommen. Dies wiederholte sich mehrfach pro Patient – und nun kommt es: Das Ganze fiel nicht auf – aus dem einfachen Grund, da diese Patienten eben nicht als dreimal stationär aufgenommene beidseitige Lungenentzündungen im Abrechnungs- und Statistiksystem auftauchten, sondern nur einmal. Dieselbe Diagnose erneut zu stellen, rechnet sich in den pauschalierenden Abrechnungssystemen schließlich nicht. Der Schaden ist aber genau damit erzeugt worden. Wären hingegen – wie im früheren Entgeltsystem – dreimal hintereinander bei mehreren Patienten beidseitige Lungenentzündungen als Diagnosen aufgetaucht, dann wären der Rückschluss und ein entsprechender Test hinsichtlich einer Coronainfektion sehr nahe gelegen. So aber konnte weder diesen Patienten geholfen noch verhindert werden, dass diese wiederum andere Menschen privat, beim Arzt und vor allem in Krankenhäusern ansteckten.

„Leitende Ärzte werden zwischen den Anforderungen einer kommerzialisierten Medizin und ihrem Berufsethos zerrieben."[28]

„Wenn man Überstunden wegen bürokratischer und nichtärztlicher Tätigkeit machen muss, ist das extrem frustrierend."[29]

25.2.2020: Der österreichische Rundfunk und das Fernsehen berichten von den ersten beiden Coronafällen im Land exklusiv in mehreren Sondersendungen; doch eine Stunde später wird in der bundesdeutschen Hauptnachrichtensendung kein Sterbenswörtchen davon erwähnt.[30]

Corona war Ende Februar 2020 in Deutschland endgültig angekommen – der Virus ja, aber die Wahrnehmung in der veröffentlichten Meinung nicht. In den Medien fanden sich keine Zahlenangaben, stattdessen wurde lieber ganz groß darüber berichtet, wer nun das Rennen als zukünftiger Kanzlerkandidat machen würde. War das wirklich wichtiger? Corona als Kanzlerstück? „Die Politiker beschäftigten sich mehr mit sich selbst und verloren sich in Streitigkeiten: Bundesländer gegeneinander, die Regierungskoalition untereinander.“[31]

„Die Politik beschäftigt sich eher mit dem parteipolitischen Schlagabtausch, ein gefährliches Spiel in einer Pandemie.“[32]

Als das Thema Coronapandemie schließlich auf der medialen Agenda ganz oben stand, wurde es dementsprechend für die Selbstempfehlung eines Kanzlerkandidaten instrumentalisiert, der stets darauf achtete, liberaler als sein Konkurrent zu wirken: Wenn sein Konkurrent davon sprach, Menschen nur noch allein auf die Straße gehen zu lassen, dann kam von seiner Seite sogleich ein „zu zweit!“ – selbiges galt dafür, unbedingt der Erste sein zu wollen, der die Schulen vorzeitig wieder öffnete. Angesichts solcher Instrumentalisierungen verkam die politische Karriere sogar im Zeichen der Krone (Corona) zum Rat Race, weil hier im wahrsten Sinne des Wortes über Leichen gegangen wurde: nicht mehr über diejenigen politischer Gegnerschaft, sondern über diejenigen aus der Bevölkerung, welche ihrerseits wegen solcher entgegenkommend-populistischer und ohnehin lediglich eine Scheinliberalität vorgaukelnder Maßnahmen eine höhere Zahl an Todesopfern hinnehmen musste. Schutzmaßnahmen sollten allerdings – wie alles andere Medizinische auch – nicht politisiert werden!

Zu Zeiten der Coronakrise waren unwillkommene Maßnahmen seitens der Politik erforderlich, mit welchen man sich allgemein unweigerlich unbeliebt machte. Hier trennte sich nun die Spreu vom Weizen: die populistischer ausgerichteten Politiker übertrumpften sich im „Weiter so“ bzw. einem „Lockerungswettlauf“, der auf die Kosten der Gesundheit ging. Diejenigen Politiker hingegen, welche auf konsequente und konsistente Maßnahmen setzten und sich an der medizinisch-viralen Realität orientierten, fielen in der Beliebtheits- und Wählergunst deutlich ab. Man erkennt dabei eindeutig: Politik zu machen, erfordert Mut – nicht nur, jedoch ganz besonders in Krisenzeiten! Dazu aber sind viele sogenannte „Schönwetterpolitiker“ nicht fähig. Das Fazit lautet folglich: Wer vorsorgt, wird paradoxerweise bestraft.

Den Umstand und die Tatsache, dass Beliebtheitswerte der Maßstab für das politische Handeln mancher Verantwortlicher – selbst nach zwei Jahren Pandemie – geblieben sind, belegte einmal mehr die medizinisch-präventiv kontraproduktive Aussetzung eines Bundesgesetzes zur einrichtungsbezogenen Impfpflicht. Mit solchen falschen Signalen wurde die Coronapolitik unglaubwürdig – und nicht zuletzt wurden damit diejenigen, welche sich im Vorfeld der

Impfplicht deshalb rechtzeitig (nicht unbedingt aus Überzeugung) impfen ließen, regelrecht verhöhnt.

Pandemie – ein neues Tabuwort

„Am Ende sieht's ein Tor, ein Klügrer in der Mitte, und nur der Weise sieht das Ziel beim ersten Schritte.“[33]

Man wollte die Realität bei dieser Pandemie einfach nicht wahrhaben. Erst als die Coronapandemie von einem bedeutenden Virologen in einer Talk-Show öffentlichkeitswirksam schließlich als solche bezeichnet wurde, war auch dem letzten Ungläubigen klar geworden, was das Stündlein geschlagen hatte. Doch man ließ die Bevölkerung weiter im Dunkeln tappen: Es gab zunächst keinerlei Zahlenangaben bezüglich der Erkranktenzahl in Deutschland (über Spanien und Frankreich als Negativbeispiele, in deren negativem „Glanz“ man glaubte, sich „sonnen“ zu können, allerdings schon); dazu erst einmal keine veröffentlichten Leserbriefe, keine Sondersendungen nach den Nachrichten (wie man sie bei weitaus nichtigeren Themen nur allzu gerne bringt) und bekanntlich keine Absagen von Massenveranstaltungen, wie etwa des Karnevals – was zur Folge hatte, dass sich in den betreffenden Hochburgen die meisten Menschen völlig ungeschützt infizierten. Stattdessen wurde das, was nicht sein sollte, weiterhin in feiger Verleugnung kleingeredet. Wir mussten somit in dieser Krisenzeit von Anfang an etwas ganz Spezifisches erkennen – nämlich, dass sich die Coronakrise als eine zweifache erwies – eine gesundheitliche, aber auch eine medial-politische:

- Weil die Viral-Welle nun doch eintraf (und das weitaus infektionsgewaltiger, als sich das die anfänglich viel zu lange verdrängenden Verleugnungstendenzen anhängenden Verantwortlichen anderweitig erhofft hatten).

- Und in einer zweiten Hinsicht, weil beschwichtigend-manipulativ gesendet und nichts dagegen getan wurde. Man gaukelte der Bevölkerung (und auch sich selbst) von verantwortlicher Seite schlichtweg weiterhin eine angebliche Normalität vor, indem man Hunderttausende in die Fußballstadien schickte – doch nur wenige Tage später mussten alle Sportveranstaltungen und Spielzeiten restlos (doch nun viel zu spät) abgesagt werden.

„Bereit sein ist viel,
Warten können ist mehr,
Doch den rechten Augenblick zu nutzen, ist alles.“[34]

Entscheidend ist heute mit der multimedialen Multiplizierung nicht mehr vorrangig, wer etwas sagt, sondern auch, wann er dies tut. Bereits beim Asylthema fünf Jahre vor der Coronapandemie (als letzter großer Krise in Europa) konnten wir allesamt funktionell lernen, dass man für etwas, was aktuell die politische Praxis darstellen mag, noch kurze Zeit zuvor öffentlich gehenkt worden wäre – so schnell änderten sich die medial induzierten Stimmungen! Bei der Coronakrise beschleunigte sich dieses Verhältnis nun noch einmal um ein Zig-Faches. Das, was vor wenigen Tagen noch Politikum war, wurde von heute auf morgen zum Tabu gemacht. Diejenigen, welche demonstrativ im

Schutz der Gruppe noch zu Großveranstaltungen pilgerten, erzürnten sich plötzlich über denjenigen, der nur wenige Tage später im Wald allein zum Joggen ging. Der postmoderne Mensch erwies sich mehr denn je als medial überfordert – das galt und gilt für Sender wie Empfänger!

Versetzen wir uns an dieser Stelle noch einmal zurück in die letzten Februartage des Jahres 2020: In Mitteleuropa feierte man damals ausgelassen den Fasching und pilgerte in die Fußballarenen als wäre nichts gewesen. In Italiens Krankenhäusern war zu dieser Zeit in den betroffenen Regionen allerdings bereits die Hölle los; dort herrschte schlichtweg Kriegsmedizin: einen Unterschied zwischen (Chef-)Ärzten und Pflegern gab es nicht mehr, ebenso keine medizinischen Abteilungen, jeder machte alles, was gerade anfiel – zumindest so viel, wie er davon bewältigen konnte. Es fehlte an allem – vorwiegend an Beatmungsgeräten und ebenso an intensivmedizinischem Personal. Wie am Fließband kamen die Patienten mit beidseitigen Lungenentzündungen in die Notaufnahme, wo sie an Sauerstoffspender angeschlossen wurden. Das war zumeist aber schon alles, denn mehr Möglichkeiten gab es damals nicht: es existierte zunächst kein wirksames Medikament gegen Corona. Auch davon, dass man Kortison erst dann einsetzen sollte, wenn der sogenannte „Zytokinsturm“ als Ausdruck einer überschießenden Immunabwehr beginnt, wusste man zu Beginn der ersten Welle noch wenig: viel hilft also nicht immer auch viel! Zudem gab es in der besonders betroffenen italienischen Lombardei für die Patienten keine freien Beatmungsgeräte oder Lungenmaschinen mehr – und dies betraf keineswegs nur alte Menschen mit Vorerkrankungen; Patienten wurden in Krankenhäusern sogar wieder abgewiesen und verstarben zu Hause.

Die diensthabenden italienischen Ärzte waren nach jeweils zwei Wochen Dauerschicht regelrecht am Ende – und das nicht nur physisch; besonders, dass sie nicht mehr zu ihren Familien nach Hause durften und dass so viele junge Menschen erbärmlich in ihren fachlich hilflosen Händen und in ihrer ärztlichen Obhut ersticken mussten (darunter nicht wenige Kollegen) – und das alles gepaart mit der eigenen Todesangst –, ließ sie schier verzweifeln. Nicht zuletzt die Tatsache, dass die Ärzte zudem zu selektierenden Richtern über Leben und Tod gemacht wurden, weil sie auch noch entscheiden mussten, wer an die zu wenigen Lungenmaschinen angeschlossen werden sollte (und vor allem: wer nicht!), wird sie ihr ganzes Leben lang traumatisieren – sofern sie nicht selbst erkrankten und starben. Doch alle Warnungen und Hilferufe aus Italien nach Deutschland verhallten ungehört und fanden in der Politik sowie in den Medien keinen Widerhall; so viel zum Thema europäische Partnerschaft und Solidarität![35]

Was machte ein sich in ignoranter Sicherheit wiegendes Zentraleuropa? Man pilgerte dort in die Sportarenen, feierte ausgelassen den Faschingshöhepunkt und ließ den Personen- und Güterverkehr weiterhin völlig bedenkenlos pankontinental in Europa hin- und herpendeln, damit unsere Wirtschaft bloß keinen Schaden nähme! Dass diese genau deshalb einen unglaublich hohen Schaden nehmen musste, derart vorauszudenken, dazu war und sind viele politische und wirtschaftliche Entscheider heutzutage offenkundig nicht mehr in der Lage. Voraussehen und prospektives Denken ist, wie dies bereits der scharfsinnige

Dichter Friedrich Rückert im Eingangszitat dieses Kapitels feststellte, nicht jedermanns Sache. Dabei handelt es sich schließlich um eine Charakterdisposition, welche ständig gelebt und weiterentwickelt werden muss. Wer aber nur reagieren kann und es gewohnt ist, Expertisen und Hilfestellungen von anderen Fachstellen zu empfangen, ist selbst nicht mehr in der Lage, Entwicklungen vorherzusehen. Dies zeigte sich in fast allen Ländern im politischen Handeln: ubiquitär wurden immer erst dann Anti-Corona-Maßnahmen ergriffen, als sich die statistischen Vorhersagen in der Realität erfüllten – das war dann aber stets zu spät: 15 bis 20 entscheidende Tage wurden dem Virus dabei regelrecht geschenkt. Den Mut, seinem Denken zu vertrauen, hatte so gut wie niemand bzw. es fehlte schlichtweg an Ersterem.

Neben zu spätem Schließen wurde ebenso immer wieder zu spät geöffnet. Das, was politisch umgesetzt wurde, kam im Hinblick auf die Entwicklungen und Warnungen der medizinischen Fachwelt fast immer zu spät.[36] Der zweite Grund, weshalb in unschöner Regelmäßigkeit Land für Land dieselben Fehler gemacht wurden, war die Verdrängung des Unangenehmen und Unheilvollen. Es ging dabei nicht nur um das Nicht-Wissen-Können, sondern auch um das Nicht-Wissen-Wollen.[37]

Die Anfangsfehler: Dies ater – ein schwarzer Tag

„Frage Dich nur bei allem: „Hätte Christus das getan?" Das ist genug."[38]

„Dies ater" kommt aus dem Lateinischen und bedeutet „schwarzer Tag". Es gibt solche Tage in der Menschheitsgeschichte: beispielsweise den 25.10.1929 (welcher mit dem Kurssturz an der New Yorker Börse auch verbal als „Schwarzer Freitag" in die Geschichtsbücher eingegangen ist), den 1.9.1939 (der Beginn des Zweiten Weltkrieges), den 26.4.1986 (die Reaktorkatastrophe von Tschernobyl) oder den 11.9.2001 (der Anschlag auf das World Trade Center in New York). An allen diesen verhängnisvollen Tagen hätte überall auf der Welt das Leben noch seinen gewohnten Gang weitergehen sollen – doch die Entscheidung, dass die bisherige Form des zivilen Lebens zum Sterben verurteilt war, war jeweils unabdingbar getroffen worden. Auch der 22.2.2020 war für Zentraleuropa ein derartiger Tag; nur dass dieser von wenigen als solcher erkannt wurde. Denn während im alten Europa überall noch ausgelassen der Höhepunkt des Faschings gefeiert wurde, fuhr weitgehend unbemerkt ein Personenzug mit seiner todbringender Fracht aus dem sträflich ignorierten, alleingelassenen und vom Coronavirus längst unumkehrbar durchseuchten Norditalien ins Herz Deutschlands. Am 23.2.2020 wurde dann damals erstmals gehandelt – in Italien wenigstens: nachdem knapp einhundert Fälle positiv getestet wurden und die ersten (offiziellen!) Coronatoten Europas den behördlichen Ignoranten die Augen öffneten. Der Rest ist Geschichte – Weltgeschichte!

Nach diesem Faschingswochenende war jedenfalls nichts mehr so, wie es vorher einmal war – selbst wenn Verantwortliche noch einige wenige Wochen so taten, als wäre das alles nicht ihr Problem; in diesem Zusammenhang sei nur der vielzitierte Satz „Wir setzen auf eine europäische Lösung“ genannt. Angesichts einer solchen politischen Ignoranz der Realitäten könnte man durchaus auch von einer schwarzen Woche sprechen: am Dienstag, dem 18.2. 2020, begann diese mit dem Champions-League-Fußballspiel Madrid gegen Liverpool; unmittelbar darauf fanden die Champions-League-Spiele Bergamo gegen Valencia sowie Tottenham gegen Leipzig (jeweils am Mittwoch, dem 19.2.2020) statt. Was sich im lombardischen Bergamo hinsichtlich einer grassierenden Virusepidemie abgespielt hatte, dürfte bekannt sein! Tags darauf folgte mit den „Weiberfasching“[39] und dem sich anschließenden Karnevalswochenende samt Rosenmontag und Faschingsdienstag die Vollendung der viralen Pandemie. Als Zugabe ging man in Bayern direkt in den sogenannten politischen Aschermittwoch über. Parallel dazu fanden die Champions-League-Spiele Chelsea gegen München sowie Lyon gegen Turin am 26.2.2020 ebenfalls an diesem Tag statt.[40] 40000 Fans aus den Provinzen Bergamo, Cremona und Lodi inmitten der viral so überproportional stark betroffenen Lombardei waren gekommen um bei Atlanta Bergamo gegen Valencia das Virus in einer Form weiterzuverbreiten, die jeder später getroffenen und dabei so kleinkarierten wie hilflosen Lockdown-Maßnahme regelrecht spottete. „In Frankreich spielte noch am 28. Februar Nimes gegen Marseille, in Deutschland trat Düsseldorf gegen Hertha an – vor 31632 Zuschauern. In Ischgl und anderen österreichischen Skiorten wurde weitergefeiert als gäbe es kein Morgen. Nach dem Frühjahr (gemeint sind die Faschingsferien – der Verf.) nahmen Bayern und Baden-Württemberg den Schulbetrieb ohne Einschränkungen wieder auf."[41] Man hätte bereits beim Blick auf China feststellen können, dass dort mit den Reisen des chinesischen Neujahrsfestes, wo fünf Millionen Menschen fächerartig in alle Himmelsrichtungen ausschwärmten, die Infektionszahlen explosionsartig in die Höhe schossen.[42]

„Das Spiel, zu dem wir unterwegs sind, wird in der Nachbetrachtung als ein möglicher Brandbeschleuniger der Pandemie in Erinnerung bleiben, als grobe Fahrlässigkeit und eigentlich ein Wahnsinn. 3000 Menschen kommen aus Madrid nach Liverpool, obwohl in Madrid schon am nächsten Tag die Schulen und Universitäten geschlossen werden. Die spanische Hauptstadt gilt zu dieser Zeit bereits als Hotspot. All das hätte man wissen können."[43]

Wie erfolgsversprechend das Brot-und-Spiele-Motto tatsächlich schon geworden ist, sehen wir einmal mehr, als die Bevölkerung gewissermaßen als Entschädigung folgendes „Zuckerl" (statt Atemschutzmasken und Desinfektionsmitteln) während der Coronawelle erhielt und darüber in den Nachrichtensendungen propagandistisch berichtet wurde: der Fernsehsender Sky wollte als Kaufanreiz die nächsten beiden Spieltage der Fußball-Bundesliga gratis und für alle potenziellen Kunden live übertragen. Dazu hätte es sogar eine Konferenzschaltung geben sollen.[44] Dass diese schließlich gar nicht mehr stattfanden, zeigt einerseits die eklatante Realitätsferne der Medienmacher, andererseits ebenso ihre bornierte Arroganz gegenüber dem Wert von Menschenleben. Auch die Tatsache, dass man im Gegensatz zu Triathleten etwa, die sich für Spenden zugunsten der Pandemie-Bekämpfung im wahrsten Sinne des Wortes abstrampelten, als Fußballgroßverdiener nicht einmal im Geringsten dazu bereit war, von den auf dem Höhepunkt der ersten Pandemiewelle wieder beginnenden Fußballspielen wenigstens einen Teil der Einnahmen für die offensichtliche karitative Notwendigkeit zu spenden, zeigt eindeutig auf, wer heute das Sagen hat und wer nicht. Der in keiner Weise eingeschränkte Skitourismus tat dann ein Restliches zum paneuropäischen Infektionsgeschehen.

Selbstverständlich war der am Anfang dieses Kapitels angesprochene Personenzug nicht der alleinige Verbreiter der Coronapandemie in Deutschland – aber er ist doch zu einem Symbol dafür geworden. Besonders deshalb, da dieser „Todeszug“ zwar für mehrere Stunden angehalten wurde, weil dort zwei schwere Coronafälle auftraten, aber nach stundenlangem und unentschlossenem Zögern dennoch weiterfahren durfte: ohne Desinfektion, ohne Tests und offenbar ohne jegliches Ernstnehmen des Kommenden. Die Illusion der Normalität sollte schließlich mit der letzten Kraft aller Verleugnung noch drei Wochen aufrecht erhalten werden können, bis endgültig alles zusammenbrach: von der populistischen Durchhalteparole, man wollte keine Geisterspiele – bekam man als Quittung für diese Ignoranz schließlich Geisterstädte; der Lohn für die Viva-Colonia-Faschingsmaske war im Katzenjammer die Corona-Atemmaske: atemlos durch die Nacht – hatte sich das wirklich gelohnt? War das noch vernünftig? Wie schrieb schon Johann Wolfgang von Goethe im Faust:

„Die Tat ist alles, nicht der Ruhm!“[45]

Solche Anfangsfehler – man könnte durchaus auch Anfängerfehler schreiben – sind angesichts dessen, wofür die Europäische Union und Deutschland in der Welt stehen und bisher traditionell geachtet waren, nicht nachvollziehbar. Eine derartige Passivität und Ratlosigkeit gepaart mit dem Hoffen, dass auch dieses Mal wieder alles irgendwie aussitzbar wäre, wenn man alle Mahner und Warner ganz einfach als Hysteriker abtun würde, musste zwangsläufig zum Bumerang werden. Man war es schlichtweg gewohnt, sich als Verantwortlicher auf andere bzw. anderes zu verlassen: auf die immer nur rückwirkend basierten Daten der Statistiker, auf seine Berater (die meist Wirtschaftsinteressen vertreten und keine sozialen Anliegen der Bevölkerung) oder auf die veröffentlichte Meinung (realisiert in Stimmungen und Trends, welchen zur Selbstoptimierung bzw. zum Selbstschutz gefolgt wird).

Frühgeburt einer ungewissen Zukunft: die zweite Welle

„Menschliches Zusammenleben kann nur gelingen, wenn jeder die Rechte, die er für sich selbst beansprucht auch jedem anderen zubilligt und sich für diese wie für die eigenen einsetzt.“[46]

Die Coronapandemie hatte es an sich, dass – wie auch schon bei weiteren erlebten pandemischen Infektionskrankheiten – die infektionsarme Sommerzeit eine gewisse Verschnaufpause bewirkte. Damit entstand immerhin die Möglichkeit, sich für die zweite Welle im Winterhalbjahr 2020/21 zu rüsten. Dazu ist zunächst festzuhalten bzw. zu fragen: War die Bezeichnung zweite Welle nicht bereits von Vornherein ein Zeuge völlig falscher Einschätzung der Verhältnisse? Denn das, was wir im Frühjahr 2020 noch abbekamen, war von der Metaebene aus betrachtet lediglich die Ouvertüre und noch keine echte erste Welle. Die Gesamttoten der ersten Welle (bleiben wir des Verstehens halber bei dieser Bezeichnung) wurde während der zweiten Welle in nicht einmal zehn Tagen erreicht.[47] Selbst namhafte Virologen hatten die zweite Welle völlig unterschätzt, wenn man liest, dass jemand aus diesem Expertenkreis von prophezeiten fünf Neuinfektionen pro Woche, berechnet auf 100000 Einwohner, in ländlichen Gebieten schreibt.[48] Hatte man für die zweite und alle weiteren Wellen genügend bzw. überhaupt zusätzliches Personal angeworben bzw. eingestellt? In den Gesundheitsämtern, in Kinderbetreuungseinrichtungen, in den Schulen und in den Krankenhäusern?

Wir alle wissen und haben zu spüren bekommen, dass dem nicht so war. Bereits im Oktober 2020 war es in den ersten Regionen soweit, dass die Nachverfolgung der Infektionsketten aus Personalgründen nicht mehr funktionierte und damit bereits sehr frühzeitig der Kontrollverlust eintrat. „Wir sind zum Handeln gezwungen und handeln jetzt auch“, sagte die damalige Bundeskanzlerin zum Beschluss des neuerlichen Shutdowns; in die Sprache der

Realität übersetzt heißt das: „Wir haben zu lange gewartet.“ Dasselbe gilt für vernünftige Schulkonzepte. Man hat sich offensichtlich im Sommer (2020 – der Verf.) zu sehr in Sicherheit gewogen. “[49] Es wurde schließlich gar der Eindruck vermittelt, die Politik habe richtig entschieden und die Bevölkerung sei schuld am Fortschreiten der Pandemie. Ehrlichkeit wäre seitens der Politik stattdessen angesagt gewesen – einfach zuzugeben: Man hatte sich mit dem Lockdown ordentlich verschätzt.[50]

Man sollte echte Tränen von falschen und ebenso ein falsches Lachen von einem echten unterschieden können – und damit auch einen ehrlichen Menschen von einem falschen.

Wie wenig die Dynamik des Virus verstanden und von den Handlungsverantwortlichen intellektuell erfasst wurde, ist eigentlich kaum zu glauben: Es wurde beispielsweise eine Corona-Ampel eingeführt – ohnehin alles andere als der Weisheit letzter Schluss; doch nicht einmal einen halben Monat später war diese Ampel mit ihrer Einteilung von der Realität nicht nur überholt, sondern regelrecht überrollt worden. Wie reagierte man nun darauf? Mit einer weiteren Ampel-Stufe, ihrerseits erneut mit einem entsprechend kurzfristig gedachten Ablaufdatum. Manche Leser werden sich hierbei möglicherweise an das Beispiel der Energieeffizienz von Waschmaschinen erinnert fühlen, wo man wegen eines inflationären Gebrauchs von Pluszeichen die Botschaft kaum mehr erkennen konnte. Das kann man unter der Rubrik (schlechtes) Marketing einordnen – nur ging und geht es im Fall von Corona nicht um schmutzige Wäsche bzw. das Reinwaschen von unpopulären Zahlen, sondern schlichtweg um Menschenleben!

Die Entstehung von Gegnerschaft und gesellschaftlichem Hass

Der Hass ist weiter verbreitet als die Liebe.[51]

Aus der Coronapandemie sollte eigentlich auch der letzte projektive Idealist gelernt haben, dass wir hierzulande als Gesellschaft schon längst keine echte Solidargemeinschaft mehr darstellen, sondern vielmehr das Gegenteil davon geworden sind: jeder für sich – egal ob beim Impfvordrängeln, dem Maskenneid oder bei eingeforderten Sonderrechten. Konnte man sich 2015 angesichts der Asylkrise vielleicht noch vormachen, die Ablehnung von anderen Menschen hätte auch eine gewisse rationale Basis, da hierzulande schließlich nur begrenzt Platz wäre, so müssen wir nun erkennen, dass es gar nicht die Fremden sein müssen, die gehasst werden, sondern dass sich hierzulande jeder Mensch dafür eignen kann; natürlich immer anhand von Merkmalen und eingeteilt in gewisse Gruppen, von welchen man sich selbst bestmöglich distanzieren kann. Dabei spalten wir unsere Gesellschaft jedoch in zwei sich unversöhnlich gegenüberstehende Lager und gehen darüber hinaus vor allem auf diejenigen los, die sich nicht in dieses dualistische Freund-Feind-Schema einpassen lassen, sondern eine differenzierende und eigene Meinung artikulieren. Die Gehässigkeit beider Lager trifft schließlich diejenigen, welche sich keinem Lager andienen und als diskursiv-dialektische Demokraten zwischen die Fronten geraten. Über kurz oder lang arbeiten dann beide Lager ihre Aggressionen an diesen lagerlosen Demokraten ab und nähern sich dabei gegebenenfalls sogar etwas an – sie haben nun jeweils ihren Feind gefunden und eine neue Front wird aufgemacht.

Der tiefere Grund für eine solche Abwehr anderer Menschen ist ein innerer Hass, den wir um jeden Preis von uns selbst fernhalten müssen. Der Hass aber „ist eine Reaktion der der Verzweiflung, ein ohnmächtiger (unbewusster) Versuch, mit Zerstörung und Gewalt aus der behinderten Situation herauszufinden in die Freiheit der Lebendigkeit."[52] Jeder, der den Hass in sich aufsteigen fühlt, ist als Mensch zuallererst ein leidender. Durch die Hass-Artikulation aber wird der Sinn der eigenen Existenz erst recht bedroht bzw. verfehlt; man kann dann nicht mehr zurück. Das Hassen hat es zudem an sich, dass oftmals die Falschen gehasst werden. Zudem: Wer andere Menschengruppen als Projektionsfläche für seinen Hass benötigt, hasst im Kern eigentlich alle anderen – nicht nur den Nachbarn, der ihm zu nahe kommen könnte. Nur derjenige, der ein positives Selbstbild entwickeln konnte, „besitzt den Mut, sein eigenes Leben zu leben und eine neurotische Menschengruppe zu verlassen, auch wenn ihm hierdurch Nachteile entstehen sollten."[53]

Mittlerweile findet man nicht nur bei Politikern die Notwendigkeit des Personenschutzes – bereits Gerichte müssen geschützt werden und manche Behörden sperrten sich während der Coronapandemie selbst ein; auch für Impfzentren galt ein gewisser Schutz.

Ein grundsätzlich mutiger wie vernünftiger Politiker wurde während der allgemeinen medialen Pandemie-Hypersensibilität zu einer Hassfigur, indem er einen Vergleich zwischen dem von uns tolerierten Sterben von Kindern im afrikanischen Armutsgürtel mit dem diskutierten Sterben alter Menschen am Coronavirus hierzulande zog. In der Vergangenheit hatte dieser Politiker schon des Öfteren unangenehme und als politisch unkorrekt gebrandmarkte Tatsachen angesprochen.

Es mag sein, dass diesen Menschen die oft ungerechtfertigten Angriffe haben verhärtet und trotzig werden lassen – doch allein die shitstormartigen Reaktionen darauf, welche nicht die Sache, sondern die Person in den Mittelpunkt stellten, zeigen, dass hier nach einem Schuldigen, der sich frühzeitig die Finger an etwas verbrennt, was nur wenig später letztlich doch die meisten selbst auch dachten und machten (siehe bundesweite Öffnungen bei 250 bis 300 Toten pro Tag), gesucht wurde. Um richtig verstanden zu werden: Tote in relativistischer Weise aufzurechnen, ist immer als äußerst heikel anzusehen und allenfalls dann zielführend, wenn dies z.B. vor dem Hintergrund einer verbesserten Armutsbekämpfung stattfinden würde. Da es sich hierbei aber um eine reine Relativierung handelte, die Afrika nicht half, sondern allein hierzulande alten Menschen schadete, ist ein derartiger Vergleich daher in der Tat als so unnütz wie unangebracht einzustufen. Hätte der Betreffende wenigstens darauf aufmerksam gemacht, dass Afrika bei der Impfung stark benachteiligt wurde – denn 16% der Weltbevölkerung hatten sich 70% der Impfstoffe gesichert. [54]

In diesem Zusammenhang ist anzusprechen, dass alte an Corona erkrankte Menschen, die eine entsprechende Patientenverfügung erstellt hatten, hierzulande unter Umständen nicht mehr auf der Intensivstation beatmet wurden: „Im Jahr 2020 gingen in Deutschland 305641 Lebensjahre durch Covid-19 verloren."[55] Fünfhundert bis sogar über tausend Tote pro Tag – das sind täglich mehr als alle Verkehrstoten innerhalb eines ganzen Jahres zusammengenommen. Im Januar 2021 gab es 135 Verkehrstote, im gleichen Monat desselben Jahres ca. 23000 Coronatote[56]; fünf bis zehn Verkehrstote sind es pro Tag in der Bundesrepublik Deutschland, die Coronatoten stiegen auf weit über eintausend pro Tag! Man bedenke angesichts dieser nummerischen Diskrepanz nun einmal, welche umfassenden Maßnahmen ergriffen wurden und werden, um den Straßenverkehr sicherer zu machen und wie sehr hier ein krasses Missverhältnis gegenüber dem großen tagtäglichen Sterben bzw. der Rettung von Menschenleben während der Pandemie-Peaks bestand. Besonders in Deutschland erscheint es angesichts der Geschehnisse um das Euthanasieprogramm des Dritten Reiches darüber hinaus moralisch mehr als nur bedenklich, heutzutage von zwölf Millionen Patientenverfügungen zu lesen.[57]

Sapere aude – wage zu wissen

„Warum schleppt sich blutend, elend,
Und unter Kreuzlast der Gerechte,
Während glücklich als ein Sieger
Trabt auf hohem Ross der Schlechte?"[58]

Wissen ist heute wieder zu einem Wagnis geworden – wie es die Überschrift andeutet; doch nicht nur das Wissen, bereits das Denken scheint zu etwas Veraltetem und oftmals personell nach außen Verlagertem geworden zu sein. So, wie andere für uns produzieren, zubereiten und (vor-)fertigen, hat es sich inzwischen gemeinhin etabliert, dass auch andere für uns denken und dementsprechend auch stellvertretend über uns entscheiden; leider jedoch nicht immer richtig: „Politiker und auch Wissenschaftler haben schwere, möglicherweise unverzeihliche Fehler gemacht. Wäre Social Distancing nur eine Woche früher eingeführt worden, hätte das in Europa und den USA 50 bis 80 Prozent der Todesfälle verhindert, die die erste Infektionswelle forderte. China und viele andere Staaten, die im Brennpunkt der Pandemie standen, haben bewiesen, dass aus der Krise keine Katastrophe werden muss, wenn die Regierung schnell und richtig reagiert."[59]

Noch besser wäre es allerdings immer, wenn die verantwortliche Politik agieren würde – am besten präventiv: denn, dass die Aussage, „Wir sind auf Corona vorbereitet!" nicht viel mehr als eine reaktionsbildende propagandistisch-politische Lüge war, wissen wir inzwischen längst. Und wenn wir uns nicht jedes Mal wieder von salbungsvollen Medialworten einlullen ließen, dann hätten wir die tatsächlichen Realitäten auch schon damals durchaus rechtzeitig bemerken können. Doch von großem Lärm bleibt meist nicht viel übrig.

Das Coronavirus hat uns letztendlich auch deshalb besiegt, weil diejenigen, welche andere von einzusetzenden Schutzmaßnahmen überzeugen sollten, ihrerseits selbst gar nicht davon überzeugt waren. Durch falsch gesetzte Schwerpunkte sowie ohnehin nicht zielführende Maßnahmen (wie z.B. ein Sommer-Winterreifenwechsel-Verbot in Werkstätten während der ersten Welle), wurde die Bevölkerung unnötig aufgebracht und damit den Heilsversprechen sogenannter Verschwörungs-Bewegungen langsam, aber sicher zugeführt.

Hätten Politiker bei ihren öffentlichen Auftritten zu Beginn der ersten Welle der Coronapandemie wenigstens einmal Vorbildcharakter gezeigt und wären mit Mundschutz aufgetreten – die Bevölkerung hätte es ihnen funktionell gleichgetan. Denn es gehörte zu Beginn der Coronakrise in den ersten Wochen deutlich mehr Mut dazu, mit Mundschutz öffentlich herumzulaufen als etwa mit einer auffälligen und provokanten Tätowierung. Die gegenwärtige Gesellschaftskonzeption[60] zeigt dabei auf, dass man in der Zuspitzung inzwischen eigentlich gar keine solchen Politiker mehr benötigen würde. De facto haben wir an manchen Schaltstellen der Macht ohnehin schon seit Längerem keine tatkräftigen Denker mehr. Stattdessen wird nur wirtschaftsliberal durchgewunken – nicht selten gemäß der Formel „repräsentieren statt regieren" – und um den heißen Brei herumgeredet anstatt Klartext zu formulieren. So etwas offenbart sich dann erst im Lichte einer großen Krise – manchen sogar nicht einmal dann.

Die Fortgeschrittenenfehler

De nihilo nil, in nihilum nil posse reverti.[61]

Bei leichten Erkältungssymptomen, Schnupfen und gelegentlichem Husten sollten Kinder weiterhin in die Schulen gehen: Das war allen Ernstes der Stand im Herbst 2020, als sich die zweite große Coronawelle längst angekündigt und vor allem Deutschland regelrecht eingekreist hatte. Kinder erkranken an Corona bekanntlich weit weniger häufig schwer.[62] Gerade die Kinder, welche nur leichte Symptome zeigen, sind deshalb aber diejenigen, bei welchen eine große Corona-Ansteckungsgefahr besteht; die „richtig" erkältungskranken Kinder haben zumeist eine andere Krankheit (Corona-Co-Infektionen selbstverständlich nicht ausgeschlossen). Eine vernünftige Lösung konnte und kann daher nur lauten: erkältete und kranke Kinder bleiben grundsätzlich zu Hause! Die Delta- bzw. Omikron-Wellen, welche anhand von Testungen endlich statistisch erfasst und dokumentiert wurden, belegen die Rolle der Schulen in der Pandemie eindrucksvoll: jedes vierte Schulkind hatte sich im Zeitraum September 2021 bis Januar 2022 mit Corona infiziert – und dies sind lediglich diejenigen, welche ertestet wurden. Am stärksten von Infektionen betroffen waren die Sechs- bis Elfjährigen mit 27%, gefolgt von den Zwölf- bis Fünfzehnjährigen (22%), dahinter die Sechzehn- bis Neunzehnjährigen (19%), während zum Vergleich die Altersgruppen 60 bis 79 und ab 80 Jahren lediglich auf Werte von 5% bzw. 4% kamen.[63]

Viel zu spät wurde auch über ohnehin nicht gerade besonders hilfreiche rein technische Anti-Viral-Maßnahmen diskutiert, wie z.B. über eine Luftreiniger-Förderung, welche ihrerseits zwar Aerosole herausfiltern, jedoch mit der erzeugten Turbulenz in einem geschlossenen Raumsystem Keime nicht ausbringen können. Mit ausreichend Personal hingegen hätten die Schüler in kleineren Gruppen unterrichtet werden können – es ging auch bei der Pandemie, wie die Vorsitzende eines großen Lehrerverbandes betonte, vorrangig darum, den Lehrer- und Personalmangel zu bekämpfen.[64] Solange wir aber unsere Arbeits- und Ausbildungswelt nicht ändern, werden immer wieder alte und neue Keime ihren Siegeszug fortsetzen können. Allein „die Behauptung, Schulen spielten im Infektionsgeschehen keine Rolle, ist nicht aufrechtzuerhalten. Darauf weist auch das Robert Koch-Institut hin immer wieder hin. Zahlreiche Menschen ohne Abstand über größere Zeiträume in nicht selten schlecht belüftbaren Räumen – das ist für Coronaviren ein idealer Nährboden."[65] Bei Kindern spielt zudem zusätzlich zur Aerosol-Übertragung die Schmierinfektion eine größere Rolle als bei erwachsenen Menschen.[66] Sinnvoller erschien es somit, die präventiven Hygienemaßnahmen zu stärken und auch auf den Bereich des Transports zur Schule auszudehnen."[67]

Die Infiziertenzahlen stiegen immer dann deutlich an, wenn Schulen und Kitas wieder mit Präsenzbesuchen begonnen hatten – dies wurde in so manchem europäischen Nachbarland noch deutlicher ersichtlich. Das ist auch nachvollziehbar, denn: Wie oft treffen sich Kinder und Jugendliche in den Ferien wirklich? Feiern sie deutschlandweit etwa sieben Ferienwochen tagtäglich durch? Die vorrangigen Freizeitaktivitäten heißen heute Computer, Tablet, Smartphone und Co! In einer Schulwoche treffen sie sich demgegenüber viel öfter und länger.

Halten wir dazu fest: Zehntausende Tote könnten heute als Menschen mit ihren Angehörigen noch leben, hätte man ab der Faschingszeit 2020 konsequent alle Schulen, Kitas und Krippen sowie die Landesgrenzen geschlossen und die Gesellschaft und Wirtschaft für einen knappen Monat komplett heruntergefahren. Es stellt vor allem auch einen erheblichen Unterschied dar, ob Schulen und weitere öffentliche wie privatwirtschaftliche Einrichtungen deshalb geschlossen werden, damit sich niemand ansteckt oder deshalb, weil sich bereits Menschen angesteckt haben.

Länder, welche derartige Maßnahmen getroffen hatten, waren tatsächlich stärker aus der Krise herausgegangen als wir alle vollends hineingeschlittert waren. Deutschland wäre im Falle vorausschauender Coronapolitik in der Lage gewesen, anderen Nationen zu helfen (was immer noch den Königsweg der Diplomatie darstellt) und hätte einen nur sehr geringen Schaden genommen; vermutlich sogar so gering, dass verantwortliche Politiker womöglich in eine gewisse Rechtfertigungsnot ob ihrer übertrieben wirkenden Maßnahmen geraten wären – aber so werden eben große Männer (und Frauen!) gemacht – doch leider müssen wir festhalten: würden gemacht! Warum aber tat man das nicht? Das „Totschlagargument" hieß in wirtschaftsliberaler Adjutanten-.Manier: Die Kinder müssten doch betreut werden, weil ihre Eltern beide berufstätig wären. Als ob es überhaupt noch eines solchen Beweises bedurft hätte: unsere Kinder kommen in der heute dominanten Wirtschaftspolitik ganz bestimmt nicht an vorderer Stelle! Der Versuch,

Kinder als corona-harmlos darzustellen verwendet im Übrigen eine perfide Verkehrung: Es wird dabei ihre Unbescholtenheit – um nicht zu sagen (Corona-)Unschuldigkeit dargestellt – tatsächlich aber drückt sich hier eine allgemein verbreitete negative Sicht auf Kinder aus, sie werden wie fast überall schlichtweg nicht für voll genommen – nicht einmal beim Infektionsgeschehen.

„Des Menschen Herz ist ein verworren Ding."[68]

Neue gesellschaftliche Fragestellungen und Antworten

Die projektive Abwehr der Realität

„Geh schlafen, mein Herz, es ist Zeit.
Kühl weht die Ewigkeit.“[69]

Die neue Realität, in welcher wir Menschen seit dem Frühjahr 2020 leben müssen, brachte viele Veränderungen und oft auch Widerstände gegen die Akzeptanz mancher Wesenszüge des neuen Daseins mit sich – berechtigte, aber auch weniger sinnvolle: so wurde etwa der Mund-Nasen-Schutz beim Verlassen von Geschäften oftmals richtiggehend vom Gesicht gerissen, als ob man damit die Infektionskrankheit und die damit verbundene Gefahr loswerden könnte. In der Tat ist „die Maske“ zu einem Denkmal dieser pandemischen Zeit geworden. Der Haupteffekt dieser Pandemie ist es aber, dass der Politik von heute nicht mehr geglaubt wird – und das hat sie sich in erster Linie selbst zuzuschreiben: Corona war schließlich nicht die erste radikale Kehrtwende; bereits das Nichtrauchergesetz wurde als Bevormundung verstanden, da das Rauchen als steuergenerierender Geschäftszweig von der Politik über eine sehr lange Zeit als gute Einnahmequelle gefördert wurde. Plötzlich jedoch kam dann die Trendwende aus Übersee. Dass dann manche Bürger angesichts solcher 180-Grad-Wenden eine Abkehr von der Politik vollzogen, sollte eigentlich nicht verwundern. Bei Corona erlebten wir dieses Phänomen allerdings in einer noch nie dagewesenen Form und Schnelligkeit sowie dabei stets einem chronologischen

Prinzip folgend: das Neue und Unerwünschte wurde zunächst abgewehrt – über die Verdrängung bis hin zur Leugnung. War dies angesichts einer übermächtigen Wahrheit der Wirklichkeit schließlich nicht mehr möglich, so kam es zur Wende. Das, was man nicht wahrhaben wollte, wurde nun sogar reaktionsbildend verteidigt. Der übermächtige Gegner wurde in seiner Potenz anerkannt und man unterwarf sich ihm. Nun wurde man zu seinem Fürsprecher und Vorkämpfer: der Masken-Verweigerer wurde zum Masken-Streber – „so lebt euer Leben des Gehorsams,“[70] denn „abweichendes Verhalten bedroht die eigene Anpassung. Das ist ein – vielleicht sogar der hauptsächliche – Faktor, der die Gewalttätigkeit ideologischer Extremisten auslöst. Sie müssen Andersdenkende zum Schweigen bringen, weil diese ihre zusammengebastelte, auf Gehorsam basierende Identität bedrohen.“[71] Psychomotivational sind Leugner und Streber somit gar nicht so weit voneinander entfernt. Beide eint, dass sie nicht selbstständig zu denken gelernt haben. „Da sich die Unterdrückten mit den Unterdrückern identifizieren und sie deswegen nicht als solche erkennen, werden sie diese Wut nur gegen jene ausdrücken können, die die Wahrheit erkennen und verbreiten. Wenn dann das Versprechen, durch Konsum an der Gesellschaft teilzunehmen, in Zeiten des wirtschaftlichen Zusammenbruchs nicht eingelöst werden kann, steigen Unbehagen, Unmut und Revolte auf. Aber die Revolte ist zum Scheitern verurteilt, da sie blind ist.“[72]

„Der Verstand, der schon vom Empathischen getrennt ist, wird durch ein Feuer des Hasses ersetzt, weil Menschen den Rationalismus der politischen und demokratischen

Werte als platt und trivial erleben. Und so wird die Leidenschaft des Hasses zum Ersatz des demokratischen Rationalismus, weil aus seinen Wahrheiten keine Flammen schießen. Populisten werden zu Führern erkoren, weil sie diesen Hass erlauben, ja, ihn gebrauchen, um Macht zu erlangen."[73]

Verantwortliche beispielsweise, die anfangs noch mit dem Vergleich zur Grippe auf Beschwichtigungstour gegangen waren, gingen plötzlich und von Knall auf Fall vehement auf diejenigen los, die einen solchen Vergleich noch anstellen. Damit bekämpften sie auch ihren eigenen diesbezüglichen Irrtum aus der Vergangenheit in der projektiv-schuldzuweisenden Übertragung auf andere. Vergleichbares gilt auch für überzogene Bußgelder und Strafen. Man wollte damit seinem eigens begangenen Irrtum und dessen psychisch auferlegten Druck entkommen und den nun verleugneten Irrtum ungeschehen machen, indem man diesen stellvertretend bei anderen, die noch daran erinnerten, mit aller Macht bekämpfte. „Wenn jemand etwas glaubt, aber sich entscheidet oder gezwungen wird, das Gegenteil zu verteidigen, ist das Ergebnis eine kognitive Dissonanz. Um den inneren Konflikt zu ertragen, ist man schließlich gezwungen, seine Denkweise zu ändern. Aber der emotionale Fallout von solchem Stress muss irgendwie beseitigt werden; jemand anderer muss die Schuld tragen."[74]

Viele der sich gruppennarzisstisch formierenden Gegner und Querdenker, die z.B. mit Virologen Opfer für ihre Projektionen ausgemacht hatten, entsprachen den vom Saulus zum Paulus gewandelten Verantwortlichen auf eine gewisse Art sogar. Denn auch sie konnten ihre Irrtümer aus Konformitätsgründen nicht zugeben: Abspaltung und Projektion müssen aufrechterhalten werden, sonst sähen sie ihre Existenz bedroht.

Aber auch die Lockdown-Musterschüler zeigten sich unsozial: statt der Liebe des Nächsten kam es zu dessen argwöhnischer Begutachtung und Überwachung; gegenseitige soziale Kontrolle erfuhren wir dabei nahezu überall. Wie wusste bereits Friedrich Nietzsche: „Wir werden am schlimmsten von unsichtbaren Händen gebogen und gequält.“[75]

Unser Sozial- und Gesundheitssystem

„Damit ein Heiligtum aufgerichtet werden kann, muss ein Heiligtum zerbrochen werden.“[76]

Das Thema der sozialen Arbeit sollte uns als Demokratie eigentlich ganz besonders am Herzen liegen. Doch wie viele Überstunden und wie viel Zeit aus seinem Privatleben opfert jemand, der einen medizinischen Beruf gewählt hat – bereits ohne Coronakrise? Zudem wurden viele der angestellten Ärzte und Pfleger, deren Schichtarbeitszeit zu Beginn der Pandemie von acht auf zwölf Stunden erhöht worden war, in Kurzarbeit geschickt, weil die Kapazitäten erst einmal nicht ausgelastet waren; das Kurzarbeitergeld war für diese wichtige Berufsgruppe (vorerst) allerdings nicht eingerichtet worden.[77] Zu allem Überfluss kam von Seiten des ersten amtierenden deutschen Corona-Gesundheitsministers als Lösungsvorschlag zur zweiten Pandemie-Welle die absurde Idee, kranke Ärzte und infiziertes Pflegepersonal dazu zu verpflichten, weiterzuarbeiten – vor der Omikron-Virusvariante wohlgemerkt! Allein im Januar 2021 infizierten sich fast 33000 Mitarbeiter aus Gesundheitsberufen – das waren mehr als 1000 täglich.[78] Es wäre darüber hinaus längst überfällig gewesen, für alle Berufsgruppen, welche (saisonal) mit Mundschutz arbeiten müssen, eine Zulage (wie diese auch im Abrechnungsbereich für erhöhte Hygienemaßnahmen eingerichtet wurde) einzuführen, welche dann direkt den betreffenden Arbeitnehmern zu Gute kommt.

Pflegekräfte werden bekanntlich sehr schlecht bezahlt und leben deshalb zunehmend in prekär werdenden Verhältnissen. Kurzfristig hätte hier von Anfang an der Mitarbeiterschutz durch Testung und Impfung, der zugleich auch den Patienten- bzw. Gepflegtenschutz darstellt, gewährleistet werden müssen; mittel- bis langfristig kann es allerdings allein darum gehen, diese Berufe nicht nur wirtschaftlich, sondern auch fachlich wie intellektuell attraktiver zu machen und damit deutlich aufzuwerten: Politik und Krankenhäuser müssten eigentlich alles dafür tun, dass der Pflegeberuf wieder attraktiver wird! „Das funktioniert nur mit besseren Arbeitsbedingungen und natürlich guten Gehältern, die der hohen Verantwortung und Qualifikation angemessen sind.“[79] Während der Pandemiewellen kam es jedoch zu einer Reduzierung der Pflegekräftezahl. Dabei benötigt die Pflege eines Corona-Intensivpatienten etwa dreimal so viel Personal wie diejenige eines „normalen“ Intensivpatienten.

Sogar die Wirtschaft – um welche es heute immer vorrangig zu gehen scheint – hätte weit weniger Schaden genommen, wenn wir im gesundheitlichen Sozialwesen besser vorbereitet gewesen wären. Mit den angefallenen Geldsummen der wirtschaftlichen Verluste der Coronapandemie für sich genommen, hätte man viele Krankenhäuser über Jahrzehnte auf höchstem Niveau betreiben können. Stattdessen jedoch musste ein ganzes Land (bzw. sogar ein ganzer Kontinent) stillgelegt werden, weil man das jeweilige Gesundheitssystem kaputtgespart hatte und zu allem Überfluss auch noch die Kapitalwirtschaft für eine beispiellose Rezession sorgte.

Was haben wir Menschen aus der Coronapandemie eigentlich in medizinisch-hygienischer Hinsicht gelernt? Was haben wir in der Folgezeit geändert? Leben wir jetzt in einer neuen Form zusammen? Gehen wir jetzt besser miteinander um?

Dementsprechend, wie etwa HIV unser Sexualverhalten grundlegend verändert hatte, hat auch Corona Vergleichbares mit unserem Sozialverhalten gemacht: Wir meiden andere, sind (über-)vorsichtig geworden und nicht wenige haben jetzt richtiggehend Angst vor anderen Menschen. Doch anstatt die Bedingungen zu ändern, haben wir einfach so weitergemacht wie zuvor – nur ergänzt um Schutzmaßnahmen, wie z.B. das Tragen von Mundschutz oder den Impfstoff als einziger Rettung. Bereits in den 1980er-Jahren, als die Immunschwächekrankheit AIDS unseren Lebensstil fundamental auf den Prüfstand stellte, wurde lediglich das Kondom übergestreift, ansonsten im Prinzip aber weitergelebt wie bisher: Bordelle und dergleichen wurden nach wie vor besucht – nur eben jetzt mit einem technischen Schutz. Es ist eigentlich kaum zu glauben, wie sich hier die Generationen im menschlich Hilflosen gleichen: „Nachbarländer haben Sex-Arbeit inzwischen wieder erlaubt – aber nur mit Maske.“[80]

„Im Atemholen sind zweierlei Gnaden:
Die Luft einziehn, sich ihrer entladen,
Jenes bedrängt, dieses erfrischt.“[81]

Wenn wir etwas dazugelernt haben, dann sollten wir dementsprechend auch etwas ändern. Ich bin der Meinung, dass Schutzmasken während der Erkältungszeiten in Krankenhäusern, Arztpraxen, Altenheimen sowie in der Pflege auch ohne Corona ein winterlicher Standard bleiben sollten. Somit könnten wir aus der Krise lernen, zukünftig zu bestimmten Zeiten und Situationen präventiv Mundschutz zu tragen. Wir haben schließlich auch den Vorteil erfahren, dass wir alle in den Jahren 2020/22 dank der Schutzmaßnahmen so selten erkältet waren wie nie zuvor. Ein Mundschutz schützt darüber hinaus schließlich auch vor der Ansteckung mit weiteren Infektionskrankheiten; das Ganze geschieht allerdings auch um den Preis einer fehlenden Immunstimulation, was mittel- bis langfristig kontraproduktiv wirkt. Die wahre Lösung wäre es deshalb, auf solche Konzentrationen von (empfindlichen) Menschen gänzlich zu verzichten und demzufolge die Senioren aus ihrer segregierten Position zurück in die Gesellschaft zu holen – anstatt sie in Mehrbettzimmern in speziellen Heimen ein unwürdiges Dasein ihres Lebensendes fristen zu lassen.

In der Arbeitswelt sieht es leider nicht viel besser aus: die Saisonarbeiter wurden bereits während der ersten Welle der Coronapandemie wieder eingeflogen, beispielsweise zur Spargelernte. Auch im Bereich der Schlachthofproblematik samt ihrer prekären Arbeits- und Wohnsituation (Stichwort „Containerburgen“) wurde nichts grundlegend geändert, sondern lediglich die Zusammenarbeit mit dem Herkunftsland der Arbeitnehmer gesucht. Doch das tatsächliche Problem sind Subunternehmer, Werkverträge und die Tatsache, dass die großindustriellen Betreiber sich dabei aus der Verantwortung für die bei ihnen arbeitenden Menschen gestohlen haben. Aus US-amerikanischen Schlachthöfen wird z.B. berichtet: „Die Verletzungsgefahr ist erheblich, der Lohn minimal, und wer wegen Krankheit nicht zur Arbeit kommt, wird nicht bezahlt. Rund 70 Prozent der Beschäftigten der Industrie sind Latinos oder Schwarze, die auch Hauptleidtragende der Pandemie sind.“[82] Dazu ein weiteres Beispiel:

Ein *Catering-Service beliefert ein Großklinikum. Im Klinikum selbst wird strengstens auf die Hygiene geachtet. Beim Catering-Service hingegen arbeiten viele Arbeitnehmer aus prekären Wohnverhältnissen, wo dementsprechend auch ein Coronaausbruch stattfand. Wie soll das zusammenpassen?*[83]

Unsere kollektiven Tischsitten gehören somit auf den Prüfstand, wenn wir aus Corona wirklich etwas Substanzielles lernen wollen! Aber besonders der Bereich der Ernährung scheint uns – wie nicht nur die Hygieneproblematik, sondern bereits die Tierhaltung, Schlachtung und masseníndustrielle Verarbeitung belegen – nicht besonders viel wert zu sein. In Ländern, wie etwa der Schweiz, ist das allerdings gänzlich anders; schlussendlich sind diese Missstände einmal mehr ein Ausdruck dessen, dass wir uns hierzulande selbst nicht besonders viel wert sind. Jedenfalls dazu bereit, etwas Wesentliches an diesen prekären Arbeits- und Lebensverhältnissen zu verändern, sind wir politisch nicht. Anstatt diese Infektionsherde der prekären Arbeitswelt zu beseitigen, verzichtete man lieber darauf, Kindern in den Schulen vor Ort die für ihre Entwicklung und ihre Zukunft notwendige Präsenzbildung zukommen zu lassen – es galt: Prekariatswirtschaft first – und mögen die Kosten für den Staat und die Bevölkerung allein schon in Form der Behandlungskosten noch so hoch sein – Bildung second; erst die Wirtschaft, dann der Mensch! Die wirtschaftlichen Großunternehmer wurden als Heiligtum bei den Maßnahmen der ersten Wellen so gut wie gar nicht angetastet, da sich die Pandemiediskussion grundsätzlich immer nur um das drehte, was abseits davon zum Infektionsschutz gemacht werden konnte.

Infektion, Ansteckung und Erkrankung

„Es wandelt, was wir schauen,
Tag sinkt ins Abendrot,
Die Luft hat eignes Grauen,
Und alles hat den Tod.“[84]

Während der Coronapandemie mussten wir erkennen, dass der Begriff „Infektionskrankheit“ von vielen Menschen nicht in seinem vollumfänglichen Wortsinne verstanden wurde. Die Betonung lag dabei weitaus mehr auf Krankheit und deutlich weniger auf Infektion. Eruieren wir also die beiden Aspekte dieses für die Pandemie so zentralen Begriffes:

- Erkrankte Menschen sondern zwar einerseits mehr Sekret ab, doch sie wissen dafür andererseits um ihre Krankheit und um ihr Ansteckungspotenzial; zudem gehen sie aus Krankheitsgründen weniger bzw. gar nicht mehr unter die Leute bzw. an ihren Arbeitsplatz. Sie bleiben zu Hause in Quarantäne bzw. sie werden in Krankenhäusern bei der Behandlung isoliert.

- Symptomfrei bzw. symptomschwach infizierte Menschen hingegen haben weiterhin (viele) soziale Kontakte und stellen besonders wegen ihres fehlenden Bewusstseins hinsichtlich der Ansteckungsgefahr, welche von ihnen tatsächlich ausgeht, die weitaus größere Gefahr dar. Das trifft im Übrigen auch für Bevölkerungsgruppen zu, die – wie etwa jüngere Menschen – nur schwache bzw. gar keine erkennbaren Symptome entwickeln. Es geht bei der Infektausbreitung somit nicht vorrangig um die Erkrankten, sondern vor allem um die Infizierten! Zumal von präsymptomatischen Personen ein bis zwei Tage vor Symptombeginn ein relevanter Anteil der Neuinfektionen mit SARS-CoV-2 ausgeht. Symptomlose Virenträger sind für mehr als die Hälfte aller Neuinfektionen verantwortlich.[85]

„Heute traf es bloß Kunzen und Hinzen,
Morgen trifft es schon ganze Provinzen.“[86]

Nun wurde es Eltern im September 2020 aber gestattet, erkältete Kinder in Kindertagesstätten und Schulen zu schicken. Die denkenden Menschen unter uns, die davon erfuhren, hatten damals die Hände über den Köpfen zusammengeschlagen, ob einer solch kurzfristig gedachten Lockerung. Immerhin ein halbes Jahr später, Mitte März 2021, als eine gewaltige dritte Welle die erste regelrecht zur Ouvertüre verkommen ließ, wurde es erkälteten Kindern schließlich doch untersagt, Kitas und Schulen zu besuchen; erst nach einem negativen Coronatest war dies wieder möglich. Doch selbst ohne Pandemie haben kranke Menschen an ihrem Arbeitsplatz nichts verloren – sowohl zum Fremd- als auch zum Eigenschutz![87]

Um den Zeitpunkt Ostern 2021 trat eine weitere kritisch-pandemische Phase auf; dieses Mal war das steigende Infektionsgeschehen aber mit einem allgemeinen Corona-Überdruss in der Bevölkerung gepaart. Man musste in dieser erneut entscheidenden Phase (als die Impfquote erst zehn Prozent der Bevölkerung ausmachte und davon ein beträchtlicher Teil nur mit einer Erstimpfung versehen) – wenn sie diesen Vergleich mit einem Fußballspiel gestatten – nochmals in eine dritte Halbzeit als Verlängerung; und dabei ging es allein darum, ein Null-zu-Null zu halten, um dann damit immerhin als Sieger vom Platz zu gehen – sprich: die wirtschaftliche Sommersaison zu retten.

Der Schulkurs war während der gesamten zweiten Welle ein schlingernder: während den Turnvereinen die Durchführung von Übungsstunden, Fußballtrainings und sämtlichen Sportmöglichkeiten für Kinder verboten wurden, fand selbiges demgegenüber in den Schulen statt. Damit zeigte man allerdings ziemlich offen, dass man keine bessere bzw. teurere Lösung ergriff, als einfach alles weiterlaufen zu lassen und darauf zu hoffen, dass sich die Infektionszahlen schon so halbwegs in Grenzen halten würden – was sie bekanntermaßen nicht taten. „Es ist fraglos so, dass wir zu früh und zu unkontrolliert gelockert haben. Das gilt insbesondere für die Schulen, wo es kein Alternativkonzept gab.“[88]

Dazu kam gewissermaßen ein faktisches allgemeines Sportverbot, das in dieser totalitär-radikalen Form völlig unnötig und aus Sicht des menschlichen Immunsystems sogar falsch war. Ein Versammlungs- und Vereins(feier)verbot hätte völlig ausgereicht. Denn in vielen Sportvereinen geht es zwar vorrangig um Sport – aber eben nicht nur; nicht selten steht dort die Geselligkeit mit im Vordergrund; kurzum: Sportarten, wie z.B. Tennis, Golf oder kleine Laufgruppen? Ja, selbstverständlich. Ebenso ja zum Fußball im Freien – nicht als Spiel-, aber als Trainingsform mit einschränkenden Auflagen und nach einem genehmigten Maßnahmenkatalog, welche Übungen stattfinden können und welche nicht: Wäre das wirklich so schwierig gewesen? Muss man immer gleich mit der Keule radikal darüber gehen und sich dann wundern, wenn die Menschen in die ebenso radikale Opposition gehen? Und vor allem: oft auch dort bleiben.

Dort, wo die meisten Kontakte bestehen, gäbe es die meisten Infekt-Übertragungen – auch das war eine politische Dogmatik, welche es sich zu einfach machte. Eine solche rein quantitative Idee lässt schließlich die Qualität der Kontakte außer Acht. Denn Kinder in Kitas und Schulen sind nicht derart zurückhaltend, wie dies Erwachsene aus eigener Überlegung sein können; die kindliche Entwicklungsbedürftigkeit benötigt soziale Kontakte – auch im haptischen Bereich. Für sie sind Berührungen lebensnotwendig; denn „jede direkte Begegnung hat ichstärkende Wirkung.“[89] Das Social Distancing bewirkt schließlich immer auch eine Social Distortion – eine Verzerrung unseres natürlich-menschlichen Miteinanders.

Tatsächlich wusste man während der Corona-Wintersaison 2020/21 ohnehin längst um die Ansteckungsgefahr, welche von Kindern ausgeht – schließlich wurden Lehrkräfte als vorrangig zu impfender Personenkreis eingestuft. „Gaststätten und Theater, in denen bereits zuvor eine Maskenpflicht herrschte, komplett dichtzumachen, aber gleichzeitig Lehrkräfte und Kinder ohne Maske, ohne Abstand und ohne Kontaktbegrenzung auf zwei Haushalte dicht nebeneinander in oft nicht ausreichend lüftbare Räume zu setzen, wäre unverantwortlich.“[90] Diese Infektionszentren betrafen schließlich nicht nur die Bevölkerung im Allgemeinen, sondern besonders die Lehrkräfte, an welchen es zahlenmäßig ohnehin schon vor der Pandemie deutlich mangelte. In Räumen mit 20 bis 25 oder noch mehr Kindern ist es auf Dauer schlichtweg nicht möglich, jegliche Aerosol-Infektion zu verhindern. Vom Beispiel Italien, wo es zu vielen schweren Verläufen auf Grund direkter Ansteckung in geschlossenen Räumen kam, hätten wir darüber hinaus lernen können, dass es einen entscheidenden Unterschied macht, ob die Primärinfektion durch einmalige Tröpfchen im Rachenraum stattfindet oder durch das beständige Einatmen von Aerosolen in die Lunge.[91]

„Corona hält sich auf Oberflächen länger als angenommen“ – so lautete eine der ersten Erkenntnisse über die Verbreitung dieser Infektionskrankheit. Es war gewiss zutreffend, was diese Studie ergeben hatte – nur brachte es uns Menschen bei der Vermeidung von Ansteckungen keineswegs entscheidend weiter. Im Gegenteil – durch die einseitige Konzentration auf die (wissenschaftlich leichter untersuchbare) Tröpfcheninfektion, wurde die für Ansteckungen in geschlossenen Räumen weitaus entscheidendere Aerosol-Übertragung (womöglich zudem mit schlimmeren Verläufen, da die Primärinfektion durch Aerosole bereits in den unteren Atemwegen stattfinden kann) sogar noch im Sinne eines Entweder-Oder in den Hintergrund gerückt. Salopp gesagt, wurde statt ausgiebig zu lüften, akribisch gewischt und gebohnert – was nicht die entscheidende Abhilfe schuf. Da die Aerosolausbreitung schwieriger zu untersuchen war (und dementsprechend erst zur zweiten Welle die betreffenden Erkenntnisse vorlagen), konzentrierte man sich viel zu lange auf die Verhinderung der Tröpfchen-Infektion. Die wissenschaftlich eingesetzte Methode bestimmte hier einmal mehr das Ergebnis, die Wirkung und damit das verordnete Verhalten der Menschen.

Andernorts war man immerhin schon etwas weiter: In Italien wurde bereits im Spätwinter 2020 aus Gründen der sehr hohen Infektionsrate von Klinikpersonal der atmosphärische Druck auf den Intensivstationen versuchsweise gesenkt. Normalerweise ist es auf diesen sensiblen Stationen so, dass dort ein leichter Überdruck herrscht, damit keine Keime eingeschleust werden. Dies hatte aber dazu geführt, dass das dort tätige Klinikpersonal selbst einen relativen leichten Unterdruck im Atemapparat aufwies und deshalb besonders stark von der Aerosol-Infektion betroffen war. Deshalb senkte man den Druck dort, damit das Personal dadurch etwas besser geschützt wurde. Dieses Beispiel wurde deshalb aufgeführt, um zu zeigen, wie wichtig der Schutz vor einer Aerosolinfektion ist – und ebenso: wie wichtig genügend gutes Personal![92] „Man muss sich immer wieder bewusst machen, dass jede Maßnahme, die Coronapandemie einzudämmen, von Menschen umgesetzt werden muss. Und dies macht die Achillesferse des deutschen Gesundheitssystems deutlich, das seit Jahrzehnten auf Leistung setzt und gleichzeitig Personal einspart. Es krankt nicht an Fachwissen und technischer Ausstattung, aber an Personal."[93] Dazu kommt die Tatsache, dass vor allem die Zivilisationskrankheiten das Gesundheitssystem bereits stark belasten.[94] Unser Gesundheitssystem krankt letztendlich nicht an Corona, sondern am selbstzerstörerisch implodierenden Kapitalismus, wo selbst das Geld nichts mehr wert ist.

„Über allen Gipfeln ist Ruh´
In allen Wipfeln spürest du
Kaum einen Hauch:
Die Vögelein schweigen im Walde.
Warte nur, balde
Ruhest du auch.“[95]

Die Medien und ihre Rolle in der Pandemie

Mediale Mutationen

„Der ist nicht mein Freund, der die Sonne nicht mag."[96]

„Bleiben Sie zu Hause, öffnen Sie eine Tüte Chips, schalten Sie ihr Fernsehgerät ein, ergötzen Sie sich aus noch sicherer Position heraus am Leid anderer und warten Sie auf weitere Anweisungen!", so in etwa sollen wir wohl die heute inflationär produzierten Kataströphchen und echten Katastrophenfälle passiv-rezeptiv „managen"; sprechen wir es deshalb zu Beginn dieses Großkapitels über die Rolle der Massenmedien in unserer Gesellschaft ruhig einmal so direkt wie schonungslos aus: Wir sind längst willenlose „TV-Trottel" und konsumgestörte „Internet-Idioten" geworden – zumindest werden wir von den Medienmachern so behandelt. Angesichts der Sondersendungen-Mania, immer neuer Unwetter-Rekorde und der Hochskandalisierung von völlig normalen und innerhalb der Schwankungsbreite ablaufenden Ereignissen, werden demzufolge tatsächlich relevante Warnungen und echte Katastrophen gar nicht mehr ernst genommen. Wegen einer solchen inflationären Skandalisierung werden von einem abgestumpften Konsumentenpublikum (wobei diese Abstumpfung nicht nur für die Empfänger, sondern auch für die Sender gilt) die tatsächlichen Kasualitäten nicht mehr erkannt – was bei Corona vollumfänglich drei Monate lang, bis einschließlich März 2020, schließlich der Fall war.[97]

In unserer menschlichen Natur gibt es eine solche Sehnsucht nach Skandalen und ein dauergestresstes Lauern auf neue Angstmacher grundsätzlich überhaupt nicht; dabei handelt es sich vielmehr um eine gesellschaftliche Pathologie. Im großen Stil durften wir bei der Coronakrise zudem etwas äußerst Kontraproduktives erleben: schnell war man hierzulande mit diesem Thema medial so übersättigt, dass es zum Zeitpunkt, als schließlich die Gefahr tatsächlich bestand, schon nicht mehr richtig ernst genommen wurde; und man stattdessen sehr schnell wieder nach dem Exit rief. Wer nun aber während der angesprochenen Pandemie nur immer so tat, wie ihm befohlen (also brav zu Hause vor dem Computer saß, seine Smartphone-Nachrichten mindestens zehnminütlich durchcheckte und die unbewusst vorgeschriebenen vier Stunden Minimum täglich fernsah), trainierte sein Immunsystem nicht, vernachlässigte soziale Kontakte und – das ist einer der völlig übersehenen Faktoren – verlor durch diese zwischenmenschliche Kontaktarmut auch die Fähigkeit, auf (neben dem Coronavirus noch zahlreiche andere) Keime mit geschulter Immunabwehr zu reagieren. Zumal das Daheimbleiben – wie es die audiovisuellen Medien permanent als Verhaltensbefehl über Wochen einblendeten – keineswegs die richtige Lösung darstellte: ins Freie gehen, das Immunsystem stärken und dabei natürlich die Abstandsregeln beachten, das wäre die richtige Botschaft gewesen – und nicht wie gebannt vor der Glotze zu verharren und die aufgestaute Wut dann zu allem Überfluss auch noch an Schwächeren in der eigenen Familie auszulassen – wie der Anstieg der innerfamiliären Gewalttaten leider eindrucksvoll bewies.

Doch meist verhielt es sich nicht gerade so, dass die Rettung in der Natur gefunden bzw. wenigstens gesucht wurde: auf den Titelseiten der Zeitungen wurde das Neueste aus der Corona-Panik verkauft, beim Öffnen des Internet-Browsers kamen wir nicht umhin, die entsprechenden Breaking News zu lesen sowie in einem Wettlauf des servilen Gehorchens neue Regeln als Erster zu posten und zu befolgen; und das TV-Gerät schalteten wir abends freiwillig schon allein deshalb ein, damit jemand mit uns sprach. Wir verfügen heute zwar über ein außerordentlich umfangreiches und durchorganisiertes Mediennetz – und doch „sind wir über unsere politische und gesellschaftliche Wirklichkeit falsch unterrichtet und mehr indoktriniert als informiert. Obwohl Menschen heute über mehr Bildung verfügen, besitzen sie weniger Vernunft, Urteilsvermögen und Überzeugung.“[98]

So oft, wie es gemäß der Medien schon fünf vor zwölf war, müsste eigentlich die Welt bereits x-fach untergegangen sein. Da sie das nicht ist und wir noch (fast!) alle hier sind, spielt man mit jeder Form selbstgerechter Skandalisierung den Verschwörungsanhängern kräftig in die Karten, weil man dann dieses Argument, dass alles doch nur hochgepusht wäre, quasi auf dem Silbertablett präsentiert. So entsteht binäres und eindimensionales Denken: wenn A falsch ist, dann muss B umso richtiger sein und wird folglich überhaupt nicht mehr hinterfragt. Das Denken schreitet schließlich von der Abkehr von Tatsachen über eigenmächtige Wertungen zum Irrationalen weiter fort – bis hin zu naiven Verzerrungen, absurden Entstellungen und irrationalen Erfindungen. Die entsprechende Phraseologie artikuliert sich vorwiegend im Digitalen und findet dort schnell große Verbreitung – es kommt zum Irrationalismus der Schlagworte.[99] Auch so manche Bezeichnung steht in schlechter Tradition mit abschwächend-verkehrenden Begriffen, wie z.B. „Tierwohlgefährdung“ (statt „Tierqual“), „Tafeln“ (als „Speisetische“ für verarmte Menschen) oder dem „Flüsterasphalt“ (der alles andere als Flüstertöne hören lässt). Selbiges gilt für das von den Mainstreammedien sogenannte Gendern. Hier wird mit Sprache etwas vorgetäuscht, was dann inhaltlich nicht mehr ausgeführt werden muss. Das geschlechtliche Ungerechtigkeits- und Ungleichheitsproblem soll damit sprachlich und nicht faktisch „gelöst“ werden. „Psychologisch ist die Frage, was Menschen als richtig und falsch empfinden, nicht in erster Linie eine Frage des logischen Urteils, sondern einfach eine Frage der Übereinstimmung mit dem Konsensus.“[100]

Dabei verhalten die sich von Verschwörungstheorien so gerne abgrenzenden traditionellen Mainstreammedien gar nicht so viel anders; auch hier haben irrationale Verzerrungen Hochkonjunktur: der Begriff „Notfall“ wird vorschnell eingesetzt; inflationär oft hört und liest man von einem „Kontrollverlust“ und aktuell immer wieder davon, dass das gerade angesagte Katströphchen in den letzten Jahrzehnten noch nie aufgetreten wäre. Auf der anderen Seite wird demgegenüber auch wieder beschwichtigt, weggelassen und vertuscht. Das Wort Pandemie durfte beispielsweise lange Zeit überhaupt nicht in den Mund genommen werden, denn die Medien entscheiden hierzulande, was wann in welcher Form gesagt werden darf – sie beanspruchen das Meinungsmonopol für sich und vernichten auf ihre Art jeden, der es ihnen in irgendeiner Form streitig machen möchte – und sei dessen Motivation schlichtweg ein objektiver Wahrheitsgrund.[101]

„Im Gefolge des Ausbruchs der Epidemie gab es auch eine Explosion der Nachrichten.“[102]

Zugleich stiftet heutzutage eine bereits angesprochene Eigenschaft, namentlich diejenige der politischen Korrektheit, große Verwirrung beim ohnehin entfremdeten und unsicheren postmodern-digitalisierten Menschen. Er wird einerseits dazu erzogen, sich am Skandal zu ergötzen, aber zugleich hart abgestraft, wenn er dann selbst diesem Verhalten entspricht. Denn das, was dem Medium billig ist, zu jeder Katastrophe sofort „Journalisten“ und Kameras auszuschicken, darf dem Bürger nicht recht sein. Wie selbstverständlich beharren Medien auf ihren „Sonderrechten“, welche zwar nur de facto, keineswegs aber de jure existieren. Darüber hinaus gewöhnen wir uns durch die mediale Ausschlachtung von allem und jedem an Unfälle, Katastrophen, Übergriffe, Gewaltakte und Attentate – diese schleichende Akzeptanz verharmlost jedoch das wahre Leid in den medial inszenierten Katastrophen allmählich.[103] Gleichzeitig entsteht dabei eine extreme Sensibilität – im Sinne einer Awareness hinsichtlich einzelner Menschen –, die nicht einhundertprozentig derselben Meinung wie vorgegeben sind. Der durch das mediale Folgetum entstandene repressive Druck wird dann auf denjenigen abgeladen, der ausschert. Er wird als Projektionsfläche zu dem, was hierzulande Juden, Kommunisten oder bestimmte Ausländergruppen immer wieder durchmachen mussten und müssen.

Eine durch und durch objektive Berichterstattung?

„Oh, was verbirgt heute nicht alles Wissenschaft! Wie viel soll sie mindestens verbergen! Die Wissenschaft ist ein Mittel zur Selbst-Betäubung."[104]

Seriöse Wissenschaftler, wie z.B. führende deutsche Virologen, sahen sich auf Grund verzerrender Berichterstattung dazu gezwungen, bereits zu Beginn der Pandemie mit den traditionellen Medien zu brechen und dort nicht mehr in Talk-Shows aufzutreten: Was sagt das eigentlich über die Qualität und Funktion unserer heutigen Medienlandschaft aus?

Die Medien bleiben dennoch zweifelsohne der ganz große Gewinner der Coronapandemie, welche deshalb auch als „Infodemie" bezeichnet wurde: noch nie zuvor fiel ihnen so viel Aufmerksamkeit, Macht und Einnahmekapazität zu. Twitter beispielsweise „ist einer der Digitalkonzerne, die von jedem weiteren Tag Lockdown finanziell profitieren."[105] Neue wie traditionelle Medien haben dabei Corona stets vorrangig für ihre eigenen Zwecke benutzt und mehr als nur fahrlässig mit der Bevölkerung gespielt. Stellte jemand nun etwas lautstärker fest, dass die Medien von Corona extrem profitierten und folglich auch gar kein Interesse daran haben dürften, dass diese Hinwendung zu ihnen wieder abflauen möge, dann konnte ihm schnell einmal die mediale „Hexenverbrennung" drohen.

Auch die Tatsache, dass wir nun dieselben sich unversöhnlich gegenüberstehenden Lager in der Bevölkerung nebeneinander wiederfinden, welche die Medien im dichotomen Nacheinander generiert hatten, belegt die mediale

Macht eindrucksvoll. Dieses während der Krise manchmal sogar tägliche Wechselspiel von genährter Hoffnung oder alternativ zerstörter Illusion, von in Aussicht gestellter Lockerung bzw. einem verschärften Lockdown ist eine Erscheinungsform medialer Macht – des medialen Sadismus, welchen es ebenso wie den bürokratischen gibt. Geteilt wird diese Meinungsmonopolmacht lediglich mit einigen wenigen (selbstverständlich von den betreffenden Medien) ausgewählten (Fach-)Personen. Das führt bei den Rezipienten dann dazu, dass sie oftmals gar nicht mehr mit Argumenten, sondern stattdessen mit Personen argumentieren: ein Herr Soundso hätte dann dies und das gesagt – und allein Name, Titel und vor allem Bekanntheitsgrad der betreffenden Person werden dabei selbst zum Argument.[106]

Es ist dabei auch spätestens seit dieser Pandemie selbst für hochrangige Politiker äußerst schwierig geworden, den medial erzeugten Tagesstimmungen nicht zu folgen. In dem Moment aber, wo jemand die bestehenden medialen Machtverhältnisse akzeptiert, obwohl er diese als unrichtig ansieht, macht er sich zum publizistischen Sklaven: Wer heute verlautbart bzw. für sich internalisiert hat, dass es eben dazugehöre, auf der Welle medial erzeugter Stimmungen zu reiten, weil man sonst unterzugehen droht, verleugnet sich dabei selbst und ebenso seine eigenen Werte. Denn das allgemein Anerkannte stellt immer die bequemste, aber selten die passende und geeignete Lösung dar.[107]

„Heute ist das wissenschaftliche Gewissen ein Abgrund – das Wort „Wissenschaft" ist in solchen Trompeter-Mäulern einfach eine Unzucht, ein Missbrauch, eine

Schamlosigkeit. Gerade das Gegenteil von dem, was hier behauptet wird, ist die Wahrheit.“[108]

Für medienpolitisch-pandemisches Handeln bestehen im Wesentlichen folgende Hauptmotive:

- gesundheitliche Entscheidungsmotive, z.B. das Infektionsgeschehen,

- wirtschaftliche Entscheidungsmotive, z.B. die Lobbyismusarbeit,

- politische Entscheidungsmotive, z.B. ein Superwahljahr,

- medientaktische Entscheidungsmotive, z.B. die Profilierung.

Die aktuellen Infiziertenzahlen und Todesziffern nicht immer (komplett) zu nennen, erwies sich von publizistischer Seite wiederholt als eine aus der Not geborene „Lösung“, wenn alle relativierende Verbalkosmetik zu versagen drohte – doch „von der Manipulation der Verbraucher, der Arbeiter und Angestellten ausgehend, hat sich das Interesse der Psychologie auf die Manipulation aller ausgedehnt. Dies ist am deutlichsten in der Politik zu erkennen. Die Idee der Demokratie hatte ursprünglich ihren Schwerpunkt in dem Begriff des klar denkenden und verantwortlichen Staatsbürgers, in der Praxis aber wird die Demokratie mehr und mehr mit den Methoden manipuliert, die zuerst in der Marktforschung und den Human Relations entwickelt worden sind.“[109] Man begann seitens der Medien beispielsweise bereits vor Ostern 2020 damit, die Exit-Strategie (eine klangliche Analogie zum Brexit) nach Corona in das Zentrum der Berichterstattung und damit fatalerweise auch in den Mittelpunkt der politischen Diskussion zu stellen.[110]

Wenn eine vierletterige Zeitung zum Höhepunkt der vierten Welle hetzerisch titelt „Was hat Impfen eigentlich gebracht?", dann hat sie damit der Impfkampagne einen Bärendienst erwiesen.[111]

Die Tatsache, dass Impfgegner viel lauter wahrgenommen wurden als die Mehrheit der Bevölkerung, ist nicht nur den sozialen Medien allein zuzuschreiben. Dieses medial induzierte Paradoxon verklärte die tatsächlichen Verhältnisse im Land. Besonders beim mit unschöner Regelmäßigkeit tradierten Lockerungsthema verbreiteten Medien im eigenen kommerziellen Interesse immer wieder unnötig große Ungeduld in der Bevölkerung, schürten Streit und verursachten eine dualistische gesellschaftliche Lagerbildung: die der Coronagegner bzw. diejenige der Corona-Streber. Im Ergebnis haben sie damit der Bevölkerung geschadet und dem Virus geholfen; die Ausweitung medialer Macht hängt dementsprechend eng mit der Ausbreitung des Virus zusammen.

„Alle, die sich irgendwie öffentlich zu Impfungen äußern, stehen unter Beschuss."[112]

Die Meinungsherrschaft fiel den Impfskeptikern und Coronagegnern einerseits auf Grund selbstgerechter Informationspolitik der machthabenden Klasse zu, endgültig erhielt man sie durch die eigene Agitation im Internet und flankierende Maßnahmen, wie Einschüchterungen impfender Arztpraxen.[113] Einen Satz, wie etwa „es ist nicht verwunderlich, dass die Infektionszahlen vor allem in Regionen Deutschlands sehr hoch sind, in denen die Impfquote niedrig ist,“[114] sagt man als einzelner Mensch folglich lieber nicht mehr, weil man sofort angegriffen wird – und man weiß ja schließlich nicht, wer im Internet welche Listen über wen führt.

Ein Corona-Mutismus hatte sich breit gemacht und in die Meinungsherrschaft eingeschlichen, der die vernünftige Mehrheit aus Angst vor Konfrontation und Diffamierung verstummen ließ – die Medien zogen hierbei skrupellos das Thema Impfung heran und verschoben die Diskussion ins Unfachliche. So wagte es bald niemand mehr – weder aus der Bevölkerung und ebenso wenig aus der politischen Kaste –, sich für eine Impfpflicht auszusprechen, nicht einmal mehr für eine Impfberatungspflicht. Es gäbe aber hier durchaus Argumente, die auf den Radar der Öffentlichkeit geschirmt hätten werden sollen: beispielsweise drohte die Gefahr, ein Geschäftsmodell für impfkritische Ärzte entstehen zu lassen, die ihrerseits mit dem Ausstellen von Zertifikaten verdienten und auf diese Weise auch noch neue Patienten gegenüber ihrer somit erzeugten ärztlichen Konkurrenz gewinnen könnten. Auch das Argument, dass eine Impfpflicht für alle sozialer ist als eine selektive, und ganz besonders diejenigen schützt, welche sich nicht ausreichend schützen können, blieb in der diesbezüglichen Diskussion weitgehend außen vor: Ich schütze dich, du schützt mich – diesen Satz hörte man ab einem gewissen Zeitpunkt so gut wie gar nicht mehr. Man darf zudem nicht übersehen, dass eine selektive Impfpflicht den amtlich bestätigten Eindruck vermittelt: Wenn es keine Pflicht gibt, dann kann es auch nicht so wichtig sein. Darüber hinaus wurde die Gruppe der Impfskeptiker durch politisch zu langes Abwarten und fehlende Entschiedenheit zu Impfgegnern gemacht, die schließlich ihre Ablehnung generalisierten – beispielsweise auf das Nichttragen von Mundschutz, eine Missachtung der Abstandsregeln bzw. die demonstrative Ablehnung aller Hygieneregeln. Diese allgemein ablehnende Haltung gegen – nicht nur staatliche, sondern auch medizinisch-hygienische – Maßnahmen ist auch durch das Thema Macht motiviert. Man kann nun den Spieß umdrehen: Ein Staat, der sich ansonsten nicht gerade als sozial und vielmehr repressierend gegenüber seiner Bevölkerung gezeigt hat, tritt nun plötzlich als Bittsteller auf. Gerade bei autoritären Charakteren führt die sadomasochistische Orientierung dazu, dass dies innerhalb ihres Machtstrukturdenkens mit einem selbstabwertenden Autoritätsverlust seitens des Staates gleichgesetzt wird. Hier hätte eine entschiedene und selbstverständliche Impfpflicht von Anfang an eine andere Entwicklung ergeben. Auch konnte man den Staat, der einem zuvor vielleicht einmal nicht geholfen hat, jetzt im Sinne eines persönlichen Racheaktes eiskalt abblitzen lassen. Dazu kam, dass von den Menschen, welche in der DDR-Diktatur sozialisiert wurden, manche einerseits die autoritäre Führung aus Gewohnheitsgründen erlernt hatten (genannt sei hierbei nur der Impfkalender, an welchen das heute diskutierte Corona-Impfregister erinnert) und sich zugleich ein hoher Prozentsatz durch eine staatlich verfügte Impfpflicht an diese Zeiten erinnert fühlte. Es brauchte daher nicht zu verwundern, dass diese Bevölkerungsgruppe impfkritischer als andere Bevölkerungsteile agierte.

Es handelt sich durchaus um eine staatliche Aufgabe, die Menschen zu ihrem Glück zu zwingen: Die Anschnallpflicht in Fahrzeugen beispielsweise dient allein dazu, den betreffenden Menschen zu schützen – man lässt ihm nicht die Wahl, erst einmal (sehr!) schlechte Erfahrungen machen zu müssen. Schließlich gefährdet der Nicht-Angegurtete keine anderen Menschen – man zwingt ihn per Gesetz dazu, sich vor sich selbst zu schützen. Dieser Aspekt kommt auch bei der Impfpflicht zum Tragen. Hier den Begriff der Freiheit zu missbrauchen, käme einem kindlich-naiven Egoismus gleich, der alle Negativerfahrungen im Lust-Unlust-Schema erst selbst machen wollte; es gibt schließlich auch einen Fortschritt, der im Sozialgesellschaftlichen wurzelt und dessen Erkenntnisse innerhalb einer Gesellschaft weitergegeben werden sollten!

Eine allgemeine Impfpflicht zur rechten Zeit hätte zudem die psychische Gesamtlage der Bevölkerung beruhigt und entspannt, da die allgemein latente Angst vor Corona – schlussendlich immer der Motor des Hasses auf beiden Seiten – sehr schnell nichtiger geworden wäre.[115] Die Angst vor Corona kann dabei durchaus mit der Angst vor der Impfung einhergehen – auch wenn medial hier die Lagergrenze durchgehen solle. Die Impfangst ist deshalb größer, weil die Impfung konkret zu einem bestimmten Termin stattfindet, während eine Coronainfektion verhindert (und dementsprechend die entsprechende Gefahr ebenso verdrängt) werden kann.

Welcher politisch-mediale Druck beim Thema Impfung ausgeübt wurde, zeigte die Ständige Impfkommission, die zwei Jahre lang gegen alle populistischen Politangriffe bei ihrer medizinischen Fachlichkeit geblieben war; umso schlimmer und meinungspolitisch verheerender mutete es schließlich an, als man in diesem wissenschaftlich-objektiv-neutralen Gremium umfiel und im Mai 2022 die Empfehlung aussprach, Kinder im Alter von fünf bis elf Jahren einmal bzw. bei Risikopatienten in der Familie zweimal zu vakzinieren – und dies auch noch angesichts der auf die Impfung deutlich weniger ansprechenden Omikron-Variante gegenüber allen Vorläufermutationen. Das war frisches Wasser auf die Mühlen der Impf- und Coronagegner und kam einer Schlachtung der letzten heiligen Kuh gleich – namentlich unserer Zukunft, den Kindern. „Der Bundesgesundheitsminister Jens Spahn hatte den Gesundheitsschutz der Erwachsenen über den von Kindern gestellt, das darf nicht wieder passieren“,[116] hieß es eigentlich – doch seine Nachfolger stellten einmal mehr das Wohl der Erwachsenen über das von Kindern, indem sie diese dafür instrumentalisierten. Dazu kamen auch Rationalisierungen der Machart, es ginge um das Stärken der Immunität von Kindern – als selbst so gut wie gar nicht von Coronaerkrankungen betroffener Bevölkerungsgruppe.

Fassen wir die Quintessenz des Erörterten deshalb zusammen: beim Thema fachliche Aufklärung zur Impfung haben die Medien gnadenlos versagt.

„Viele Personen ohne Impfschutz haben wenig Vertrauen in die Regierung.“[117]

Sonntags wurden in Nachrichtensendungen die neuesten Coronazahlen gerne an vorderer Stelle vermeldet, weil sie

– da nicht vollständig gemeldet und erfasst – deshalb stets besser erschienen als sie tatsächlich waren. So etwas ist allerdings wissenschaftlich unzulässig; denn dort wird erst einmal vollständig erfasst, ausgewertet und dann erst interpretiert und veröffentlicht. Eine derartige Vorgehensweise war auch die Praxis des Robert Koch-Instituts. Damit wurde letztlich nur bestätigt, dass diese Institution bestenfalls als „halbwissenschaftlich" anzusehen ist – wobei es diesen Fantasiebegriff eigentlich gar nicht geben darf, denn „halbwissenschaftlich" ist schließlich gleichzusetzen mit unwissenschaftlich, da das Prädikat der Wissenschaftlichkeit nur dann vergeben wird, wenn die entsprechenden Bedingungen zur Gänze erfüllt sind. Der Namensgeber dieser Einrichtung, Robert Koch, dürfte sich während unseres polit-medialen Tuns zu Zeiten der Coronakrise wohl so manches Male im Grabe umgedreht haben, was mit seinem guten Namen so alles als Maßnahme ergriffen und legitimiert wurde!

Ergänzenderweise muss an dieser Stelle auch angeführt werden, dass die wissenschaftliche Fachwelt noch niemals so viele Preprints wie zur Coronazeit herausgegeben hat und etliche davon wieder zurückgezogen werden mussten: „Das hat das Vertrauen in die medizinische Forschung nicht gerade befördert,"[118] zumal diese Vorabveröffentlichungen nicht mehr nur in Wissenschaftskreisen, sondern in der breiten Öffentlichkeit diskutiert wurden und dabei den Coronaleugnern in die Hände spielten: Der Maschinenraum der Wissenschaft ist gläsern geworden."[119] Falscher Ehrgeiz und fachliche Geltungssucht haben damit irreparabel das Ihre dazu beigetragen, die wissenschaftliche Objektivität weiter zu erodieren.[120] Mit dem Eintritt eines diffusen Infektionsgeschehens wurde es ohnehin unmöglich, seriöse Studien zu erheben. Die Frage, ob ein zweiter Booster (also die vierte Impfung) eine Verbesserung der Immunlage erbringt, kann z.B. nicht mehr beantwortet werden, wenn zu viele unkontrollierbare Variablen existieren: ob in der Untersuchungsgruppe zwischen dritter und vierter Impfung eine unbemerkte Infektion vorlag und diese statt der vierten Impfung für das bessere Ergebnis entscheidend ist, bleibt angesichts einer weitgehend undokumentierten Herdendurchseuchung offen.

Exklusive Sonderrechte

„Tief und ernstlich denkende Menschen haben gegen das Publikum einen bösen Stand."[121]

Manche sich in das Licht der medialen Öffentlichkeit rückende Corona-Stars, deren medialer Marktwert von den Betreffenden in seiner Wirkung gar nicht mehr kontrolliert werden konnte, erwiesen sich sehr schnell als ungeeignete Vorbilder, was ihr charakterliches Auftreten anging. So sehr ich mich persönlich freue, dass in so mancher Talkshow wenigstens manchmal noch ein der wissenschaftlichen Objektivität verpflichteter Mensch saß, so muss doch auch festgehalten werden, dass dessen Botschaft rezeptiv aber nur dann gut „herüberkommt", wenn dieser Mensch auch bei den Zuschauern gut ankommt. Bei einem zwanghaften Charakter ist das beispielsweise kaum der Fall: seine Sprache ist steril, er wirkt unmenschlich und emotionsarm – auf seine Argumente hört allein deshalb ein Teil der

Bevölkerung nicht, weil ihnen der Überbringer (unbewusst) unsympathisch erscheint. So wie ihnen derjenige widerstrebt, der etwas sagt, widerstrebt ihnen dann auch das, was er sagt.

„Kaum hatte der Mensch die Botschaft gehört, da fing er auch schon an, sie zu verfälschen."[122]

Bereits im Zuge der Asylkrise deutete sich eine Entwicklung an, die den Medien bei der Meinungsbildung und der entsprechenden Beurteilung gewisse Sonderrechte zugestand; sie wurden dabei zunehmend meinungstotalitär. Dieser mediale Totalitarismus zeichnet sich dadurch aus, dass die Menschen in der Bevölkerung selbst keine eigene Meinung mehr artikulieren können; tun manche Menschen dies dennoch, so werden sie – unabhängig davon, welche Position sie einnehmen – letztendlich immer als Verlierer dastehen. Am eindrucksvollsten zeigt dies die Coronapandemie auf: Wer sich als einzelner Mensch dazu öffentlich äußert (und mögen die Argumente sachlich noch so richtig und stichhaltig sein), dessen Auftreten wird immer zur Zerreißprobe: Es wird dann der sich Äußernde attackiert und gar nicht mehr das, was er inhaltlich verlautbart. Man merkt diese medialtotalitäre Tendenz beispielsweise daran, dass die Menschen schließlich oft resignierend verlautbaren – akzentuiert in dem vielgehörten Satz: „Man darf nichts mehr sagen!"

„Allemal gilt, dass wer Begriffe und Gedanken bestimmt, auch Macht über die Menschen hat. Denn nicht die Taten

sind es, die die Menschen bewegen, sondern die Worte über die Taten.“[123]

Die ohnehin tonangebenden Medien erfuhren im Zuge der Coronapandemie eine weitere Steigerung ihrer Machtfülle. Sie schreckten dabei auch nicht davor zurück, politische Ankündigungen nach ihrem Gusto zu interpretieren und als gültige Regeln und Gesetze zu verkaufen. Dafür gibt es unzählige Beispiele – eines davon sei stellvertretend genannt: So wurde etwa verlautbart, als für den sogenannten „kleinen Grenzverkehr“ zwischen Bayern und Österreich wieder geöffnet wurde, dass man z.B. nach Salzburg, nicht aber an den Attersee fahren dürfe. Das war schlichtweg blanker selbsterfundener Unsinn! Es gab nie eine solche verordnete Bundeslandgrenze – sofern dies der dahinterstehende Gedanke gewesen sein sollte. Es gab zu diesem Zeitpunkt schlichtweg keinerlei gesetzliche Regelung, welche so etwas hergegeben hätte. Nicht einmal der Begriff „kleiner Grenzverkehr“ war dementsprechend definiert – was die Medien nicht davon abhielt, dies dennoch rigoros zu tun und diesen mit „Tanken, Einkaufen und Freunde besuchen“ einfach gleichzusetzen.

Die Angst als Geschäftsmodell

Mit der Lüge kommt man bekanntlich durch die ganze Welt – nur nicht wieder zurück.[124]

Bei der Coronakrise verhielt es sich nicht viel anders als in diesem Sprichwort angedeutet; nur, dass man von medialer

Seite das Vor-oder-Zurück dazu benutzte und dafür instrumentalisierte, um seine Konsumenten zu verunsichern, zu dichotomisieren und damit an die eigene Informationsmacht zu binden. Zuerst wurde den Menschen große und existenzielle Corona-Angst gemacht, dann aber zugleich wiederum moralisch verboten, vorzusorgen – wie etwa sogenannte „Hamsterkäufe" zu tätigen. Ein medialer Aspekt, derjenige eines gesuchten und durch das plötzlich auftretende und in völliger Verkehrung zum sonstigen Tun und Erleben stehende Konsumverbot, erklärt sich dabei auch aus unseren andressierten Gewohnheiten: „Indem man Konsumgüter in sich aufnimmt, vergewissert man sich sozusagen, dass „man ist". Wenn der Konsum eingeschränkt würde, würde viel Angst manifest werden."[125]

Das Paul Ehrlich-Institut wurde von den bunten Medien gerne zitiert – aus dem ganz einfachen Grund, weil man auf Widersprüche, die durch den betreffenden Namen schon reizen, setzte und zugleich auf einen möglichen Fehler von dort hoffte. Selbiges gilt für die skandalisierungsfähige dichotom klingende Wesenheit, dass beim Test das Positive zum Negativen wird. Widersprüche rufen stets Ängste und Konflikte hervor, mit welchen der Mensch fertig werden muss, um wieder zu einem besseren Gleichgewicht zu finden. Kommt er diesem schließlich näher, sind in unserer Mediengesellschaft jedoch längst weitere Widersprüche aufgetreten. Der Mensch wird somit zunehmend mehr und mehr von Fragen getrieben und weitaus weniger von Antworten geleitet. Es mag daher auch während – und wohl auch noch nach – der Krise nicht verwundern, dass eindimensionale und zunehmend radikale Antworten attraktiv erschienen, weil sie dieses Hin- und Hergerissen-Sein zu beenden in der Lage sind.

Die Gewinner jeder Katastrophe, welche sich ihren Sieg nicht gerne von Amateuren streitig lassen machen wollen, heißen schlussendlich Medienkonzern und Monopol. Eine betreffende Erkenntnis lautet daher: viele Menschen haben primär gar nicht einmal Angst vor dem Coronavirus selbst – sie hatten vielmehr Angst vor den Medien und den von ihnen gesetzten Moralstandards, welche sich wöchentlich (und in Krisen zudem sogar täglich) in ihrer Ausprägung deutlich änderten. Bezeichnenderweise wurde seitens der Medien der Begriff „Mundschutz“ sehr schnell gegen denjenigen der „Masken“ eingetauscht – trägt dieser doch deutlich mehr angstauslösendes Skandalisierungspotenzial in sich. Eine Schlagzeile „Maskenpflicht in Schulen“ löst schließlich wesentlich mehr (Ängste) im Menschen aus als die harmloser klingende Schlagzeile „Mund/Nasenschutz in Schulen“. Der Begriff einer gesichtsverhüllenden und entstellenden Maske ist negativer besetzt als derjenige des Schutzes.[126]

„Nach zwei Jahren Pandemie und endlosen Streitereien merkt man, dass sowohl Politiker als auch Wissenschaftler nicht über jedes Stöckchen springen sollten, dass die Medien ihnen hinhalten.“[127]

Selbst die Angst vor einem Lockdown ist größtenteils als ein medialer Artefakt einzustufen; den Menschen wird im Lockdown schließlich überhaupt nichts getan, niemand kommt ihnen zu nahe – und doch ist das Wort „Lockdown“ zum Auslöser und Synonym für einen Cortisolanstieg sowie weitere Kennzeichen von Stress und Angst bei vielen Menschen geworden. Aus psychologischer Sicht steckt hier allerdings etwas mehr dahinter: denn alle Formen eines kurzfristigen hedonistischen Eskapismus werden mit einem Lockdown radikal abgeschnitten, was ebenso als Bedrohung wahrgenommen werden kann, wie die fehlende Möglichkeit der Bewegungsfreiheit – selbst dann, wenn viele Menschen diese Möglichkeiten ohne Lockdown überhaupt nicht wahrnehmen würden. Teilweise kam es anfänglich und punktuell sogar zu ungewohnten Verhaltensweisen: kaum wurde ein Lockdown angekündigt, sah man plötzlich Menschen im Wald spazieren gehen, welche dies ansonsten niemals tun würden; auch die E-Bike-Branche weiß ein hohes Lied auf die für sie positiven Wirkungen des ersten Abschnitts der Krise zu singen; in kurzer Zeit waren im Frühsommer 2020 alle Fahrradgeschäfte leergekauft. Kaum war die Krise entschärft, blieben allerdings die neu gekauften Fahrräder meist wieder im Keller.

Darüber hinaus war die Lockdown-Situation zu einem Synonym für eine stupide Gleichförmigkeit geworden, denn jeder Tag ist im Lockdown wie der andere, nichts ragt mehr heraus und nirgendwo anders wird der Mensch so zum digitalisierten Zombie wie im Home-Alone-Modus. Die sich einstellende Vereinsamung erzeugt dabei unbewusste Ängste, die letztendlich auf verschiedene Arten bewältigt werden, z.B. durch eine kurzfristig ablenkende sexuelle Triebabfuhr: „Nebenbei bemerkt entspringt der zwanghafte Trieb zu Vergnügungen – einschließlich Sex – in den meisten Fällen nicht dem Wunsch nach dem Vergnügen selbst, sondern dem Bestreben, Angst zu vermeiden.“[128]

Es wäre also durchaus eine sinnstiftende Aufgabe für Medien und Verantwortliche gewesen, die Menschen dazu anzuleiten, den Lockdown für (neue) Hobbys zu nutzen: ein Musikinstrument zu erlernen, sich der Kunst zu widmen, eine Sprache zu erlernen oder anderweitig neue Erfahrungen zu sammeln – muss man wirklich als Couch-Potato mit Übergewicht aus einem Lockdown kommen? Wieso nicht diese Zeit zur inneren Einkehr und Besinnung nutzen oder zu einem Gesünder-Leben? Weshalb nicht mehr Selbstständigkeit, mehr Eigenes? Was aber wurde zur informellen Bürgerpflicht gemacht? Mediennutzung bis zum Geht-nicht-mehr; weder das Medienbusiness noch das Politikgeschäft wollten sich die Butter vom Brot nehmen lassen, sondern ganz im Gegenteil: nun wollte man wirklich alles – die gesamte Aufmerksamkeit auf sich gelenkt sehen und keinen Zentimeter Macht, der diesen Systemen in der Krise ohnehin wie von selbst zufiel, wieder hergeben. Die Politik, welche inzwischen mit der Medienpolitik synonymisiert werden kann, hat sich dabei ihrer Rolle schlichtweg als unwürdig erwiesen, die Menschen moralisch und charakterlich zu entwickeln; sie versteht sich offenbar schon nicht mehr als Erzieherin und Erklärerin, sondern vielmehr als eine strenge Disziplinierererin der Menschenmassen – keine gute Entwicklung für eine Demokratie. Zumal dazukommt, dass die Einhaltung der neu aufgestellten Regeln unterschiedlich überwacht und ebenso ungleich sanktioniert wurde. Es traf punktuell immer wieder Einzelne, die sich in der Folge – nicht ganz zu Unrecht – unfair behandelt fühlten und sich demzufolge radikalisierten.

Vom neuen Grundrecht auf Passivität

„Grundrechte sind Gegenstand theoretischer Überlegungen verschiedener Wissenschaften, und sie bestimmen den Alltag des einzelnen ebenso wie das Zusammenleben in Gesellschaft und Staat. Sie stehen nicht einfach zur Verfügung, sondern sie sind ein stets gefährdetes Gut.“[129]

Als eine der größten Einschränkungen während der Lockdown-Zeiten wurden die Beschränkung der Reisefreiheit für Privatpersonen und der verordnete Urlaubsverzicht bzw. dessen massive Beschränkung empfunden. Für die Menschen aus der ehemaligen DDR muss der Wegfall der Reisefreiheit gewiss ein besonders übles Deja-vu-Erlebnis gewesen sein. Aber auch im Allgemeinen ist der Wegfall der Möglichkeit einer stets als sicher geglaubten Urlaubsfahrt[130] eine der Maßnahmen, die den größten Zorn entfachen können. Die große Bedeutung des Urlaubs merkte man auch daran, dass die Urlaubsfahrten zum Ersten zählten, was als Wunsch (und schließlich auch als vollzogene Tat) nach der Coronakrise bzw. in den Atempausen während des infektiös-sommerlichen Niedrigwasserstandes von der Bevölkerung wieder vollzogen wurde. Wieso aber ist der Urlaub, der meist nur eine einzelne von circa fünfzig Wochen darstellt, eigentlich so bedeutsam?

- Zum einen bedingt er einen Ortswechsel, der den Menschen kurzfristig aus seinen Verhältnissen nimmt.

- Dazu kommen die Vorfreude und die Sehnsucht – selbst im Fall, wenn die erlebte Realität demgegenüber dann auf der Reise unterwegs zurückbleiben mag.[131]

- Das entscheidende aber ist die Rückkehr: Das, dessen man vor Reiseantritt überdrüssig war, wird nun wieder ersehnt. Der Mensch kann wieder eine gewisse Zeit lang seinem Alltagsdasein fristen, bis der „Druck im Kessel" wieder ansteigt und ein neuerlicher Eskapismus erforderlich wird.

Der Break-out-Bedarf steigt in Krisen sogar noch an. Wenn dann der Teufelskreis des Angstmachens und Weiterverbreitens von ausartikulierter Angst parallel dazu seine Bahnen immer enger zieht, kommt es zur emotionellen Staulage. Der postmoderne unsichere Mensch sieht sich parallel dazu heute einer voyeuristisch konditionierten Öffentlichkeit gegenüber, die selbst in beständiger Furcht davor lebt, zum Zielobjekt derjenigen zu werden, deren Skandalisierungsmechanismen sie selbst fördert. Man sollte dabei nicht vergessen, dass die postmodernen Medien heute auf alles andere als auf gefestigte Persönlichkeiten treffen.[132] Dazu kommt, dass vielen Menschen das meiste von dem, was tatsächlich real ist, nicht bewusst wird; während das meiste von dem, was ihnen bewusst wird, nicht real ist, sondern vielmehr eine Fiktion oder ein Klischee bleibt.[133]

„Sie lagen mit dem Unglück anderer Leute im Bett und befriedigten sich mit künstlichem Mitleid."[134]

Fachpersonen im Einsatz

„Nur Narren fürchten nichts."[135]

Die mediale Berichterstattung der Coronakrise featurte hauptsächlich Politiker und Journalisten, die sich gegenseitig als „Experten" bezeichneten. Wie viel bzw. wie wenig Sende- und Berichtszeit wurde dabei beispielsweise den tatsächlich kompetenten Ärzten eingeräumt? Wo blieben eigentlich die Berichte aus den Krankenhäusern? Warum kamen keine Krankenschwestern und Pfleger zu Wort? Auch die Berichterstattung über Corona gehört in die Hand von Fachleuten – und das sind weder Politiker noch Journalisten, sondern Ärzte (inklusive Epidemiologen) und Soziologen (letztere deshalb, weil das Infektionsgeschehen stark vom Verhalten der Menschen abhängt – und das ist nun einmal das Beschäftigungsfeld angewandter Soziologie).[136] Das publizistisch orientierte Handling der Coronakrise sollte uns auch diesbezüglich etwas lehren: um das Verhalten von Menschen treffend einzuschätzen, sollte man nicht Virologen befragen, sondern besser Soziologen oder Sozialpsychologen – Fachleute für das Wesen der heutigen Massengesellschaft. Die wenigsten Fachleute denken heute psychologisch – und schon gar nicht vom Menschen aus, sondern – wie im Falle von Corona – grundsätzlich immer nur vom Virus aus.

Wir müssten zudem viel mehr vom Infizierenden aus denken, als nur vom Infizierten aus – und dies schon gar nicht im Entweder-oder-Dualismus: Es ist schlichtweg nicht dasselbe, ob jemand in einem öffentlichen Verkehrsmittel wenige Minuten „Kontakt" zu jemanden hatte (man schweigt sich dort ohnehin ablehnend-distanzierend an und wählte auch schon vor Corona stets den am weitesten von anderen Menschen entfernten Platz), oder ob man fünf Tage lang acht Stunden mit ihm im schlecht gelüfteten Büro sitzt. Bei längerem bzw. wiederholtem Kontakt steckt man sich sozusagen „mehrfach“ an – die Keimlast beim singulären Kontakt bleibt eine einmalige; einmal abgesehen davon, dass beim Dauerkontakt im gleichen Raum – wie etwa am Arbeitsplatz oder in Klassenzimmern – via Aerosolinfektion eine ohnehin schon weitaus höhere Exposition und Gefährdungslage besteht.

„Wir sind auf Grund unserer Erziehung und unserer Denktraditionen gewohnt, uns an Autoritäten zu orientieren, uns auf einen Fachmann zu verlassen, der es angeblich besser weiß.“[137]

Wir sind anfangs bestimmt nicht deshalb besser durch die Anfänge der Pandemie gekommen als manche europäische Nachbarstaaten (die ohnehin nicht den globalen Maßstab darstellen), weil unsere politische Besetzung so kompetent gewesen wäre, sondern eher trotz ihr. In einer politischen Landschaft, welche nur noch auf Problemlösen ausgerichtet ist, braucht es nicht großartig zu verwundern, dass nicht nur zur Pandemiezeit das Vorausdenken fehlte und Entscheidungen europaweit stets mit zwei- bis dreiwöchiger Verspätung gefasst wurden: „Die Politik hat offensichtlich – in der Pandemie noch mehr – verlernt, klare Entscheidungen zu treffen.“[138] Vieles, was getan wurde, war lediglich unter dem Thema Geschäftigkeit zu subsumieren: „Dabei halten sie sich für ungeheuer aktiv, während sie von dem Zwang getrieben werden, etwas zu tun, um der Angst zu entgehen, die sie erfassen würde, wenn sie sich mit sich selbst konfrontiert sähen."[139] Demzufolge kam es zu vielen Fehlinformationen – um nicht zu schreiben – propagandistischen Verkehrungen.

Kein gutes Beispiel

„Aufknistern fahle Blitze der Empörung
Doch keiner bis zum Grund der Lüge trifft."[140]

Aus der Coronakrise konnten und können wir einiges über unsere aktuelle Medienwelt lernen. Nehmen wir dazu das Beispiel eines großen Presseberichtes einer Tageszeitung, die davon schreibt, wie liberal die Regelungen während der ersten Welle der Pandemie in Schweden doch gewesen wären und wie gut diese auf Freiwilligkeit basierende Vorgehensweise dort angeblich funktioniert hätte; auch die Mär von einer Sterblichkeit, die nur etwas höher als bei einer Grippe liegen würde, wurde dabei tradiert. Tatsächlich aber lag die Sterblichkeit zu diesem Zeitpunkt dreimal so hoch wie in Deutschland! Wer solche tendenziösen Artikel verfasst, die mit der Realität und der Wahrheit nicht im Entferntesten etwas gemein haben, sondern diese diametral verkehren, braucht sich allerdings nicht allzu sehr wundern, wenn er von den lauernden Gegnern und auf eine solche Gelegenheit Wartenden als „Lügenpresse" bezeichnet wird. Man kann sich dabei auch nicht darauf hinausreden, dass man nur jemanden zitiert hätte, wenn ein ganzseitiger Artikel mit dem Tenor „Schweden macht es besser!“ erscheint.

Das schwedische Modell war ebenso wie das brasilianische, südafrikanische, indische oder englische eines, das weitere Wellen zu bescheren imstande war. Denn besonders dort können vielfache Mutationen entstehen, wo man die Sache mehr oder weniger einfach laufen lässt. Normalerweise schwächt sich das Virus in der Gesamtheit gesehen durch die Prävalenz der durchsetzungsfähigen Mutationen ab. Denn ein aggressives Virus tötet seinen Wirt zu schnell, als dass er noch genügend andere anstecken könnte. Lässt man die Pandemie nun aber ohne Schutzmaßnahmen und (rechtzeitige!) Lockdowns im Sinne einer falsch verstandenen Herdenimmunisierung sich ausbreiten, so finden auch die aggressiveren Varianten genügend Wirte und können sich behaupten; in etwa wie bei einem Feuer, dass sich in einem verlassenen Haus unbemerkt und ungelöscht ausbreiten kann. Zudem kommt es dabei zu vielen Arbeitsausfällen und Fehlzeiten sowie zu Long-Covid-Szenarien.[141]

Auffällig ist beim Auftreten von Mutationen, dass diese vor allem in wärmeren Ländern vorkommen – was auf den ersten Gedankenblick paradox erscheinen mag. Doch gerade dort, wo viele Menschen infiziert werden, mit dem Virus weiterleben und soziale Kontakte auf Grund geringerer krankheitlicher Einschränkung weiterbestehen – dort wird das Virus virulent weitergegeben. Das Virus „will“ den Menschen schließlich nicht töten (dieser Fall stellt eher eine Fehlentwicklung dar), sondern sich fortpflanzen; zumal die Altersstruktur der Bevölkerung in vielen mutationsgenerierenden Ländern eine deutlich jüngere darstellt.

Solche politisch scheinlibertären Modelle – sofern dahinter ohnehin nicht lediglich Ohnmacht, herablassende Arroganz gegenüber den Massen oder pseudodemokratisch-freiheitliche Sprücheklopferei steckt – bringen die gefährlichen Mutationen hervor und geben ihnen genügend Raum, um sich pandemisch auszubreiten: siehe Großbritannien, Brasilien oder Südafrika; auch für Indien ist Vergleichbares anzunehmen. Oft galt leider auch: Wer nicht schützt, testet zumeist auch nicht gerne bzw. nicht ernsthaft. Wir können hier zu Kontinent nur froh sein, dass Schweden nicht so groß ist wie Brasilien! Zumal ein Modell wie das schwedische selbst bei einem konsequenten Schutz der Risikogruppen die Bevölkerung einem viel zu hohen Risiko aussetzte. Die journalistische Pflicht hinsichtlich einer solchen sachlich unrichtigen Schwedenmodell-Glorifizierung wäre es gewesen, hier selbst zu recherchieren – dabei hätte man unschwer erkannt, dass die genannten Zahlen und Tendenzen schlichtweg unzutreffend waren und tatsächlich das Gegenteil der Fall war. „Der Kampf gegen Corona ist kein Dschungelcamp. Und trotzdem konkurrieren wir untereinander, statt miteinander gegen die Pandemie vorzugehen."[142]

Leider gibt es ubiquitär viele Menschen, welche sich durch eine mögliche Coronaerkrankung nicht gefährdet sahen bzw. sehen, weil sie sich in einer Altersgruppe befinden, wo schwere bzw. tödliche Krankheitsverläufe nicht so häufig vorkommen. Dies erweist sich allerdings als ein Trugschluss; denn mit der Weiterverbreitung – gerade durch die selbst eher ungefährdeten Gruppen hinsichtlich offensichtlicher Erkrankungsfälle – kann das Virus weiter mutieren und wird dann früher oder später auch diese Altersgruppen mit ungünstigeren bzw. schweren Krankheitsverläufen treffen. Die Sichtweise, Corona beträfe einen nicht, nur weil man sich in einer jüngeren Alterskohorte befände, ist somit nicht nur als egoistisch, sondern auch als wenig vorausdenkend einzustufen. Oder – um mit dem Volksmund zu sprechen: zu früh gefreut! Ließe man Corona weltweit tatsächlich so ungehindert sich ausbreiten, wie dies in Ländern wie Brasilien oder Indien geschehen konnte, dann würde dieses Virus womöglich auch einmal die immunologisch noch naiven Kinder treffen. Es ist somit einmal mehr leichter und auch sozialer, altruistisch zu agieren, als erst dann zum Schutz beizutragen, wenn man selbst betroffen wäre. Eine Herdenimmunisierung von 75 bis 80 Prozent bedeutet immerhin, dass für jeden Nicht-Impfbaren bzw. Impfverweigerer mindestens drei andere geimpft werden müssen. Doch „der Begriff Solidargemeinschaft scheint aus der Mode gekommen zu sein. Das Prinzip der Schuldzuweisung trieb stattdessen viele dazu, sich erst recht nicht impfen zu lassen: Druck erzeugt Widerstand. Dass die Impfung schlichtweg den allermeisten Menschen hilft, nicht auf der Intensivstation zu landen, geht unter."[143]

Hannah Arendt spricht von einem gespenstischen Spuk der Leere, welcher sich auftut, wenn Menschen nicht miteinander im Gespräch über Rechtsverständnis und Moral stehen und keine unterschiedlichen Standpunkte mehr austauschen.[144] Die auftretenden (un-)sozialen Folgen sind dabei klar absehbar. Man läuft dann wieder einmal denen hinterher, die einfache Lösungen anbieten; vermeintliche Schuldige werden ebenso gesucht und plakativ an den Pranger gestellt. Das, was für so manchen konservativreaktionären Nachkriegspolitiker hierzulande die Kommunisten waren, sind heute für radikalisierte Coronaleugner die Virologen, fürsorgliche Politiker oder achtsame Menschen, die sich um Gesundheit und Wohlergehen der Bevölkerung Sorgen machen; bei (ob nun zu Recht oder Unrecht) unzufriedenen Menschen entsteht sehr schnell ein derartiges Feindbedürfnis.[145] Im Zusammenhang mit der Irrationalität des Coronaleugnens war auch festzustellen, dass Corona für psychisch kranke Menschen – auch wenn sie nicht entsprechend diagnostiziert und behandelt wurden bzw. werden – eine willkommene Gelegenheit darstellte, diese Störungen in sublimierter Form auszuleben; zumal Corona nichts Eigenpolitisches darstellt, was die Mannigfaltigkeit der Leugner-Pools belegt, die nur in der Gegnerschaft zur kurzfristigen Einigkeit finden.[146]

„Viele Erwachsene haben sich in ein Bollwerk aus Pseudo-Wahrheiten eingemauert. Eine solche Festung gibt ihnen das Gefühl, sicher vor Überraschungen zu sein und das Leben unter Kontrolle zu haben.“[147]

„Da stets die Welt die Welt zertrümmert,
Brauchts wen, der um den Rest sich kümmert.“[148]

Die soziokulturellen Folgen der Pandemie

Soziopolitische Entwicklungen in der Krise

„Ihr habt bei Nacht und Nebel gekriegt,
Und euer Feind, er liegt besiegt;
Doch als man die Leiche beim Licht erkannt,
Da war's euer eigenes Vaterland.“[149]

Die am meisten unterschätzten Folgen der mehrjährigen Coronapandemie sind im sozialen, kulturellen und gesellschaftlichen Bereich zu verorten. Wir dürfen nicht vergessen, dass sich die medialpolitische Gesellschaft heute gänzlich anders präsentiert als noch vor einer Generation. Nicht allein die sogenannte „Trumpisierung“ – eine narzisstisch-selbstgerechte Politik im Lichte der (Selbstver-)Blendung – hat auch im demokratisch erodierenden Europa längst Fuß gefasst. Dabei ist festzuhalten, dass Donald Trump diese Methodik des medialorientierten konservativen Populismus keineswegs erfunden hatte. Er war vielmehr ein Syndrom als die Ursache: ein Wellenreiter, der die Unsicherheit der Menschen für seine einfachen und egozentrischen Zwecke ausgenutzt hatte; ein Katalysator gewiss, aber bestimmt nicht das ursprüngliche Movens und der alleinige Motor dieser Entwicklung. Wir müssen daher – bei allem Fokus auf die Führer – auch auf die Seite der Geführten blicken: denn die Unsicherheit und Ohnmacht des Einzelnen führten bekanntlich immer wieder dazu, sich autoritär aufzutretenden Heilversprechern zuzuwenden.

Überhaupt hatte der Relativismus während der Coronapandemie Hochkonjunktur: eine Anschauung, nach der jede Erkenntnis nur relativ bedingt durch den Standpunkt des Erkennenden richtig, jedoch demgegenüber allgemeingültig und objektiv noch längst nicht wahr sein muss. Dazu kam der verhängnisvolle Gruppennarzissmus: „Wir glauben, dass der Weg, dem wir folgen, zu einem Ziele führen müsse, weil wir alle anderen denselben Weg gehen sehen. Wir tasten im Dunkeln und bleiben nur deshalb mutig, weil wir alle anderen auch pfeifen hören."[150] Es wird dabei zweitrangig, ob dort nun ein Papst, ein Kennedy oder ein Spartakus vorne steht und zu den Massen spricht; denn der gefügige und nicht mehr selbstständig denkende Massenmensch ist immer als grundverkehrt anzusehen. Zum Totalitarismus braucht es nicht unbedingt den hinlänglich aus der Zeitgeschichte bekannten Schnüffelbart-Träger samt seiner Führer-Symbolik; all das – was auf welcher Fahne auch immer stehen mag – wird so austauschbar wie jeder Mensch, der sie trägt!

Um wieder konkreter zu werden: In der Tat ist es schwierig, Menschen zu helfen, die z.B. während der Coronapandemie zum Zeitpunkt, als die Maskenpflicht noch nicht galt, noch schnell ohne Schutz zum Einkaufen gingen und auch anderweitig immer die Regeln bis zum Gehtnichtmehr auszunutzen suchten. Es ist aber nicht allein der Bevölkerung anzulasten, dass sie sich in einer gewissen Hinsicht hat entmündigen lassen und ihr eigenes Denken gegenüber dem Empfangen von Verwaltungsvorschriften eingestellt hat – das ist in erster Linie die Schuld der skandalisierenden und alles andere als wissenschaftlich basierten Medien.[151]

Ein besorgter Bürger hatte am Rosenmontag 2020 noch eine Packung Mundschutzmasken der einfachen Kategorie ergattert, die er zunächst mit in den von ihm geleiteten Betrieb mitnahm. Da dort allerdings kein Interesse an Corona und entsprechenden Schutzmaßnahmen bestand, stellte er die 50 Masken lieber einer Arztpraxis zur Verfügung.[152]

Eine allgemeine Denk-Entmündigung, eine ihr folgende Ratlosigkeit und entsprechende Ohnmachtsgefühle manifestierten sich in dem zur Pandemiezeit vielgehörten und nichts anderes als Hilflosigkeit ausdrückenden Satz: „Das wird spannend!“ Wir aber bräuchten mehr denn je Menschen mit Überzeugungen und Zutrauen in die eigenen Fähigkeiten – und nicht noch weitere eigenblinde Echowerfer und Nachrufer: Aktivität ist Silber und Kreativität Gold! „Gerade aber durch das herrschende Erfolgs- und Leistungsdenken ist vielen der Zugang zu ihrem Selbst versperrt: Die durch den Erziehungsdruck eingeleitete Anpassung lässt Lebendigkeit, Kreativität und Liebesfähigkeit verkümmern.“[153] „Bei der Mehrheit der gut angepassten Menschen bedeutet Normalität nur, dass sie ihr eigenes Selbst bereits im frühen Alter verloren und vollständig durch ein gesellschaftliches Selbst ersetzt haben, das ihnen von der Gesellschaft angeboten wurde.“[154]

Ein weiteres Minuszeichen unseres postmodernen Daseins ist die allgemein grassierende Sinnleere, welche als soziokulturelle Entwicklung zu einer gefühlten Unzufriedenheit beiträgt: „Die Leere, die auf diese Weise in uns entsteht, macht uns wütend, umso mehr, als das Unbehagen, das dadurch ausgelöst wird, uns bedroht. Unser Potenzial für Destruktivität nimmt zu."[155]

Ein neuer Krieg der Postmoderne

„Wir lassen uns wie Spatzen
Einschüchtern von Teufelsfratzen."[156]

Im lange Zeit vielgerühmten digitalen Netz der unendlichen Möglichkeiten herrschen heute fast schon bürgerkriegsartige Zustände; dort organisiert und segregiert man sich in Filterblasen, in Communities, in virtuellen Kokons, in Angst- und Zugehörigkeitsgemeinschaften – dorthin verlagern sich zusehends die Politika. Wer dabei etwas Abweichlerisches äußert, muss die betreffende Gruppe verlassen: ein wahres Sinnbild totalitärer Medienideologie! Dabei erfahren die verbreiteten Nachrichten auch kein Korrektiv mehr – denn das Außen wird abgespalten.[157] Mit dem Ein- und Unterordnen in solche (Schein-)Gemeinschaften wird allerdings in keiner Hinsicht etwas Gutes für den Menschen erreicht. „Der praktische Weg in die Freiheit von Angst ist ein einsamer Weg, den jeder selbst gehen muss, alleine in einem positiven Sinn, ganz und gar auf sich selbst gestellt. Die entscheidenden Dinge des Lebens, Geburt, Schmerz, Glückseligkeit und Tod müssen wir allein erleben und durchleben."[158]

Die bereits während der Asylkrise angebahnten und mit der Coronapandemie endgültig vollzogenen trennscharfen Risse in unserer Gesellschaft verlaufen heute entlang von Scheinideologien, Zweckgemeinschaften, virtuellen

Grundstücksgrenzen, ideologischen Mauern und oftmals sogar quer durch (ehemalige) Freundschaften sowie ebenso durch Ehegemeinschaften. Wer dabei in seiner medialen Ausartikulation nach konform gesetztem Ermessen zu weit geht und dabei erwischt – sprich denunziert – wird, kann somit durchaus einiges verlieren; denn je individualisierter jemand angeprangert wird, umso mehr konzentriert die entsprechende Seite ihre Bemühungen im Sinne einer unbewussten Verschiebung darauf, möglichst viel auf ein endlich gefundenes Opfer abzuladen. Dagegen gehalten wird zumeist mit staatlicher Härte – somit hat uns Corona als Weltgemeinschaft auch wieder ein großes Stück dem Totalitarismus näher gebracht. Die Post-Corona-Gesellschaft wird gewiss anders sein als diejenige vor ihr: Corona hat die Menschen äußerlich beunruhigt und zugleich innerlich aufgehetzt. Mit dem endgültigen Abklingen der medizinischen Pandemie wird schließlich ein großer soziokultureller Triebstau zum Ausbruch kommen. Dieser fällt dabei durchaus auf fruchtbaren Boden, denn allein die Tatsache, dass der während der Fußballsaison 2019/20 grassierende Rassismus und ein entsprechend artikulierter Hass in deutschen Fußballstadien durch Corona erst einmal ausgebremst wurden, bedeutet noch längst nicht, dass diese Tendenzen damit verschwunden wären. Nur eine Manifestationsmöglichkeit für das Ausleben des aus einer Melange von gefühlter ohnmächtiger Repressivität und aus destruktiv machender Langeweile entstandenen Argwohns gegenüber Mitmenschen sowie durch den Gruppennarzissmus befeuerten Hasses war eine Zeit lang weggefallen. Ein Syndrom wurde schlichtweg verboten; an entsprechenden Ursachen und den Tatsachen jedoch ändert dies wenig – wie die Verlagerung des Hasses auf virale Angelegenheiten und eine entsprechende Lagerbildung hinsichtlich der Coronakrise eindrucksvoll belegten; dabei wurde Corona immer mehr zu einem ideologisch aufgeladenen Kampfbegriff – oft auch für gänzlich andere Motive, Beweggründe sowie für eigentlich virusfreie Agitations- und Handlungsfelder.

Es ist ohnehin auf Grund des angehäuften Triebstaus davon auszugehen, dass es nach Abschluss der Pandemie und entsprechender „Freigabe" zu starken hedonistischen Tendenzen kommen wird. Da wir dabei aber alle nicht auf unsere Kosten kommen werden und die Realität die digital enhancten und aufgestauten Fantasien nicht annähernd wiederholen oder gar befriedigen kann, wird es ersatzweise zu starken Aggressionsszenarien kommen: nicht nur in Fußballstadien (und den Wegen dorthin, wo man dem Kontrolldruck refugiär entkommen kann), auch auf Volksfesten oder etwa in Diskotheken – schlichtweg überall dort, wo Menschenansammlungen stattfinden und das Feuer der Aggression zusätzlich durch einen Wirkungskatalysator, wie z.B. den Alkohol, entfacht wird. Ohne Security und Saalordner werden wir uns zukünftig in größer Anzahl nicht mehr treffen können; auch die Zahl der Vergewaltigungen wird wohl ansteigen, ebenso die „sinnlose" Gewalt (d.h. z.B. ohne vorausgegangenen Streit, der wenigstens noch einen inhaltlichen Grund bieten könnte und „nur" die Gewalt als eine falsche Wahl der Mittel benutzt). Das triebgestaute Entgrenzungsstreben wird in seiner Erfüllung leer bleiben und unweigerlich zur Frustration und entsprechend kompensierenden – und dabei vielfach destruktiv-entgrenzenden Artikulationsformen führen.

Schließlich werden sich die Menschen wieder zusammenrotten, weil der Einzelne seine individuelle Schwäche in der Herde zu transzendieren sucht. Diese Tendenz ist bereits richtungsgebend erkennbar – die heutige Opposition erweist sich in publizistischer Hinsicht als sehr leicht dressierbar. Einem echten Linken würde beispielsweise niemals einfallen, seine Energie darauf zu verschwenden, vorwiegend gegen rechts zu agieren. Sein Hauptziel wäre wohl weniger das destruktive Tun und Treiben als vielmehr das konstruktive Element; denn zu verbessern und weniger zu bekämpfen gilt es diejenigen, welche unsozial regieren und nicht eine weitere Opposition, der man in einer weitgehend machtlosen Gesamtheit ebenso angehört. Das nahende Hauptproblem wird aber nicht der dort fälschlicherweise verortete Teil der Linken sein, sondern die rechtskonservative Mitte: ihr gehört die Zukunft und uns allen mit ihr der Gang in den Autoritarismus – wenn wir nicht endlich damit beginnen, sozialpolitisch gegenzusteuern; und das nicht, indem man einfach Unliebsame(s) bekämpft, sondern damit, dass man den Menschen etwas Besseres, Gewinnbringendes und Sinnstiftendes anbietet bzw. sie dazu befähigt, sich auf einen Weg des interessengeleiteten Wachstums zu begeben.

Die Moralkeule der politischen Korrektheit

Wenn sich zwei streiten, freut sich die Mitte!

Wer zu Beginn des gegenwärtigen Jahrtausends gegenüber dem allmächtigen amerikanischen Universalhändler verlangte, dass man seine Bücher besser beim deutschen Buchhändler kaufen sollte, galt seinerzeit eher als Globalisierungsgegner; heute wird man ihn angesichts solcher Aussagen möglicherweise als verkappten Nationalisten bezeichnen. Wer Mitte der Nullerjahre dieses Jahrtausends mit einem „Anti-Merkel-Sticker“ herumlief, galt als Linker. Das linke Satiremagazin Titanic hatte sogar einen Button mit der Aufschrift „Pfui Sozialabbau! Ferkel muss weg!“ als Vorlage in ihrem Heft abgedruckt – noch bevor Angela Merkel zur Kanzlerin gewählt wurde. Inzwischen hat sich die Windrichtung allerdings um einhundertachtzig Grad gedreht. Spätestens seit 2015 wird jemand wegen einund desselben Ansteckers eher als „Nazi“ bezeichnet. Dasselbe gilt für den Begriff der „Lügenpresse“ und alles, wofür er steht: Denn das, was einmal das ursprüngliche Feld der Linken war – nämlich die Medienkritik –, konnte man mit Rechts in Deckungsgleichheit bringen, sodass man nun zum Selbstschutz bequem mit der Nazi-Keule auf sämtliche Medienkritiker einschlagen kann und dabei als Medium immer über alle Kritik erhaben bleibt. Dies ist aber noch längst nicht das einzige politische Feld, welches die Rechte inzwischen den Linken abgejagt hat, wie folgendes Rechts-Zitat beweist: „Die soziale Frage war das Kronjuwel der Linken, es war ihre Existenzgarantie. Und wenn wir als AFD glaubwürdig bleiben und entschlossen bleiben, dann können wir der Linken dieses Kronjuwel jetzt abjagen!“[159]

„Pandemie der Lügen!“, war bei jeder Anti-Corona-Maßnahmen-Demonstration auf Schildern zu lesen. Waren Politik und Medien wirklich immer ehrlich? Haben sie nicht allein schon durch Weglassungen taktisch gearbeitet?

Seien wir deshalb gerade bei diesem sensiblem Wahrheitsthema besser ganz ehrlich: Die unter dem Thema Lüge zu subsumierenden politpublizistischen Maßnahmen haben viele Menschen schwer enttäuscht. Dass diese sich dann noch verlogeneren Heilsversprechern zuwendeten, muss man ihnen vorwerfen. Dass der Mainstream sie mit seinen Weglassungen und kosmetischen Korrekturen dorthin getrieben hat, ist allerdings Politik wie Medien anzulasten. Besonders beim Thema „Lügenpresse" und dessen Ursprung sollten wir uns etwas fundierter informieren. Der einer jüdischen Familie entstammende österreichische Lyriker und Publizist Karl Kraus gilt als einer der ersten, welcher den Begriff der Lügenpresse ideologisch einsetzte. „Der Begriff „Lügenpresse" kommt weder in Adolf Hitlers Buch „Mein Kampf" noch in seinen Reden direkt vor."[160] Darüber hinaus fand „Lügenpresse" in Organisationen der Arbeiterbewegung zur Abwertung von als bürgerlich oder kapitalistisch wahrgenommenen Teilen der Presse sowie in der Exilpresse als Bezeichnung für die gleichgeschalteten NS-Medien Verwendung.[161] Der Nazi-Propagandist Josef Goebbels hatte diesen Begriff des Öfteren eingesetzt – aber erfunden hat er ihn nicht: „Er ist kein Nazibegriff. Eine der frühesten Fundstellen ist die Rede eines Abgeordneten in der französischen Deputiertenkammer 1835. Der meinte, nur durch „die Unterdrückung der Lügenpresse" könne der „wahren Presse aufgeholfen werden. Im Zuge der 1848er Revolution wurde der Begriff auch in Deutschland gebräuchlich, und zwar als Schimpfwort konservativ-katholischer Medien gegen demokratisch-liberale Zeitungen."[162] „Wir müssen aufpassen, dass wir nicht alle möglichen Wörter, Inhalte und Traditionen unter Verdacht stellen, nur weil die Nazis sich ihrer bemächtigt hatten."[163] Dies gilt inzwischen bereits für viele Begriffe, wie z.B. das lyrische Hymnenwort „Heimat", „Bevölkerung", „Nation", „Vaterland" oder sogar für den Führer-Begriff an sich: „Der „Führer" ist doch eine kommunistische Parole gewesen. Spartakus ist ein Führer gewesen: Warum lässt man sich das Wort stehlen?"[164] Ebenso wurde der eigentlich urdemokratische Begriff „Volk" neuerdings zu einem undemokratischen, antihumanen und ausgrenzenden Begriff umgebogen. Der Begriff „Umvolkung" hingegen ist eindeutig als ein Nazi-Begriff zu belegen – er datiert zurück auf die Zwangsgermanisierung in Osteuropa.[165]

Meinungsmanipulation und Herrschaft

„So widerwärtig mir jene sind, die – umgekehrte Nationalisten – nun überhaupt nichts mehr Gutes an diesem Lande lassen, kein gutes Haar, keinen Wald, keinen Himmel, keine Welle – so scharf verwahren wir uns dagegen, nun etwa ins Vaterländische umzufallen. Wir pfeifen auf die Fahnen, aber wir lieben dieses Land."[166]

Eine neu entstandene Moralkeule der politischen Korrektheit fußt oftmals darauf, dass jemand mit etwas unzufrieden ist, sich aber nicht direkt wehren kann; deshalb gehen nicht wenige Menschen den Umweg der Besserwisserei, Spitzfindigkeit und nicht selten auch denjenigen der Diffamierung. Die Rezipienten werden dabei unbewusst darauf konditioniert, mit einem inneren unbewussten Abwehrreflex gegenüber nachteilig dargestellten Personen und Organisationen zu reagieren; auch bestimmte Begriffe werden heute medial assoziativ gepaart: Radsport und Doping, Fußball und Teamgeist, Wirtschaft und Weisheit oder eben Lügenpresse und Rechtspopulismus – ein eigentlich ziemlich billiger publizistischer Trick, der in einer den Medien und der veröffentlichten Meinung ergebenen Gesellschaft jedoch wie von selbst wirkt und nicht nur die Meinungsfreiheit, sondern bereits die Denkfreiheit der Menschen beschränkt. Diese können erst dann wieder frei im demokratischen Sinne werden, wenn ihre Sprache frei geworden ist und sie ihre Ausdrucksfreiheit zurückerlangt haben. Die Verkürzung der Halbwertszeit bestimmter Meinungen hat während der Coronapandemie allerdings eine neue Dimension erreicht. Auch konnte man feststellen, dass das Recht auf die Freiheit der Meinung nicht per se einen Anspruch auf die Richtigkeit der eigenen freien Meinung beinhaltet.

Wie wäre es eigentlich mit einer „Projektions-Keule"? Jedem Kritiker könnte man damit ganz einfach vorwerfen, dass seine Kritik an anderen ja nur eine Verlagerung eigener Unzulänglichkeiten wäre. Damit würde man, noch effektiver als beim Korrektheitscharakter, andere mundtot machen und bliebe jedoch selbst über jedwede Kritik erhaben.

Zum Verständnis sei deshalb an dieser Stelle noch einmal verdeutlicht, was eine Projektion bedeutet – und was nicht: Projektion meint, dass jemand Eigenschaften, welche er bei sich selbst nicht wahrhaben möchte, auf andere verlagert. Dazu zählt besonders das, wofür man sich schämen müsste und damit vor allem eine gefühlte und verdrängte Repression, welcher man selbst unterliegen kann. Beim gezielten Einsetzen von bewusst oder unbewusst falschen Projektionen handelt es sich oftmals um einen Abwehrmechanismus: das, was im Widerspruch zur gesellschaftlichen Norm steht, der man sich ganz musterschülerhaft unterwirft (aus Karrieregründen beispielsweise), wird deshalb abspaltend auf andere Gruppen übertragen – am besten auf solche, die ohnehin schon in der Kritik stehen. „Dass Projektionen verdrängter Selbstaspekte im Spiel sind, lässt sich vor allem daran erkennen, dass man sich selbst völlig frei von jenen Gemeinheiten oder Gefühlen erlebt, die man beim anderen deutlich spürt."[167] Für die etablierte politische Führungsschicht kann es deshalb kaum etwas Günstigeres geben, als zwei sich spinnefeind gegenüberstehende Lager, deren positives Potenzial zur Veränderung sich allein darin politisch wirkungslos erschöpft, sich gegenseitig zu bekämpfen. Wenn dabei zusätzlich noch der Streit die Solidarität ersetzt, dann kann es von unten – wo es an einem verbesserten Lebensstandard am meisten fehlt – keine wesentlichen Improvements geben. Denn vor allem die gegenseitige Solidarität wäre „das notwendige Korrektiv im Würfelspiel des Lebens."[168]

Wir grenzen inzwischen nicht nur ohne jegliche Not aus, sondern tun dies schon gewohnheitsmäßig. Man muss dabei heute schnell sein, sich hastend fortbewegen und sogar schon laufen – nur um seinen Platz zu behaupten und nicht zurückgedrängt werden. Als Sportler drängt sich hierbei der Vergleich mit einem Radrennen auf: Wer dort im großen Feld einfach nur so mitfährt und sich treiben lässt, derjenige landet ganz schnell einmal am Ende des Feldes.

Dort aber weht ein kalter (Gegen-)Wind. Nun muss der Betreffende alle Kräfte dafür mobilisieren, um nicht auch noch abgehängt zu werden und überhaupt noch Anschluss zu halten. Wieder nach vorne zu kommen, das kann er aus eigenen Kräften und ohne fremde Hilfe gar nicht mehr schaffen. Diese Analogie aus einer der härtesten und konkurrenzorientiertesten Sportarten drängt sich angesichts unserer gesellschaftlichen Entwicklung regelrecht auf: ein unsichtbarer Sog zieht einen ständig nach hinten, man muss sich richtig abstrampeln, um überhaupt noch dazuzugehören. Sobald die ersten Schwierigkeiten – eine kleine Welle nur oder ein schärferer (Rechts-)Knick – auftreten, gerät man sogleich ins Straucheln. Dann setzt die Angst ein: die Angst nicht mehr dabei zu sein; was dazu führt, doch besser still zu sein und sich so zu verhalten, wie die meisten anderen auch: sich anzupassen, um mit dem Strom zu schwimmen. Wohin man eigentlich fährt und wo die Reise überhaupt ihr Ziel haben wird, das sieht der Einzelkämpfer dann bald gar nicht mehr; er ist mit sich selbst, mit seinem Dabeibleiben und vor allem damit beschäftigt, einen möglichst guten Platz im Mainstream zu ergattern.

Einer für alle oder alle für einen?

„Zu leiden ist nicht das Schlimmste im Leben; das Schlimmste ist die Gleichgültigkeit.“[169]

Wenn jeder Mensch bei seinem Handeln an den anderen denkt, dann funktioniert eine Gesellschaft; denkt hingegen jeder nur an sich, dann funktioniert sie nicht. Hierzulande finden wir beide Arten von Denken – der Anteil an Egoisten überwiegt allerdings deutlich. Sobald dabei in der Summe an rücksichtslosen Egoismen eine kritische Schwelle überschritten wird, kommen wir gefährlich nahe an einen Systemkollaps. „Viele Staaten Südostasiens waren in dieser Hinsicht im Vorteil, weil in ihrer Tradition das Wohl der Gemeinschaft weit über den Interessen der Einzelnen steht. Die meisten westlichen Gesellschaften zerfallen in kulturelle, ethnische und religiöse Teilmengen mit höchst unterschiedlichen Wertekanons.“[170] So weit, sozioreligiöse Verzerrungen zu identifizieren, muss man dabei meiner Ansicht nach gar nicht gehen, denn bereits innerhalb äußerlich homogener Bevölkerungssegmente gibt es schlichtweg keine Solidarität. Dieser soziale Grundwert ist in hiesigen Leistungsbreiten nicht en vogue – die rücksichtslose Konkurrenz und ein Der-Erste-sein-Wollen stehen stattdessen im Vordergrund. Wir verstehen die Welt hierzubreiten analytisch und zerlegen das Wahrgenommene in seine Einzelteile – auch die Menschengesellschaft. Angehörige östlicher Kulturen gehen hingegen holistisch vor: sie nehmen die Ganzheit war und gehen nicht von sich selbst aus, sondern denken grundsätzlich von der Gesellschaft aus, also sozial.[171] Ein soziologischer Relativismus, der besagt, dass eine Gesellschaft in dem Maße normal sei, wie sie funktioniert, erweist sich in der Krise als Prüfstand oftmals als irrig: denn dann, wenn die Bedingungen einmal nicht mehr als normal einzustufen sind, funktioniert die Gesellschaft eben nicht mehr – und das merkt man in so einem Fall an allen Ecken und Enden. [172]

Der Schmerz des verdrängten Opferseins ruht, solange wirtschaftliche Not es nicht bedrohen. In Zeiten der Not erwacht der unbewusste Hass auf uns selbst. Um unseren Selbstwert zu stabilisieren, müssen wir diesen loswerden. Ideologische Interessensgruppen machen sich diesen Mechanismus zu Nutzen. „Ein Mensch gilt dann als schwach, wenn er Bedenken äußert oder auf Gefahren hinweist."[173]

Dazu kommt ein zunehmend restriktives Denken und Handeln der politisch Verantwortlichen.

Die Kursfahrt geht heute klar in die Richtung einer Einheitsmeinung, welche medial verordnet als die Richtige zu gelten hat. Der Mangel an Alternativmeinungen bzw. deren zunehmend oftmals geringe bzw. gar niveaulose Qualität, darf allerdings nicht die Begründung für diesen Kurs sein, sondern stellt vielmehr bereits eine Folge davon dar. Wenn dann zu allem Überfluss heute auch noch beispielsweise dasselbe mit Pegida geschieht (ohne auf deren doch eher primitive Simplizität einzugehen), wie es einst mit den Montagsdemonstrationen (in deren Tradition Pegida in gewisser Hinsicht sogar steht) zu Zeiten des DDR-Systems gemacht wurde – nämlich, dass jede Form der Kritik eisern totgeschwiegen wird, dann liegt der Schluss sehr nahe, dass die Meinung der Menschen heute erneut repressiv unterdrückt wird. Diejenigen, welche vor über einer Generation selbst gegen die Machthaber demonstrierten (oder aus den Demonstrationen anderer Nutzen zogen), verhalten sich nun selbst an den Schlüsselstellen der Macht ähnlich wie ihre ehemaligen Unterdrücker; sie unterdrücken die unerwünschten und für sie unbequemen Meinungen.

„Die Menschen verflüchtigen sich unter seinen Händen, die Paragraphen bleiben."[174]

Wir sollten uns also angesichts des Festgestellten und Erörterten nichts vormachen: den Geist der Demokratie zu atmen, fällt in Deutschland zunehmend schwerer. Ursächlich dafür ist auch die Ausgangslage der vierziger Jahre mit einzubeziehen, weshalb man bei der Verfassungsgenese zum Schutz der Demokratie ein grundsätzliches Misstrauen gegen das eigene Volk angenommen hatte. So können eine Vorverlagerung der Eingriffsgrenze und damit verbundene Sanktionsmöglichkeiten sogar gesetzeskonform zur Einschränkung von Grundrechten führen.[175] Einige Gesetze und Verordnungen von heute, die im Bereich von Überwachung und Freiheitsbeschränkung der Individuen verortet sind, haben ihren Ursprung auch in den Gesetzen, welche gemacht wurden, um den Terrorismus der RAF zu fassen.[176] Zu Grunde liegt bei den neu dazugekommenen Corona-Regelungen dementsprechend oft primär ein Versuch der Legislative, der Exekutive den Weg zu ebnen. Wir müssen dabei allerdings in aller Solidarität unterscheiden lernen, was tatsächlich und objektiv die beste Problemlösung darstellt – und was lediglich als eine solche erscheint. Parallel zur Erosion der Demokratie von oben geschieht jene ebenso von unten. Die (angeblich) Übersehenen und Vergessenen geben leider stets der Demokratie die Schuld für ihre Misere, obwohl sie tatsächlich den Kapitalismus meinen; die Demokratie wird dabei zur Stellvertreter-Zielscheibe.

Gemeinsam nach unten?

„Natur vollbringt oft wunderbar,
Was eigentlich nicht möglich war.“[177]

Weitgehend unbewusst haben wir uns heutzutage einen neuen kategorischen Imperativ angeeignet, der unsere heimliche Handlungsmaxime darstellt: Wir suchen den relativen Vorteil im absoluten Nachteil. Wenn wir alle vom Sog der Welle des Untergangs in den tiefen Abgrund gerissen zu werden drohen, dann strebt man als Einzelner mit den Seinen immer noch danach, dabei ganz oben zu schwimmen – sogar auf der Welle des Untergangs! Dementsprechend tröstete man sich bereits angesichts einer drohenden Coronapandemie mit Berechnungen von Alterskohorten, denen man z.B. als Mittdreißiger angehörte, und welche besagten, dass dort die Prognostik für einen schweren Verlauf bei z.B. „nur“ acht Prozent liegen würde.[178] Das Anführen einer Gesundheitsstatistik kann natürlich niemals eins zu eins der Realität entsprechen. Gesundheit bedeutet gemäß WHO-Definition das vollkommene geistige und körperliche Wohlbefinden. Doch es sind heute nicht wenige Coronapatienten – sofern sie überleben – für ihr weiteres Leben gezeichnet: bekanntlich wirft bereits das kleinste Haar einen langen Schatten.[179] Das Post-Covid-Syndrom ist keinesfalls zu unterschätzen – es tritt auch nach vergleichsweise harmlosen Erkrankungsverläufen auf. Die Tatsache, dass das offiziell verstempelte „genesen“ nicht gleichzeitig das Synonym für „wieder komplett gesund“ bedeutet, wurde jedoch mehr als ein halbes Jahr geleugnet und auch danach noch längere Zeit geflissentlich übergangen. Viel zu lange hat man abgewartet, um das Post-Covid-Syndrom als eigenständige Erkrankung zu klassifizieren und dieses differentialdiagnostisch vom „Long-Covid“ bzw. von „postakuten Folgezuständen“ abzugrenzen. Um ein Beispiel hierfür zu geben: Acht Wochen nach der Entlassung aus dem Krankenhaus litten noch 69% der Patienten unter Fatigue und 53% unter Atemnot.[180] „Einer von acht Erwachsenen, die sich mit SARS-CoV-2 infizieren, hat langfristig Symptome, die auf die Covid-19-Erkrankung zurückzuführen sind.“[181]

„Der Tag ging regenschwer und sturmbewegt,
Auf allen Gräbern fror das Wort: Gewesen.
Wie sturmestot die Särge schlummerten,
Auf allen Gräbern taute still: Genesen.“[182]

Statt Vorsorge, Abriegelung und gesundheitlichem Protektionismus erfuhren wir politisch-administrative Defizite, welche wir schon angesichts gescheiterter Mega-Projekte, wie z.B. dem Berliner Flughafen oder Stuttgart 21, erleben durften – nur, dass es dieses Mal, beim Coronafall, um Menschenleben ging; um sehr viele Menschenleben: um Zehntausende, wie wir inzwischen wissen![183] Und dabei längst nicht nur um alte Menschen, wobei es besonders unfair erscheint, dass genau diese Generation, welche zum Teil sogar noch in der Nachkriegszeit Deutschland wieder aufgebaut und ein oftmals hartes Arbeitsleben lang relativ hohe Krankenkassenbeiträge einbezahlt hatte, besonders während der Wellen Eins und Zwei viel zu oft vorzeitig das Zeitliche segnen musste. Eine gesunde Gesellschaft ehrt ihre Alten – nicht umsonst gibt es in allen rationalen

Gesellschaften eine gewisse Methusalem-Sehnsucht, was nicht allein eine Fülle an diesbezüglicher Literatur ausdrückt. Wenn die Menschen eine hohe Lebensqualität erreichen können, werden sie dabei auch überdurchschnittlich alt; dies zeichnet eine Gesellschaft aus.

Man ließ – wie an anderer Stelle bereits erwähnt – erst einmal alles so weiterlaufen und wartete einfach ab, was die anderen tun würden. Von dem so dringend erforderlichen Handeln war damals, als man die Pandemie noch hätte abwenden können, nicht im Geringsten etwas zu erkennen; nicht einmal für eine gesunden Reaktivismus reichte es – dabei hätten wir prospektive und produktive Denker an der Spitze des Staates in diesem Fall so dringend benötigt. Unsere Devise hieß leider: Fasching weiterfeiern, ab in die Fußballstadien – White Trash as ever! Und dabei am besten noch jeden, der damals wenigstens einen Einkauf mit Schutzmaske tätigte, als Panikmacher und Hysteriker diffamieren. Dazu passte auch, dass seinerzeit, als sich die Pandemie hierzulande von den Verantwortlichen nicht mehr leugnen ließ, den Zeitungen empfohlen wurde, ab jetzt auf Todesanzeigen zu verzichten – das nenne einer mal keine entschlossenen Maßnahmen: „Des Menschen Hand ist eine Kinderhand.“[184] Wir erkennen unschwer, dass die „Lösung“ auch hier einmal mehr in der Negierung der Realität bestand. Erich Fromm stellte dazu bereits folgendes fest: „Je aussichtsloser die Hoffnung auf eine reale Besserung, desto mehr muss die Hoffnung in den Phantasien Ausdruck finden.“[185]

Gefallenes Europa

„Wer vorsieht, ist Herr des Tages."[186]

Man weiß gewiss nicht immer, wie sich die Dinge entwickeln, wenn sie verändert werden – aber man weiß doch, wie sie sich entwickeln, wenn man nichts ändert. Doch „schon zu Anfang der Krise wurde deutlich, dass selbst ein wirtschaftlich hochpotentes Land wie Deutschland organisatorisch auf eine solche Pandemie nicht vorbereitet war."[187] „Wir sind vorbereitet!" – hieß es dennoch regelrecht trotzig wie marktschreierisch von verantwortlicher Seite: Muss man wirklich Psychoanalytiker sein, um so einen Satz als reaktionsbildende Verkehrung der Tatsachen zu erkennen? Es gab keine Schutzmasken, keine parallel zum Normalbetrieb vorhaltbaren Intensivkapazitäten und auch keine sinnvollen Anweisungen, wie die Hygiene und die soziale Verantwortung menschlich kombiniert werden könnten;[188] kurzum war unschwer zu erkennen: Wir hatten keine tatkräftigen, kompetenten und mutigen Entscheider. Man möchte sich gar nicht vorstellen, was eigentlich bei einem Super-GAU hierzulande los wäre: würde die – vergleichsweise einfach zu handhabende – Verteilung von Jodtabletten so schnell, wie medizinisch erforderlich, tatsächlich funktionieren?[189] Dieses letzte szenarienhafte Beispiel einer fraglich funktionierenden Verteilung von Jodtabletten zeigt auf, wie viel Vertrauensverlust die Politik während der Coronapandemie erfahren hat. Bei der nächstfolgenden Krise, der russischen Ukraine-Invasion, kam es in Apotheken dazu, dass Kaliumjodidtabletten sehr schnell ausverkauft waren. Dies beweist immerhin einerseits das selbständige Mitdenken der Bürger – insbesondere von Müttern; auf der anderen Seite wird dabei auch deutlich, dass das eigene Denken nur eine Reaktion und Abwehr, aber keine realbasierte Lösungsorientierung darstellt. Die erworbenen und gehorteten Jodtabletten sind tatsächlich viel zu gering dosiert und wären im Super-GAU-Fall lediglich ein nutzloser Tropfen auf dem heißen Stein. Der Unterschied zwischen der Mikrogrammeinheit für Patienten mit Schilddrüßenunterfunktion und Milligramm zur Vorsorge gegenüber der Aufnahme radioaktiven Jods wird nicht erfasst – man begnügt sich damit, überhaupt eine Packung ergattert zu haben. Dieses Beispiel lässt sich auf die gesamte Corona- bzw. Krisensituation übertragen. Man erkennt, dass etwas falsch läuft und man z.B. politisch-medial belogen wird. Nun ist man aber bei der Reaktion völlig unbedarft und schaltet das rationale Denken gegenüber alternativen Lösungsversuchen und neuen Heilsversprechern völlig aus. Man erkennt einerseits große Fehler im Bestehenden, ist jedoch zugleich nicht in der Lage, im Neuen nur die kleinsten und durchaus offensichtlichen Fehler zu bemerken. Dieses eindimensionale Schwarz-weiß-Denken hatte bereist Herbert Marcuse auf seine Art beschrieben – geholfen hat es wenig: Wir sind heute wieder einmal soweit!

„Wir müssen uns und andere herausreißen aus dem Sumpf der Lüge und des feigen Zweckoptmismus.“[190]

In Europa machte man sich schlichtweg viel zu wenig Sorgen. Dort fand die abwartende Haltung der WHO breite Unterstützung – während Thailand, Singapur, Südkorea,

Vietnam, Hongkong und Taiwan längst strenge Einreisekontrollen eingeführt hatten. Der Präsident des Robert Koch-Instituts sprach gar davon, dass es unwahrscheinlich wäre, dass sich das Coronavirus außerhalb von China nennenswert verbreiten würde. Nicht einmal der Vorschlag, alle schweren Fälle unklarer Atemwegsinfektionen auf das neue Coronavirus zu untersuchen, wurde vom Robert Koch-Institut und der WHO in Erwägung gezogen. „Im Gegensatz zu vielen asiatischen Ländern gab es bei der Einreise in die EU keine Wärmekameras, keine Fragen zum Gesundheitszustand, keine Empfehlungen zur Vorbeugung gegen Infektionen. Dem Virus waren Tür und Tor geöffnet. In Deutschland erklärte das zuständige Robert Koch-Institut jeweils nur die bereits dokumentierten Ausbruchsregionen zu exakt umrissenen Risikogebieten – als halte sich das Virus an Linien auf der Landkarte.“[191]

Man sollte daher gegenüber Äußerungen von Gremien, die ihrerseits eine Zwitterstellung zwischen Politik und Wissenschaft einnehmen, grundsätzlich Vorsicht walten lassen, denn sie stehen Ersterer oftmals näher: Kritik wurde dementsprechend laut, die forderte, das Robert Koch-Institut nicht mehr weiter dem Gesundheitsministerium zu unterstellen, sondern politisch unabhängig und allein der Wissenschaft verpflichtet zu setzen:[192] der RKI-Vorsitzende Lothar Wieler ist „zu nah dran an der Linie der Bundesregierung.“[193] Auch die Entscheidungswege der WHO „sind schwerfällig und werden von mächtigen Mitgliedstaaten beeinflusst. Diese vergeben die lukrativen Posten regionaler Repräsentanten und anderer WHO-Funktionen teilweise nach politischer (oder gar persönlicher) Opportunität statt nach fachlicher Qualifikation.“[194]

„Ein Mensch nimmt, guten Glaubens, an,
Er hab das Äußerste getan.
Doch leider Gotts versäumt er nun,
Auch noch das Innerste zu tun.“[195]

Propagandistische Kniffe und Tricks sind heute das A und O politischen Handelns geworden: Anlässlich der Coronakrise konnte man anschaulich erkennen, wie unpopuläre Maßnahmen (z.B. eine Kaufprämie für die Autoindustrie oder die Wiederaufnahme des Kommerzsports Fußball-Bundesliga) mit Lockerungen für die Bevölkerung zeitlich in Einklang gestellt wurden. „Man registrierte, dass Profifußball schnell wieder möglich wurde, der Breitensport unter freiem Himmel aber nicht.“[196] Doch die monopolistische und alleinherrscherische Sportart Fußball konnte in der Postmoderne nicht von den Fußballfans allein zur dominanten Volkssportart gemacht werden – entscheidend war auch hier, dass die allgemeine Bevölkerung mit einschwenkte. Im Lichte der Coronapandemie, als der Fußball wieder einen großen Teil der Menschen vergrault hatte, wurde der diesbezügliche Counter-Prozess ersichtlich. In Sport, Gesellschaft und Politik gilt schließlich: Es reicht nicht, nur von den Seinen getragen zu werden – man benötigt die Bewegung der Massen.

„Seht der Richter steht schon vor der Tür.“[197]

Leider wurde bei der Coronapandemie – und das ganz besonders in Deutschland – ein wenig bevölkerungsfreundliches Verhalten der Herrschenden gezeigt: während Nachrichtensendungen unserer Nachbarländer ihre Berichterstattung stets damit begannen, die Erkranktenzahlen und Todesopfer zu nennen, also die Fakten auf den Tisch zu legen, blieb man in Deutschland diese immer wieder schuldig; genannt wurden sie meist nur dann, wenn damit eine bestimmte unpopuläre Maßnahme legitimiert werden sollte; und selbst dabei wurde stets der Vergleich zu Ländern mit mehr Todesopfern gezogen, sodass das deutsche Gesundheitssystem schlussendlich immer noch als das bessere dastand – was es im relativen Vergleich durchaus gewesen sein mag; nur müssen wir uns hierzulande als die inzwischen doch sehr tief gefallene „Apotheke der Welt“ an uns selbst messen lassen – zumal es noch längst kein Qualitätsmerkmal darstellt, besser als beispielsweise das marode englische Gesundheitssystem zu sein, weil selbiges noch lange nicht „befriedigend“ oder gar das Prädikat „gut“ bedeuten würde. Warum man das macht? Genau deshalb, weil man darum weiß, dass unser Gesundheitssystem bereits vor Corona überlastet war und man auf so manchen notwendigen medizinischen Eingriff schon damals mehrere Monate lang warten musste; Overcrowding-Situationen in Notaufnahmen waren schon vor der Pandemie ein sehr großes Problem geworden. Allzu verständlich, dass demzufolge in reaktionsbildender Weise das Gegenteil populistisch behauptet werden soll und alle Menschen, welche demgegenüber die Wahrheit laut aussprechen, vom publizistischen Mainstream indirekt, aber auch einmal ziemlich frontal diffamiert werden können. Mit einer solchen politisch überkorrekten Agitationsweise will man bestimmten und zumeist gefährlichen Gruppen keine Munition liefern und beschönigt deshalb eigenmächtig bzw.

lügt gar für den vermeintlich guten Zweck – man macht also genau das, was man eigentlich zu vermeiden sucht und seinen politischen Gegnern vorwirft: man verdreht die Wahrheit in propagandistischer Absicht für die eigenen Zwecke und Vorstellungen.

Die endgültige Spaltung der Gesellschaft

„Da streiten sich die Leut herum
Oft um den Wert des Glücks,
Der eine heißt den anderen dumm,
Am End weiß keiner nix.“[198]

Unser postmodernes Zusammenleben wird von der Oberflächlichkeit der Medienaussendungen zusehends verflacht. Erst in Krisen, wie etwa im Bereich des Asylwesens im Jahr 2015 oder der Gesundheit (bzw. Wirtschaft) im Jahr 2020, zeigte sich in vielen sozialen und informellen Verbänden, dass die betreffenden Menschen zu existenzielleren Fragen völlig differierende Ansichten haben und bei mehr inhaltlichem Tiefgang gar nicht so recht zusammenpassen wollen. Es ist recht einfach, sich mit Nachbareltern über neue Kindersicherheitseinrichtungen in Fahrzeugen zu unterhalten, mit Freunden Fußballergebnisse auszutauschen oder mit seiner Partnerin zum Einkaufen zu gehen. Bei wichtigen Fragen aber scheitern viele solcher Beziehungen – aus dem ganz einfachen Grund, weil sie de facto gar keine solchen sind! Besonders die Coronakrise des 21. Jahrhunderts hat die Bevölkerung in zwei solche Lager eingeteilt:

- die Befolger der Einschränkungen (samt unterdrücktem Groll dem entsprechenden Folgetum gegenüber)

- die Relativierer bzw. Leugner der Pandemie.

Ein regelrechte Bipolarität und Lagerflucht wurde auch dadurch begünstigt, dass wir als Gesellschaft viele Corona-nicht-Versteher zu Coronaleugnern gemacht haben: statt Aufklärung wurde verordnet und bestraft. Dabei sind die Coronaleugner und Pandemieverharmloser oftmals nichts anderes als hilflose Verdränger. Darunter ist nur ein kleiner Kreis, der tatsächlich das glaubt, was er weitersagt und der die inneren Widersprüchlichkeiten in der Denklogik nicht bemerken kann. Die Verdränger wollen die Realität nicht wahrhaben; jeder, der ihnen mit guten Sachargumenten kommt, wird abgelehnt und als Person bekämpft, weil er demjenigen, der die Verdrängung als Scheinlösung gewählt hat, diese schwermacht und zu zerstören droht. Der Verdränger will doch gerade deshalb nichts von der Wahrheit wissen, weil er sie wissen könnte!

Dazu kommt der Aspekt, dass Krankheiten eine Schwäche darstellen und diese gilt es den denjenigen, die früh gelernt haben, empathische Wahrnehmungen zu verleugnen, durch einfache Abstraktionen abzuwehren.

Dazu kommt immer auch der Aspekt, dass der neue Erreger aus dem fernen Osten etwas Fremdes darstellt – und besonders hierzulande ist man es traditionell gewohnt, alles Neue und Fremde als bedrohend zu empfinden und abzulehnen. Die Xenophobie und insbesondere die Neophobie spiel(t)en somit besonders auch bei der Impfstoffskepsis eine beträchtliche Rolle.

Bemerkenswerterweise fand man bei dem immer größer gewordenen Lager der Coronaleugner sehr viele Test-Verweigerer – selbst bei Erkrankungen mit eindeutigen Corona-Symptomen. Weshalb? Die Antwort darauf ist eigentlich ganz einfach zu geben: Sie hätten schließlich ihr Gesicht verloren, wenn sie sich am eigenen Leib eingestehen müssten, dass es Corona doch gibt und sie im Unrecht waren. Aber auch vor freiwilligen Tests drück(t)en sie sich. Wenn sie sich nun aber so sicher wären, dass Corona bloß eine Erfindung bzw. ein Hype wäre, dann könnten sie doch zur Testung gehen; es würde schließlich ihre Meinung stützen, wenn viele negative Ergebnisse zustande kommen würden. Tatsächlich aber offenbarten die Betreffenden sehr wohl ihre Angst vor einem positiven Ergebnis, indem sie Tests verweigerten. Die Fragestellung lautet ohnehin nicht, ob jemand Angst vor Corona habe, sondern ob er in der Lage ist, diese Angst zu erkennen und vor sich selbst zuzugeben.

Es ist für keinen Menschen besonders angenehm, sich einen Irrtum einzugestehen, weil er damit auch ein Stück seiner Identitätssicherung aufgeben muss. Nun jedoch zu propagieren, sich stets nur nach Vordenkern und Vorschriften zu richten, führt die Menschen nicht zur Erkenntnis: Wer als Arzt gegenüber seinen Patienten beispielsweise den AstraZeneca-Vektor-Impfstoff zunächst als völlig unbedenklich anpries, stand plötzlich als inkompetent da, weil das Paul-Ehrlich-Institut diesen im Frühjahr 2021 aus dem Verkehr zog – und das nicht ganz zu Unrecht; schließlich können nach Impfungen mit vektorbasierten Impfstoffen Antikörper gegen Plättchenfaktor 4 (PF4) auftreten und die bekannt gewordenen Sinusvenenthrombosen sowie eine schwere thrombotische Thrombozytopenie auslösen.[199] Für etwas zu werben, dass man selbst gar nicht beurteilen kann, verbietet sich eigentlich von selbst. Was ist nun daraus zu lernen? Ganz einfach: sich beständig fortzubilden, eine eigene Meinungskompetenz zu entwickeln und nicht immer nur sein Fähnchen nach dem Winde zu drehen!

„Über den Einwurf eines Gescheiten,
Lässt sich streiten;
Bei der Entgegnung eines Dummen
Muss man verstummen.“[200]

Wir wissen heute so wenig vom Menschen, weil wir so wenig von den Menschen wissen wollen.

Scheinobjektivität, Verfaktung und Statistikwahn

Wissenschaft oder Wissenschaftlichkeit?

„Die Wissenschaft hat heute schlechterdings keinen Glauben an sich, geschweige denn ein Ideal über sich.“[201]

„Was sich nicht zählen lässt, das gibt es nicht.“[202]

„Bei wissenschaftlichen Streitigkeiten nehme man sich in Acht, die Probleme nicht zu vermehren.“[203]

„Der Gelehrte, der verrucht,
Aus Büchern sich zusammensucht,
Was – und das heißt man Wissenschaft –
Erst seinem Buch gibt Glanz und Kraft.“[204]

Was hilft alle Wissenschaft, wenn die Verbreiter ihrer Ideen und Aussagen selbst nicht wissenschaftlich handeln?

Das Thema Wissenschaft ist während der Pandemie vielfach zur Zielscheibe von Leugnern und Verharmlosern geworden. Dazu trug auch eine in der aktuellen Postmoderne weitgehend entgeistigte, zahlendominierte und regelrecht ziffernhörige Vergötzung mancher Wissenschaftszweige bei. Dabei wurde der Wissenschaftsbegriff allerdings in einer Weise beschnitten, die sich nicht nur von der Geisteswissenschaft, sondern vor allem von einer Wissenschaft des Menschlichen weitgehend entfremdete.[205]

Um das Wesen unseres aktuell doch sehr einseitigen Wissenschaftsbegriffs besser zu durchdringen, möchte ich im

Folgenden die Begrenztheit und Unzulänglichkeit einer solchen rein nummernanalytischen Wissenschaft verdeutlichen, denn „den empirisch-analytischen Wissenschaften liegt ein technisches Interesse zugrunde, dem es um die Sicherung erfolgskontrollierten Handelns geht.“[206] Nehmen wir als Beispiel die vieldiskutierte Thematik, weshalb Scheidungskinder selbst wieder zu Scheidungseltern werden. Dies ist eine empirisch festgestellte, belegte und wissenschaftlich gültige Tatsache – Punkt. Was aber wird damit ausgesagt? Ist mit dieser statistisch feststellenden Methodik schon irgendetwas erklärt worden? Wissen die betreffenden Wissenschaftler deshalb mehr (oder überhaupt etwas) über familiäre, soziale und erziehliche Zusammenhänge und ihre Ursachen und Motive? Wäre es nicht weitaus sinnvoller und ergiebiger, von Vornherein den entsprechenden Sachverhalt zu durchdenken und dialektisch zu diskutieren? Ist es inzwischen nicht vielmehr so geworden, dass die Zahlenwissenschaft statistisch etwas feststellt und erst dann nach den Gründen dafür zu rätseln anfängt? Welche Leidenswege müssen beschritten und zugelassen werden, wenn man erst rückwirkend aus den Erkrankten- und Opferzahlen die längst erforderlichen Schlüsse ziehen kann? Wie viele tausende Menschen mussten während der Coronapandemie erst sterben, um dann statistisch posthum die betreffende Krankheit zu analysieren? Welches niedrige Evidenzniveau leisten wir uns damit eigentlich? Was sagen Zahlen und Ziffern über die dahinter stehenden Einzelschicksale aus?[207]

Wer nun aber, anstatt vorrangig auf solche rückwirkenden Studien (die mit ihren Ergebnissen immer erst zeitverzögert Einfluss nehmen können, wenn bereits etwas Gewohntes etabliert wurde und dann oftmals als die Spielverderber auftreten müssen[208]) zu setzen, die Sache hingegen von Anfang an durchdenkt, braucht eine solche Statistik überhaupt nicht, weil er die Ursachen und Wirkungen des dialektisch diskutierten Sachverhaltes gedanklich eruieren kann.

Wollen wir dennoch das Denken wirklich nur noch den Computern überlassen – die dazu bekanntlich überhaupt nicht in der Lage sind und es auch niemals sein werden? Wo bleibt der Wert der wissenschaftlichen Person, die einen „Riecher" dafür hat, welche Forschungsergebnisse in zehn oder zwanzig Jahren relevant sein werden? Verkommt die Zahlenwissenschaft darüber hinaus zum Zulieferbetrieb des Journalismus, weil in dessen publizistischer Widerspiegelung die tatsächlich verwertbaren und vermarktbaren Erfolge gefeiert werden?

Die geweihten Räume der Wissenschaft

„Ein scharfer Blick bewährt sich nicht bloß darin, dass er durchschaut. Sondern ebenso in der Weise, dass er nicht jedes als so klar wie Wasser sieht."[209]

Hält nun der Begriff der Wissenschaft im Hinblick auf die Sozialwissenschaften heute noch das, was er verspricht? Wenn selbst dort, wo es ausschließlich um Empathisches und Menschliches geht, inzwischen Zahlen über Zahlen generiert und digital ausgewertet werden, ist es dann nicht vielmehr so, dass wir unseren Geist gerade nicht zur Forschung benutzen? Denn ein nur betrachtendes Wissen bezieht sich notwendigerweise auf Abgeschlossenes und Vergangenes, es bleibt weitgehend hilflos gegenüber Gegenwärtigem und blind ebenso gegenüber der Zukunft.[210] Die Folgen davon zeigen sich in direkter Weise – beispielsweise im Erziehungswesen: Gäbe es zum Beispiel einen wirksamen Einfluss der geisteswissenschaftlichen Denker, die gegenwärtige Gesellschaft würde gewiss ganz anders und viel liebevoller miteinander umgehen; wir sollten nicht übersehen, dass die Gesellschaft schon vor Corona gespalten war: in Asylgegner und -befürworter, in sich feindlich gegenüberstehende Sportfan-Lager, in Ossis und Wessis.

Die postmoderne Wissenschaft bleibt diesem Desiderat des Geistig-Humanen gegenüber jedoch zumeist hortend strukturiert, autoritär institutionalisiert und wird auch dementsprechend dargeboten. Nicht selten handelt es sich bei ihr um nicht viel mehr als strukturierte Banalitäten, welche inhaltlich alles andere als in einer Tradition großer Denker unserer Vergangenheit stehen; ihre Ergebnisse laden zudem nicht gerade zum Lesen ein; sie sind literarisch oft in einer armseligen Amtssprache verfasst, die sich den Charakter von objektiver Wahrheit lediglich formal ausborgt – was sie jedoch keineswegs objektiver macht. Ihre Rezipienten sind Archive und Büchereien; wissenschaftliche Werke werden deshalb nur von sehr wenigen Menschen gelesen – wenn sie überhaupt jemand freiwillig (d.h. ohne Arbeits- oder Forschungsauftrag, also aus freien Stücken) aus eigenem Interesse liest. Man denke in diesem Zusammenhang nur an die geringen Auflagestärken wissenschaftlicher Literatur. Letztendlich wird die Fachliteratur damit so behandelt, wie sie sich viel zu oft selbst gibt: bürokratisch archiviert und verschlossen – und oft ohne jeglichen wirksamen Nutzen für die Realität. So manches, was sich heutzutage als wissenschaftlich präsentiert, fällt somit eher in die Kategorie Bürokratie.

„Von dem erkenntnisartigen Selbst umschlungen, hat er kein Bewusstsein mehr von dem, was außen oder innen ist. Sie ist eng, diese Kammer des menschlichen Bewusstseins.“[211]

Von der Wissenschaft der ersten zum Wissenschaftsbegriff der dritten Person

Ein einundzwanzigjähriger Krankenpfleger möchte sich nicht impfen lassen. Dies ist einerseits verständlich, da für ihn während der betreffenden Wellen keine Lebensgefahr durch das Virus bestand. Nun sollte man ihm aber mitteilen und ihn (ohne Vorwurf!) darüber aufklären, dass man sich nicht nur für sich selbst, sondern auch zum Schutze anderer (besonders in seinem Beruf) und nicht zuletzt für die Herdenimmunisierung impfen lassen sollte. Er könnte nun durchaus mit Recht entgegnen, dass allein auf eine Impfung zu setzen und dabei zugleich durchgängig prekäre Lebens- und Arbeitssituationen (räumliche Enge an Arbeitsstellen, Massenunterkünfte) weiter bestehen zu lassen, eine einseitige und unzureichende Lösung darstellt.

An diesem dialektischen Dialogbeispiel erkennt man unschwer, dass beide Seiten Richtiges (die notwendige Abschaffung des Prekariats), aber auch Falsches (z.B. den asozialen Egoismus) artikulieren. Tritt man nun nicht in den aufklärenden Dialog, sondern spaltet und grenzt ab bzw. aus, dann verhärten sich die Fronten. Doch die hier hilfreiche dialektische Denkmethode gehört heute nicht zum Instrumentarium anerkannter wissenschaftlicher Methoden.[212]

Die Kenntnis der großen Ideen war noch nie so leicht zugänglich wie heute – und kaum zu einer Zeit war ihre Wirkung dennoch so gering: Woher kommt diese Entwicklung?[213] Unter den hartnäckigen Pandemie-Leugnern befinden sich schließlich auch immer wieder Ärzte und Wissenschaftler. Wie kann es dazu kommen, dass ein habilitierter Professor, der eigentlich für die Objektivität steht, derartige Fehleinschätzungen, Gerüchte und Unwahrheiten nicht durchschaut bzw. gar selbst verbreitet? Neben dem narzisstischen Geltungsdrang ist es vor allem die Qualität des wissenschaftlich-universitären Personals und dessen entfremdete berufliche Sozialisation, welche sich dafür verantwortlich zeichnet.

Wir haben angesichts der Coronapandemie auch lernen dürfen, wie wenig die Menschen heute im Allgemeinen mit ihrem Körper noch Eins sind; die Prävention und dabei allein das Erkennen körperlicher Bedürfnisse (wie z.B. der Drang nach Bewegung oder das Bedürfnis nach Wärme) sind inzwischen eher zu etwas Seltenem geworden. Das gilt ebenso für das Vorausdenken im Allgemeinen. Es gibt zudem auch unter Wissenschaftlern Menschen, die – in versch(r)obener Unkenntnis der hegelschen Dialektik – grundsätzlich das Gegenteil einer allgemein akzeptierten Meinung behaupten. Dies wird dann gerne als Uneinigkeit der Wissenschaft medial verkauft und führt dazu, die Wissenschaft generell abzulehnen: Wen die Götter verderben sollen, den schlagen sie bekanntlich mit Blindheit.[214]

Alles andere als hilfreich war es in diesem Zusammenhang einmal mehr, dass in Europa die verantwortliche Politik lange Zeit die Pandemie nicht wahrhaben wollte und sie dementsprechend herunterspielte. Diese anfänglichen Coronaleugner-light haben den Querdenkern die Argumente quasi auf dem Silbertablett vorgelegt. Wenn hingegen „ein großer Teil der Bevölkerung die sachlichen Hintergründe versteht, wird irrlichternden Politikern und pseudowissenschaftlichen Agitatoren der Boden entzogen."[215] Spätestens beim „wissenschaftlichen" Umgang mit der Coronakrise sollte auch dem letzten Ignoranten klargeworden sein, dass unsere Forschung vorrangig darin besteht, das Geschehene statistisch auszuwerten und weniger darin, selbst prospektiv die Zukunft zu denken. „Wenn es auch zutrifft, dass der Mensch erst denken sollte, bevor er handelt, gilt doch auch, dass man keine Chance zum Handeln hat, wenn es um das Denken schlecht bestellt ist."[216]

Um nun direkt mit der Tür ins Haus zu fallen: Wir brauchen einen neuen Wissenschaftsbegriff! Denn die heute bevorzugte „Art und Weise, wie der Standpunkt der dritten Person in der Praxis angewandt wird, macht es uns schwer, den Unterschied zu sehen zwischen etwas, das wirklich einen Geist hat (ein Mensch zum Beispiel), und etwas, das sich so verhält, als ob es einen Geist hätte (ein Computer zum Beispiel)."[217] Die Ontologie des Geistigen ist keine Ontologie der dritten, sondern vielmehr eine der ersten Person. Es ist sehr wohl entscheidend, wer forscht! Wenn wir hingegen alle Wissenschaftler gleichmachen wollten, dann werden die Methoden und deren Agenzien (wie eben der besagte PC mit seinen Programmen) selbst von Helfern zu Agierenden und stattdessen umgekehrt der Mensch zum Assistenten; abgesehen davon, dass derselbe Effekt wie bei der gegenwärtigen Schulnoteninflation eintreten kann: nämlich, dass wir uns am Mainstream orientieren und die Genies folglich auf dieses Niveau zurechtgestutzt werden. Die Gedanken der Herrschenden werden dabei einmal mehr die herrschenden Gedanken.[218] Selbst besonders begabte Menschen brauchen Leitbilder, an welchen sie sich orientieren können; wenn man ihnen nur ein glattpoliertes Mittelmaß als Realisierungsmöglichkeit vorsetzt, genau dann besteht die Gefahr destruktiver Reaktionen – nach innen wie nach außen.

Vergleichen wir die Entwicklung postmoderner Wissenschaft im Allgemeinen einmal mit der Fachrichtung Medizin im Besonderen: Ist es dort nicht von großer Bedeutsamkeit, dass ein talentierter Arzt den Menschen dienen kann? Warum sollte er zum austauschbaren Bediener von medizinischen Apparaten werden? Haben nicht besonders die Vernunft, der Realitätssinn und der Mut solche begabten Wissenschaftler, wie etwa Louis Pasteur oder Ferdinand Sauerbruch, erst zu fortschrittlichen Dienern und Helfern kranker Menschen werden lassen? Wollen wir wirklich den Typus der fachlichen Koryphäe abschaffen und mit dem gesichtslosen und opportun gearteten Technik-Nerd ersetzen?

„Zur Methode wird getrieben, dem die Empirie lästig wird.“[219]

„Der Arzt benimmt sich so wie der Techniker oder der versierte Laborexperte, dann macht er nichts falsch.“[220] Es liegt jedoch im Wesen ihrer Arbeit, dass sich Ärzte „in Beziehung setzen müssen zu ihren Patienten, dass sie nicht nur die Methode der Naturwissenschaft erlernen müssen, sondern auch die der Wissenschaft vom Menschen.“[221] Unser individuelles Bewusstsein sollte deshalb unbedingt der Ausgangspunkt und die Grundlage aller Anschauung sein – sonst verschenken wir dieses Potenzial. Diejenigen mit einer besonderen Wahrnehmung würden dabei auf das reduziert, was allen zugänglich ist: Wer beispielsweise selbst Schmerzpatient ist bzw. Vergleichbares kennt, hat zweifelsohne einen anderen und weitaus besseren Zugang zu entsprechender Diagnose und Therapie als jemand, der aus eigener Erfahrung gar nicht weiß, wovon er spricht. Das kann natürlich nicht im Umkehrschluss bedeuten, dass nur Erkrankte ihre eigene Krankheit erforschen sollten – aber ein rein analytischer Zugang reicht eben auch nicht aus, um eine Sache einhundertprozentig zu durchdringen, weil einhundert Prozent Zahlenwissenschaft eben nur einhundert Prozent Zahlenwissenschaft sein können – und nicht mehr! Hier irrte Pythagoras, als er einst konstatierte, dass die Zahl das Wesen aller Dinge sei.

Dazu kommt weiter: Wer den Schmerz nur analytisch versteht, wird ihn folglich vor allem ebenso behandeln – und das seelische Leiden dann beispielsweise mit Psychopharmaka therapieren. Somit gibt es einen oft angewandten Scheinzusammenhang von Diagnostik und Therapie, denn eine zahlenbasierte Diagnostik neigt dazu, bei der Therapie ebenso zu verfahren. Doch selbst eine gute Diagnostik macht noch längst keine ebenso gute Therapie; zumal die

Frage seelischer Gesundheit nicht allein vom Individuum abhängt, sondern vielmehr vom Zustand und der Ausrichtung der rahmengebenden Gesellschaft.

Erdkugel oder Scheibe: Wissen und Besserwissen

„Nichts ist praktischer als eine gute Theorie."[222]

Anhand vieler aktueller Beispiele und ihrer Aufladung durch die dauerhafte Krisen-Situation erkennen wir heute unschwer ein gewisses Abdriften von immer mehr Menschen in den Irrationalismus. Deshalb kommen heute Verschwörungstheorien ebenso oft vor, wie eine dem eigenen Verstand zuwiderlaufende und diesen unterdrückende Negierung von eigentlich offensichtlichen Tatsachen – bis hin zur totalen Leugnung des Unerwünschten. „So begegnen uns in Wirtschaftskrisen und Notzeiten, wenn der eigene Status oder gesellschaftliche und persönliche Rollen auseinanderzufallen drohen, Menschen, die plötzlich abergläubisch werden oder sich ihre ganz eigene Logik für all das zusammenspinnen. Um diesen Krisenzeiten einen Sinn geben zu können, setzen sie willkürlich irgendwelche Ereignisse miteinander in Zusammenhang, die ganz rational betrachtet nichts miteinander zu tun haben. Dadurch werden aber Feindbilder herauskristallisiert, und man hat etwas, worauf der Hass aufbauen kann. Ein kritischer Verstand wird in solchen Zeiten der vermeintlichen Not als schwächend und hinderlich ausgemacht."[223] Man spürt, dass etwas (völlig) verkehrt läuft, kann sich aber keinen logischen Reim darauf machen, weil man in ein System eingebunden ist, das diese Krise selbst erzeugt hat. Die im Inneren wachsende Irritation soll nun durch Aggression nach außen, gegenüber Einzelnen erleichtert werden, die man zu hassenswerten Figuren bar jeglicher Rationalität hochstilisiert. Dabei wird nach schützenden Gruppen und einer führenden Autorität gesucht, was das Problem aber nicht löst – ein sich selbst nährender Teufelskreis der Unterdrückung ist entstanden.

Nicht die Frage nach den Ursachen steht dabei im Mittelpunkt, sondern vielmehr eine Suche nach der Schuld. Man erkannte dies bei den sogenannten „Querdenker"-Demonstrationen auch daran, dass Schilder mit Bildern von fachliche Coronaforschung betreibenden Wissenschaftlern und sich demgemäß äußernden Politikern hochgehalten wurden. Eigentlich ist es ja auch nichts grundlegend Neues, wenn sich manche postmoderne Menschen den Fantasten und naiven Heilsversprechern anschließen; nicht wenige gehen schließlich auch lieber zum selbsternannten Heiler als zu einem ordentlichen Arzt. Wir müssen den Finger daher so weit in die Wunde legen und feststellen, dass ein nicht unbeträchtlicher Teil des alternativen kommerziellen Medizinspektrums einen Teil seines Geschäftsmodells darin verortet, sich bewusst von der Schulmedizin abzugrenzen und einen gewissen Kunden- und Klientenkreis auch in dieser Hinsicht pflegt, welcher dieser ebenso ablehnend gegenübersteht – und diese Ablehnung betrifft insbesondere Impfungen. Es ist also durchaus ein wirtschaftsstrukturelles Problem, welches man mit der in Deutschland administrativ-rechtlichen Anerkennung bestimmter medizinischer Kursausbildungsberufe geschaffen hat: man erntet auch hier, was man gesät hat. Es war bis zum Beginn der Pandemie schließlich wirtschaftspolitisch erwünscht, dass die Menschen im Lande möglichst selten zum Arzt gehen sollten, um anfallende Kosten weiter zu senken; davon zeugt so manche „Gesundheitsreform" – ebenso wie ein fallpauschalierendes Abrechnungssystem. Dazu kommt der Trend zur Ambulantisierung, d.h. Menschen ambulant zu behandeln und nicht mehr stationär, um damit Kosten zu sparen.

Fakt ist weiter, dass viele Menschen heute kein enges und vertrauensvolles Verhältnis zu einem Hausarzt aufbauen konnten bzw. einen solchen nicht einmal besitzen; damit fällt auch die objektive Beratungsmöglichkeit weg, was sich nun in der Pandemie unter anderem in der Form einer niedrigen Impfquote zeigt. Die Falltiefe unseres Gesundheitssystems nimmt im aktuellen Zustand allerdings noch weiter zu; die internationalisierte Privatisierung hat nicht nur bei Krankenhäusern und Pflegeeinrichtungen zum Ausverkauf an Privat geführt; inzwischen werden ebenso Arztpraxen an meistbietende Investoren aus dem Ausland (oft Großkonzerne aus Großbritannien, Luxemburg bzw. den Niederlanden) verkauft und dann zentralisiert in Konzernform – und damit ohne persönlich bekannten Arzt des langjährigen Vertrauens – betrieben. Immer mehr Private-Equity-Gesellschaften steigen in die ambulante Versorgung ein und kaufen Medizinische Versorgungszentren auf.[224] Nicht übersehen werden darf auch, dass gerade ältere Menschen regelmäßig viele Medikamente nehmen. Auch hier ist der Hausarzt der Fachmann für immunsupprimierende Nebenwirkungen von Medikamenten, welche – wie z.B. bei Kortisonpräparaten – zeitlich über die Einnahmedauer deutlich hinausreichen können. Wird nun zu früh geimpft, kommt es zu einer nur schwachen Impfreaktion und folglich zu sogenannten Impfdurchbrüchen. Zusammenfassend ausgedrückt geht es also darum, den medizinischen Anliegen und Notwendigkeiten Vorrang gegenüber der Bürokratie einzuräumen, um auch hier erfolgreich zu sein.

Bei einer Anti-Corona-Demonstration gehen zwei Personen gemeinsam spazieren: einer trägt ein Pappschild mit der Aufschrift: „Zurück zur Normalität", sein Nebenmann eines mit dem Schriftzug: „Keine Impfung!" Eigentlich müssten die beiden sich prügeln, wenn sie das Thema verstanden hätten.[225]

Als Hauptmovens bei der Verharmlosung bzw. Leugnung von Corona zeigte sich wie nichts anderes der Mechanismus der Verdrängung. Viele Menschen sind es biographisch gewohnt, auftretende Probleme zu ignorieren, auszusitzen, auf andere zu verlagern oder herabzuspielen. Diese Mechanismen funktionierten allerdings bei der Coronapandemie nicht, denn Corona ging nicht gleich wieder weg und ließ sich damit schlichtweg nicht verdrängen.[226] Daher das angesprochene hohe Aggressionslevel gegenüber denjenigen, welche sachliche Argumente lieferten. Sie machten es den Verdrängern noch schwerer, bei ihrem falschen Weg des Umgangs zu bleiben; denn im Kern würden die meisten Verdränger doch sehr gut wissen, dass sie nicht Recht haben können. Auf diesen Kern wollen sie aber gerade nicht gebracht werden. Ebenso die gruppennarzisstische Flucht zu Gleichgesinnten und Heilsversprechern resultiert daraus; auch Maskenverweigerung, Testablehnung und Nichtimpfung sind zu Ausdrucksformen des politischen Widerwillens und Protests geworden. Die medizinisch-rationale Basis muss dabei notwendigerweise verleugnet werden, was die Absurdität der quergedachten Argumente erklärt; zumal der Angst-Abwehr-Komplex vorwiegend auf archaischer Stammhirnbasis vollzogen wird. Ein Großteil der Ablehnung liegt somit im persönlichkeitsspezifischen Befinden sowie im (un-)sozialen Beziehungsgefüge begründet – wobei bei letzterem beide Seiten (sich abwendende Bürger sowie der sie abspaltende und nicht wieder zurückgewinnenende Staat) ihren Anteil am Entstehen und Manifestwerden der Situation tragen. Man merkt dabei sowohl den Ausdruck kleinbürgerlich gefühlter Repression als auch das Auftreten und coronamotivational vollzogene Manifestwerden einer individuell-entfremdenden parallelen Existenztendenz im Digitalen.

Allen Menschen, die protestieren, sollte man grundsätzlich immer zuhören; andernfalls verselbständigt sich ihr Denken und Tun. Verschwörungstheorien gibt nicht erst seit Corona und traditionell immer dort, wo es entweder an Bildung, logischem Denkvermögen (um z.B. Widersprüche in Argumentationsketten zu erkennen) oder an psychischer Gesundheit fehlt.[227] Bereits im Habsburgerreich spielten um die Wende vom neunzehnten ins zwanzigste Jahrhundert pseudowissenschaftliche Ideologien und Theorieren eine bedeutsame Rolle – mit den bekannten manipulativen Folgen.[228] Zumal auch angemerkt werden muss, dass der Begriff „Verschwörungstheorie“ ein publizistischer und doch eher unwissenschaftlicher ist; er bezeichnet relativ unklar eine doch sehr extreme Variante der Ablehnung und

Negierung, wird aber bei leichter Kritik bereits diffamierend eingesetzt.

Verunsicherte Menschen tendieren zu irrationalem Handeln. In diese Kategorie gehört ebenso – wenn auch in abgeschwächter Form, aber eben doch im Medizinischen –, dass man heutzutage lieber zum angesprochenen (Wunder-)Heiler, denn zum approbierten Arzt geht und wenn schon zu einem Facharzt, dann fährt man dazu lieber etwas weiter weg; während die Menschen dort wiederum anderswo hinfahren, da beispielsweise ihr Orthopäde angeblich nicht gut genug wäre. Dieses Spielchen ist nichts anderes als eine realisierte Form der Verdrängung: nämlich vor dem Problem wegzulaufen – und damit nicht zuletzt auch vor sich selbst.

Psychische Störungen sind heute nichts Außergewöhnliches mehr und werden auch als eine Ursache extremistischer Gewalt angesehen.[229] Das Internet hat allerdings eine katalysierende Wirkung auf derartig irrationale Fluchten und Erklärwege, wie sie in der Menschheitsgeschichte in dieser digigenen Form noch nicht vorgekommen sind. Das, was sich hierzulande während der sogenannten Asylkrise entwickeln konnte, nämlich eine Entkoppelung von realer und irrealer Welt, fliegt uns nun angesichts der einschränkenden Coronapandemie gesellschaftlich regelrecht um die Ohren; und außer schroffer Ablehnung in allen ihren Formen erleben wir kein besseres politisches Handeln dagegen bzw. dafür – doch die protestierenden Verweigerer sind keine Gegner, sondern Menschen ein- und desselben Staates. Hier zeigt sich einmal mehr die Falschheit des Konkurrenzdenkens und -handelns im poltischen, wirtschaftlichen, erziehlichen und gesellschaftlichen System insgesamt.

Weiter wurde als radikale Verdrängung eine zunehmende Destruktivität der Coronaleugner offensichtlich; wobei dabei mit brutaler Gewalt vorgegangen wurde und beispielsweise Coronatestzentren zerstört wurden – als ob man damit das Virus als Problem aus der Welt schaffen könnte! Damit offenbarte sich das, was bereits im immer weiter fortschreitenden und gewissenmaßen bereits zum „Kulturgut“ gewordenen Terrorismus in all seinen Spielformen sichtbar wurde: die Nekrophilität hat sämtliche soziopolitische Inhaltlichkeit längst verschluckt und ist nun zum Selbstzweck geworden. Schreiten wir also zur Beantwortung der entscheidenden Frage: Weshalb wird Corona eigentlich verharmlost und regelrecht geleugnet? Denn dafür gibt es durchaus mehrere unterschiedlich motivierte Erklärungen:

- **Die wirtschaftliche Betroffenheit:** Viele Unternehmer, Geschäftsleute und Dienstleister mussten erhebliche Einbußen hinnehmen bzw. ihnen wurde während der Lockdowns regelrecht „der Laden zugesperrt“. Sie wollten arbeiten, durften dies jedoch nicht mehr. „Wer nicht arbeitet, soll auch nicht essen“, so lautet ein Slogan, der dem bürokratischen Sozialismus zugeschrieben wird; wobei sich diese Denktendenz ebenso im entgrenzten und prekarisierenden Kapitalismus breitmacht. Nun kam es hierzulande dazu, dass man zwar existenzsichernd arbeiten wollte, aber genau das nicht mehr durfte. Dies stellt eine ideologische Verkehrung und ein Auf-den-Kopf-Stellen unserer bisher allgemein propagierten

Take-what-you-can-get-Leistungsgesellschaft dar. Wer bisher die gesellschaftlichen Bedingungen akzeptierte, durfte und konnte (gut) für sein Auskommen sorgen. Im Lockdown änderte sich dies plötzlich um 180 Grad: Wer hier die Bedingungen akzeptiere (und deshalb nicht arbeiten konnte), sah sich plötzlich in seiner Existenz (bzw. seiner jäh unterbrochenen Gewinnentwicklung) bedroht. Dies stellt eine völlig neue Dimension der Existenzfrage dar. Dazu kommt das psychologische Moment: die Arbeit gibt Halt, Beschäftigung, Aufgabe und Sinn (selbst wenn dieser im Hinblick auf die Persönlichkeitsbildung höher liegen könnte!). Nun aber wird das entsprechende Gefühl des Aufgehoben-Seins von offizieller Seite gekappt und der Mensch aus der Arbeitsgesellschaft und Gemeinschaft gewissermaßen exkommuniziert. Der Mensch wird nun paradoxerweise dann zum Nutzen, wenn er nicht mehr arbeitet. Bisher war der Mensch mit seiner Arbeit zu sehr beschäftigt (oder er war nach der Arbeit zu erschöpft), um sich ernsthaft mit den existenziellen Problemen abzugeben: „Was ist der Sinn des Lebens?“, „Woran glaube ich?“; „Welche Werte vertrete ich?“, „Wer bin ich?“[230] Im Lockdown könnte bzw. müsste er über sich selbst nachdenken. Davor aber hat(te) so mancher Mensch große Angst. Dazu kommt, dass mittlerweile das Kapital den Sinn der Arbeit sowie denjenigen des Lebens weitgehend ersetzt hat. Dort, wo keine materiellen Anreize gegeben sind, fühlt sich der postmoderne Mensch somit auch nicht mehr zu Hause.

- **Eine ungleiche Lastenverteilung:** Wer nun wie viel der Pandemiekosten zu tragen haben solle, ist eine Fragestellung, deren Diskussion politisch-publizistisch im Keim erstickt wurde – wohl aus gutem Grund: denn die multinationalen Großunternehmer, wie z.B. die Autoindustrie, bekamen ihre geforderte Kaufprämie zugeteilt.[231] Die Autoindustrie hatte in den letzten Jahren aber bereits Riesengewinne eingefahren und war gar nicht von Corona in einer Art betroffen, wie dies z.B. für die Gastronomie galt. Das „Auto – ein klarer Gewinner der Coronakrise" – wurde dementsprechend getitelt; die erklärte Absicht, binnen Jahresfrist ein Auto zu kaufen, stieg während der Pandemie von 25 auf fast 40 Prozent.[232] Im Jahr 1921 – geprägt durch die Corona-(Wirtschafts-)Krise – wurden von Börsenunternehmen in Deutschland Rekordgewinne ausbezahlt, ein ganzes Drittel mehr als im Vorjahr. Der Löwenanteil kam aus den Branchen Auto, Industrie und Versicherungen.[233] Die Coronapandemie fungierte in diesem Sinne vor allem als ein großer Katalysator des wirtschaftsliberalen Strukturwandels hin zum entgrenzten Kapitalismus (man denke dabei im direkten Sinne nur einmal an die funktionelle Werbebotschaft für bargeldloses Bezahlen), dem Monopolismus und zur ungezügelten Macht von Großkonzernen – die Ursache dafür ist allerdings nicht bei der Pandemie selbst zu verorten. Der Tante-Emma-Laden war bereits vor Covid-19 eine vom Aussterben bedrohte Spezies und eher ein subventioniertes Heimatprojekt von Ortsgemeinschaften. Vielen kleinen Reisebüros machten die Lockdowns ebenso den Garaus. Sie konnten die mittelperiodige Durststrecke nicht stemmen

– was umso bitterer wirkte, als danach ein Boom in dieser Branche zu erwarten war, der vieles wieder aufgewogen hätte. Die Coronakrise wurde ziemlich skrupellos dazu benutzt, die Armen noch ärmer und die Reichen noch reicher zu machen. Die Realwirtschaft und insbesondere der Mittelstand mussten viele Federn lassen, während der Finanz- und Digitalsektor sein Gefieder weiter aufplustern und mit vielen fremden Federn schmücken konnte. Was Covid für die genannten Branchen inklusive der Pharmariesen war, setzte die russische Ukraine-Invasion dann nahtlos im Hinblick auf das Durchstarten der Rüstungsindustrie fort. Die (notwendigen) Wirtschaftssanktionen gegen den russischen Aggressor beim Einmarsch in die Ukraine setzten diese durch die Coronapandemie katalysierte Größen- und Monopolisierungstendenz nun noch zusätzlich weiter fort, was zum kapitalisierten Endsieg der Global Player führte. Für multinationale Konzerne galten hier die nationalen bzw. europäischen Sanktionsregeln nicht explizit – sie führten zum einen ihre Geschäfte weiter, während die national vollumfänglich verorteten Unternehmen einen Wegfall von Geschäftsfeldern bzw. ihrer Produktion erlitten; zum anderen konnten globale Player den befristeten Ausfall eines regionalen Geschäftsfeldes kompensieren und verschmerzen; zumal ihnen nach dieser letzten großen Transformationsphase die gesamte Marktmacht zufallen dürfte. Gewiss tendiert jede Krise zur Zentralisierung, doch sollte es wenigstens bei der vorübergehenden politischen Zentrierung bleiben und nicht zu einer großkonzernwirtschaftlich-monopolistischen Vereinnahmung kommen. Wir sollten nicht übersehen, dass ein guter Kompromiss immer allen Beteiligten etwas wehtun muss.

- **Beschleunigter Strukturwandel:** Der Hauptschub hinsichtlich des durch Corona katalysierten Strukturwandels ist dort zu finden, wo sich dieser am stärksten auswirkt: bei der Digitalisierung. Dabei jedoch zu erwarten, dass PC-Kids, die in den Schulen vor den Tablets sitzen, demgegenüber in ihrer Freizeit ein gegenteiliges Verhalten zeigen würden und (später) nicht im Internet einkaufen würden, ist schlichtweg nur mit Naivität zu erklären. So kam es schließlich dazu, dass die kleine Boutique zehn Jahre früher aufgeben musste, weil Corona diesen Strukturwandel beschleunigt hatte. Verursacht hatte sie ihn allerdings nicht, das war bereits die entsprechende politische Ausrichtung. Der Übergang vom maximalen zum optimalen Konsum ist ohnehin ein Grundproblem unserer irrational gewordenen Wachstumsgesellschaft, welches noch kaum erkannt worden ist.

- **Die psychischen Folgen:** Wir alle wissen, dass der mit seiner Familie in einer kleinen Mietwohnung lebende Arbeiter mit 1500 Euro Monatslohn grundsätzlich latente Existenzängste in sich trägt. Aus Untersuchungen ist allerdings ebenso bekannt, dass auch derjenige, der mit 15000 Euro im Monat nach Hause geht und sein Eigenheim längst abbezahlt hat, ebenso existenzielle Ängste in sich trägt. Auch er fürchtet die Arbeitslosigkeit, obwohl sie seine Lebenssituation nicht zerstören würde; der kleine Arbeiter hingegen würde in diesem Falle regelrecht aus der gemieteten Wohnung „fliegen“. Dies bedeutet aber auch, dass dieser (vorgeschobenen) Wirtschaftsangst (die auch bei den Wohlhabenden auftritt) oftmals eine tiefere Ur-Angst zu Grunde liegt. Eine unsichere Position in der Welt bekleiden damit beide – tatsächlich ökonomisch berechtigt ist diese dennoch nur beim kleinen Arbeiter. Dies ist aber zumeist der Personenkreis, welcher nicht so laut klagt wie diejenigen, welche zwar Abstriche machen müssen, nicht aber in ihrer Existenz bedroht sind.[234]

- **Ein Mangel an Solidarität innerhalb der Gesellschaften:** Mietpreisstundungen, staatliche Unterstützungen und dergleichen hätten viele Menschen vor dem sozialen Abstieg bewahrt. Es war vor der Coronapandemie längst überfällig geworden, allen Menschen die Grundversorgung mit Nahrungsmitteln von Staatsseite finanziert zur Verfügung zu stellen. Auch das öffentliche Transportwesen allen kostenlos zugänglich zu machen, wäre ebenso sinnvoll.[235] Selbiges gilt auch für ein immer noch fehlendes Grundrecht auf das Wohnen. Wer besser wohnen will, könnte dies dann durch entsprechende Berufsleistungen selbstverständlich erreichen; doch ein Basiswohnen für alle sollte zur demokratischen Grundausstattung zählen. Denn im Jahr 2040 wird hierzulande jeder zweite Mensch ohne umfassendes politisches Gegensteuern in vielen Fachbereichen strukturell arbeitslos sein.

- **Eine fehlende internationale Solidarität:** Nicht einmal die geringste Form von Solidarität war in der bereits angesprochenen Coronakrise zu finden. Man sollte doch eigentlich erwarten, dass eine solche Pandemie die Weltgemeinschaft – oder wenigstens die Europäische – zusammenschweißen würde; doch genau das Gegenteil war der Fall. Wir brauchen somit eine grundlegende und weitreichende nationale wie internationale Sozial- und Gesundheitsreform.

- **Ein Verlust an Vertrauen:** Dieser betrifft nicht speziell Corona – bereits die Missbrauchsskandale der Katholischen Kirche haben eine Abwendung von den lange Zeit gültigen Instanzen und moralischen Vorposten erzeugt. Eine solche schleichende Erosion wirkt sich aber erst in einer Krise besonders negativ aus. Dazu zählt auch das Wechselspiel der Politiker, die erst selbst von „einer Erkrankung wie die Grippe" sprachen, und bald darauf diejenigen verteufelten, die ihnen das nachsagten, was die Politiker wortwörtlich selbst noch vor wenigen Wochen verlautbart hatten. Da meinten sie sich unbewusst – wie nicht nur ein Psychologe weiß – natürlich auch selbst. Wer als Politiker einen Fehler einräumt, muss zudem Angst haben, deshalb geschasst zu werden. Ein anerkannter Virologe spricht dabei von „irrlichternden Staatsführern", welche die Überzeugung verbreitet hatten, Covid19 sei nicht schlimmer als die Grippe. 25000 Tote waren es in der schlimmsten Grippesaison 2017/18 – und darüber wurde in den Medien tatsächlich kaum berichtet, was diese durchaus anklagt; dies jedoch geschah seinerzeit noch ohne jegliche Schutzmaßnahmen: volles Party- und Faschingstreiben, pankontinentaler (Apre-)Ski-Tourismus, keine Masken (zumindest keine medizinischen, höchstens Faschingsmasken!), keine Quarantäne, keine Einreisekontrollen, keine Lockdowns, keine Ausgangsbeschränkungen, keine Reiseeinschränkungen und vor allem keine Public Awareness: null Komma null![236] In der Saison 2020/21 waren es lediglich 500 Grippeinfizierte und nur 13 Grippetote. Dank vielfältiger Schutzmaßnehmen war diese Welle 2020/21 ausgeblieben – diese Zahlen sind zu vergleichen![237]

- **Ein fehlendes Demokratiedenken:** „Sicher ist die Demokratie, wie sie im Augenblick praktiziert wird, zum großen Teil eine Farce."[238] „Mir scheint, dass im Grunde der Hass auf den Kommunismus zum großen Teil auf einem tiefen Misstrauen gegen die geistigen Werte der Demokratie beruht. So kommt es, dass wir nicht von Liebe zu dem wofür wir eintreten, erfüllt sind, sondern von Hass gegen das, was wir nicht wollen."[239] Auch heute finden wir ein antagonistisches gesellschaftliches Verhältnis von oben und unten, das als sich gegenseitig bedingendes perpetuelles Konstrukt in seinem Wesenskern unauflösbar bleibt. Die Entwicklung zu einer überbürokratisierten digitalen Verwaltungsherrschaft in Tateinheit mit erheblichen Privilegien für die großen Wirtschaftskonzerne ist unübersehbar. Doch die echte Demokratie funktioniert nur von unten nach oben und nicht umgekehrt!

- **Die verleugnete Angst:** Eine erste Reaktion auf die Coronagefahr war schlichtweg die Angst; und die Abwehr dieser Angst folgte sogleich – dabei handelt es sich um einen eingeschliffenen Mechanismus der Reaktionsbildung, Verdrängung und Projektivität bis hin zur Verleugnung: Was es nicht gibt, kann demnach nicht wehtun. Man begibt sich folglich in gesellschaftliche Kreise, die ebenso denken, weil sie den Betreffenden Recht geben. Die Zustimmung der Massen ersetzt dabei den eigenen inneren Diskurs – so kommt es auch zu irrationalen Ver(w)irrungen, die einem aktiv denkenden Menschen sofort auffallen würden. Dieses Abwehrverhalten entspricht einem regressiven Muster: Ein Kind beispielsweise, das sich vor Gespenstern fürchtet, wird immer sagen, dass es doch gar keine Gespenster gäbe. Wer jedoch tatsächlich vor etwas überhaupt keine Angst hat, derjenige käme allerdings gar nicht auf die Idee, über Gespenster zu sprechen. Und – um wieder zu den „Erwachsenen" zurückzukehren – er würde nicht andauernd über bzw. gegen Corona sprechen bzw. agieren und sich dabei besonders in der Gemeinschaft Gleichgesinnter gruppennarzisstisch artikulieren. Friedrich Nietzsche hat hierzu einen sehr bedeutsamen Satz geprägt: „Misstrauen wir vor allem unseren ersten Regungen. Sie sind fast immer gut."[240] Die Angst, als das erste zutreffende Gefühl, sollten wir daher ernst nehmen und nicht ihre Abwehr!

- **Die Probleme beim Change-Management** – wie es „neudeutsch" heißt: Manche Menschen können sich nicht umstellen; sie benötigen ihre gewohnten Abläufe als Sicherheitsgarantie, ansonsten entstehen weitere Unsicherheiten und Ängste.

- **Neue regressive Tendenzen:** Weitere (früh-)kindliche Erfahrungen, beispielsweise diejenige des Sich-Eingesperrt-Fühlens, werden durch die staatlichen Restriktionen wieder aktiviert. Diesen muss von Betroffenen in irgendeiner Form begegnet werden – dazu zählen einerseits der Widerstand, aber auch die Verleugnung. Sich komplett zu verweigern ist eine unbewusst gewählte Taktik, welche es bereits vor Corona gab; man muss dabei nichts tun – im Gegenteil: Man verlässt sich als Mensch in der Weigerung darauf, dass sich alles fügen möge und hofft insgeheim auf eine regressiv überkonditioniert erlernte Erlösung durch die Mutter. Orale Charaktere tendieren, wenn ihr Verhalten manifest-destruktiv wird, zu einem Einigeln und Panzern; denn sich zu weigern gibt einem Macht – das hat jeder Mensch als Kind einmal gelernt.[241] Jeder Widerstand zehrt jedoch viel Energie auf, die für Konstruktives besser eingesetzt wäre.[242]

- **Der Mechanismus der Gegenaggression als Selbstzweck:** Dieser benutzt Corona nur; es gibt Menschen, die – oft aus oraler Regressivität heraus – stark dazu tendieren, zwangskritisch und regelrecht motzend aufzutreten. Manche unter ihnen haben sich ins Coronaleugner-Lager lenken lassen, weil dort ihr innerer Trotz ausartikuliert werden kann.

- **Die offensichtlich auftretenden Widersprüche:** Die politisch getroffenen Maßnahmen waren nicht immer stimmig und in keiner Weise in sich konsistent: Wer einerseits Schulen im Voll-Lockdown-Modus schloss, aber andererseits die Menschen noch am Tag davor ungeschützt in die Wahllokale schickte, brauchte sich eigentlich nicht zu wundern, wenn er als Pandemietreiber verstanden wurde. Wenn der polit-(ver-)öffentlichende Mainstream dann auch noch Menschen als „Covidioten" bezeichnete, wurde damit die längst bestehende Gesellschaftsspaltung endgültig vollzogen. Corona hat uns viele Missstände aufgezeigt und zahlreiche Fragen aufgeworfen; die Antworten wurden vom angesprochenen Mainstream zumeist nur unzureichend bzw. überhaupt nicht gegeben. Corona ist nichts Eigenes, nichts von der politischen Gesellschaft Isoliertes, sondern durchaus als realer Stress-Test für ein politwirtschaftliches System zu verstehen. In unserem Fall wurde dieser Test mit täglich über eintausend Toten definitiv nicht bestanden. Das privatwirtschaftlich durchkapitalisierte Wirtschaftssystem ist alles andere als krisenfest – was ebenso die Ukrainekrise im Anschluss an die Coronapandemie nachhaltig bewies.

- **Eine immanente Zukunftsangst:** Die enorme Rekordverschuldung zur Krisenbewältigung ist eine kaum zu bewältigende Bürde für unser aller Zukunft. Dass sich hier kritische Gegenstimmen regen, ist absolut verständlich – nie zuvor ist Geld derart überhastet und dementsprechend verantwortungslos ausgegeben worden.

- **Das Wesen des Irrtums:** Es ist dann, wenn sich Meinungen einmal zementiert haben, alles andere als einfach, (vor sich selbst) zuzugeben, dass man bei einer Einschätzung tatsächlich falsch lag. Dies trifft umso mehr zu, je lauter die sich im Nachhinein als falsch herausstellende Meinung artikuliert wurde. Um nun damit umgehen zu können, ist die Projektion auf andere ein häufiger Kompensationsmechanismus. Die Tatsache jedoch, dass viele denselben Irrtümern aufsitzen, bedeutet noch längst nicht, dass diese deshalb zu Wahrheiten würden.

Als der Leiter eines mittelständischen Unternehmens unter dem Decknamen „Corona-Konferenz" aus gegebenem Anlass Anfang März 2020 eine Betriebsversammlung mit den Abteilungsleitern hielt, stieß er auf eine Mauer bestehend aus Verdrängung und latenter Gegenaggression. Dabei hatte er sich sogar didaktisch überlegt, wie er die Corona-Wahrheit schonend einführen konnte und das Treffen deshalb mit einem großen Lob für ein sehr gelungenes Projekt gestartet.

Ihm war zu jedem Zeitpunkt dieser Besprechung völlig klar, dass man hier Luftschlösser baute, als über eine zeitlich nahe öffentliche Werbeveranstaltung in Präsenz diskutiert wurde, über eine völlig normal ablaufende Messefahrt in zwei Wochen oder über das Betriebsfest im Frühsommer. Alles wurde so geplant als wäre nichts – immer mit der unausgesprochenen Hoffnung, dass man das längst angekommene Virus durch starkmachende Sprüche wegleugnen könnte. Im Inneren solcher hypokritischen Personen sah es gänzlich anders aus – dort wütete bereits laut anklopfend die Angst. Dementsprechend wurde der Vortragende auch unsachlich und persönlich hart angegangen.[243]

Die Summe mehrerer der genannten Feststellungen hat bei nicht wenigen Menschen dazu geführt, sich enttäuscht, verärgert und zunehmend aggressiv vom deutschen Staat abzuwenden. Die etablierte Politik schürt bestimmt keine Krise, um mehr Macht zu erhalten (wenn manche das auch derart nutzen); sie profitiert nicht von Krisen – allein schon aus finanzieller und wirtschaftlicher Sicht nicht; ebenso bedeutet der Krisenfall mehr Arbeit und hohe Unzufriedenheit in der Bevölkerung. Wenn die Politik also Einschränkungen festsetzt, dann schadet sie sich durchaus selbst – und das (wenn auch zu späte) Ergreifen dieser Notwendigkeit (wenigstens das) ist ihr immerhin anzurechnen!

„Ein Mensch, der lange schon, bevor
Das Unheil kam, die Welt beschwor,
Blieb leider völlig ungehört ...
Jetzt kommt's! Und jeder schreit empört:
Schlag doch zuerst den Burschen tot –
Er hat schon lang damit gedroht!“[244]

„Ein Tor klagt andere an, und ein Halbweiser sich;
Sei ganz weis´, und du klagst nicht andere an noch dich.“[245]

Die doppelte Schuldfrage

Ein Feindbedürfnis und die pandemische Schuld

„Es ist ein Schnitter, heißt der Tod,
Hat Gewalt vom großen Gott.
Heute wetzt er das Messer,
Es schneidt schon viel besser.“[246]

In den Vorkapiteln wurde erörtert, dass die Medien in der Krise ihre Glaubwürdigkeit selbst verspielt haben, die verantwortliche Politik regelmäßig klar und deutlich sichtbare Zeichen ihrer Handlungsinkompetenz bezüglich der Pandemiesituation unter Beweis stellte und viele Fragen offen blieben. Allen voran die nicht laut gestellte Frage nach den Ursachen dieser globalen Katastrophe.

Es sollte uns eigentlich erstaunen, dass man medial nur ganz kurz danach suchte, wo diese weltumspannende Pandemie ihren Ausgang nahm und wie sie eigentlich zustande kam – besonders deshalb, weil im Zusammenhang mit der Ausbreitung von Corona gleichzeitig nach diesbezüglich Schuldigen gesucht wurde. Ebenso ist es die Königsdisziplin der Epidemiologie, den Ursprung und die Verbreitung einer Infektion zu erforschen.[247] Auch in den Köpfen der Menschen spielte die Frage nach Ursache, Fehlern und Folgen durchaus eine große Rolle. Dabei trat die Frage der Schuld umso mehr in den Mittelpunkt, je mehr diese Fragestellung von offizieller Seite abgetan wurde. Dass es dann zu einfachen Antworten und Lösungen kommen musste, hätte man eigentlich wissen sollen – ganz besonders dann, wenn man hierzulande in politischer Verantwortung steht.

In der Tat entsteht eine Katastrophe nicht durch das Schadensereignis allein, „sondern zusätzlich dadurch, dass man – zum Beispiel aus Inkompetenz oder wegen mangelnder Ressourcen – nicht in der Lage ist, es abzuwehren."[248] Es half dennoch dem gut selbstinformierten Menschen wenig, wenn er schon am 22. Februar 2020 eruiert hatte, dass die Ursache für die Coronapandemie möglicherweise von einem Biochemie-Labor in Wuhan ausging (das mit Sicherheitsstufe 4 belegt ist – was bedeutet, dass dort hochansteckende Viren gezüchtet werden, die Pandemien auslösen können, für welche noch keine Heilungsmöglichkeit besteht[249]), wenn die veröffentlichte Meinung erst zwei Monate später diese Hypothese eines gewaltig unter Druck stehenden amerikanischen Präsidenten zur Ablenkung von dessen eigenem Versagen übernahm. Mit diesem Wuhan-Szenario wäre bereits eine ursächliche Möglichkeit angesprochen worden. Blicken wir also im Folgenden auf die unterschiedlichen Hypothesen zur Frage, wo das Coronavirus eigentlich seinen biologischen bzw. politischen Ursprung fand:

- Die Unfall-Hypothese: „Ein Laborunfall wäre objektiv nicht unmöglich:"[250] Schlamperei im Labor? Ausgerechnet bei den als akribisch eingestuften Chinesen? Der Begriff Unfall erscheint dabei etwas arg kataklystisch orientiert, denn die Gefahr besteht hinsichtlich ihrer Auftrittswahrscheinlichkeit in einem derartigen Labor vielmehr darin, dass jemand dort, z.B. beim Desinfizieren oberflächlich handelt, also selbst gar nicht bemerkt, dass er infiziert ist und Keime unbemerkt nach außen trägt. Bereits 2012 erkrankte in China Reinigungspersonal, das aufgewirbelten Staub von Fledermaus-Exkrementen in einem Labor eingeatmet hatte. Zudem gibt es in Wuhan tatsächlich Labore, wo Fledermausviren auf andere Säugetiere übertragen werden.[251] Darf man hierzu wenigstens nach dem Cui bono fragen? Soll das etwa die angeblich so dringend notwendige Grundlagenforschung sein? Womöglich gar zur Entwicklung biochemischer Kampfstoffe? Wenn diese Coronaforschung tatsächlich medizinischen Zwecken dienen sollte, dann hatte man den Teufel allerdings mit dem Beelzebub ausgetrieben: Man forscht, um eine mögliche Pandemie zu bewältigen – und löst sie mit ebendieser Forschung aus?

- Eine weitere Hypothese zur Herkunft ist die Übertragung von Marderhunden in der Pelztierzucht auf den Menschen, da dies bei SARS im Jahr 2003 als gesichert gilt. Es werden unter anderem wilde Marderhunde in Zuchtbetriebe gebracht, die Fledermäuse gefressen haben können und diese wiederum gelten als wahrscheinlichster Ursprung von SARs-CoV-2. „Marderhunden und Schleichkatzen wird lebendig das Fell über die Ohren gezogen. Sie stoßen Todesschreie aus und brüllen, und dabei kommen Aerosole zustande. Dabei kann sich der Mensch mit dem Virus anstecken.“[252] Auch das Auftreten von MERS – wo ähnliche unhygienische (und unmenschliche!) Praktiken vorherrschten, stützt diese Theorie.

- Die politische Frage: Sollte ein Land gezielt an einer pandemischen Viralwaffe gearbeitet haben? Denkbar und möglich ist dies gewiss, was andere noch weitaus hochwirksamere und vernichtende Waffentechnologien belegen. Wenn nun ein Land bewusst an der Verbreitung schuld sein sollte: Gab es dafür tatsächlich einen politischen Grund? Zudem kam es erst im Jahr 2020 zu größeren Fortschritten in der diesbezüglichen Coronaforschung. „Wo kam die Coronapandemie eigentlich her?“, wurde anfangs berechtigterweise gefragt: Und ebenso schnell war man sich politmedial global einig: vom chinesischen Tier- und Fleischmarkt, weil dort einer der ersten Krankheitsfälle auftrat. Dass im gleichen Viertel auch ein Labor zur Herstellung biologischer Kampfstoffe liegt, wurde zunächst übersehen.[253]

Man wollte in der medialen Weltöffentlichkeit von einem möglichen Laborunfall nichts wissen – auch deshalb, weil ausgerechnet Donald Trump diese Hypothese ins Spiel gebracht hatte. „Ein Team internationaler Experten stufte es im März (2021 – der Verf.) als „extrem unwahrscheinlich ein“, dass das Virus versehentlich aus einem Labor entwichen sei. Es sei „wahrscheinlich bis sehr wahrscheinlich“, dass das Virus SARS-CoV-2 von einer Fledermaus über ein Zwischenwirt-Tier (aller Kenntnis nach der Larvenroller) auf den Menschen überging. An dem betreffenden Bericht wurden aber sehr schnell Zweifel laut. Der Chef der Weltgesundheitsorganisation (WHO) forderte, die Hypothese eines Laborunfalls in Wuhan weiter zu prüfen. Zahlreiche Staaten äußerten ihre Besorgnis darüber, dass den Experten bei ihrer Untersuchung in China Zugang zu

Daten verwehrt worden sei."[254] Eine Rückverfolgung der ersten Infektionen ist wegen der hohen Bevölkerungszahl und -dichte in Wuhan rückwirkend nicht mehr möglich.

„Lieber beugt der Mensch, der Tor,
Sich vor der Krankheit, als ihr vor."[255]

In China wurde das Virus wohl vom Tier auf den Menschen übertragen und dabei von Mensch zu Mensch weitergegeben – doch verbreitet wurde das Virus von Europa aus (und dort genauer gesagt zunächst von Italien) in die ganze Welt, was bereits dessen Unterschiedlichkeit (G-Variante) im Gegensatz zum wuhanschen Originalvirus (Wildtyp) belegt: sowohl für den verheerenden Ausbruch in New York 2020 als auch für weitere Bundesstaaten der USA sowie für Südamerika, Indien und Afrika bzw. Australien, Südostasien und erneut China gilt dies als belegt.[256] Dies weist im Übrigen auch darauf hin, dass die virale Mutationsnotwendigkeit anfangs sehr hoch zu sein schien und – als wissenschaftliche Hypothese formuliert – einen Grund dafür darstellen könnte, dass viele vergleichbare Viren das erste Stadium lokal sehr begrenzter Infektionen nicht zu verlassen in der Lage waren bzw. sind. Ihre Fitness zur anpassenden (und abmildernden sowie damit die Wirte nicht tötenden) Mutation reicht schlichtweg nicht aus.

„Die Politik nutzt das Argument der Gefahr durch Mutationen gerne, um vom eigenen Versagen abzulenken."[257]

„Das Virus wäre aggressiver geworden!" – so etwas wurde immer wieder behauptet, um sich besser für Einschränkungen rechtfertigen zu können. In der Tat muss jedes Lebewesen mutieren, das sich erfolgreich behaupten will – und das war bei SARS definitiv der Fall! Allerdings in jedwede Richtung: das Virus wird in seiner Verbreitung gewiss aggressiver, aber ebenso auch schwächer. Nun kommt einmal mehr unser Verhalten zum Tragen. Denn die Menschen mit einer aggressiveren Variante, werden eher daran sterben, während diejenigen mit einer harmloseren Mutation nur leichte bzw. keine Symptome zeigen. Insofern beraubt sich die aggressivere Variante selbst ihrer Lebensgrundlagen, nämlich ihres Wirts. Eine gut entwickelte und selbstbehauptungsfähige Virenvariante muss also abgeschwächter, aber zugleich aktiver – sprich: besser an herrschende Umweltbedingungen angepasst – sein, um nicht nur überleben zu können, sondern optimale Verbreitungsmöglichkeiten zu finden. Somit werden die zukünftigen Mutationen in diese Merkmalsrichtung gehen – was Omikron belegte.

Zum Thema Virusvarianten ist an dieser Stelle noch etwas Grundlegendes festzuhalten: Die Aussage „Omikron verdrängt die Delta-Variante" ist sachlich nicht ganz richtig: keine Variante verdrängt eine andere, sie bleiben zunächst koexistent; bis diejenige, welche ansteckender (und im Idealfall auch etwas harmloser) ist, prävalent wird. Die Virusvarianten konkurrieren jedoch nicht direkt miteinander.[258]

Die Theoriebildung[259] zur Genese des Coronavirus wurde auch in einer anderen Richtung kolportiert: die USA hätten demnach das Virus bewusst nach China bewusst eingeschleppt. Dazu einige Aspekte, die wir – gesetzt den Fall, dass es tatsächlich eine solche verschwörerische Absicht gegeben hätte – nun einmal hypothetisch durchdenken wollen:

- Donald Trumps doch sehr heftige Reaktion auf das bumeranghafte und unerwartete Einschleppen des Virus in die USA durch die Europäer könnte gegebenenfalls mit sehr viel Fantasie als sein Entsetzen gegenüber einem solchen Friendly-Fire interpretiert werden.

- Trump wurde in den europäischen – und dabei besonders in den deutschen Medien – stets als ein Wichtigtuer der Welt präsentiert und benutzt; einen Narzissten wie ihn kränkt eine solche Darstellung jedoch zutiefst. Dennoch hatte er nie etwas direkt dagegen unternommen.[260] Und Trump erschien tatsächlich stets schwer gekränkt, wie ständige Entlassungen, nicht zuletzt beim Untersuchungsausschuss gegen ihn, bewiesen. Eine gewisse Abrechnungsrache war wohl in ihm vorhanden; dass diese allerdings für eine viralen Angriff verantwortlich zu machen wäre, ist doch mehr als unwahrscheinlich einzustufen.

- Bleiben wir trotzdem noch einen weiteren Gedankengang bei dieser Hypothese; denn dieser Untersuchungsausschuss dürfte neben der anrückenden Wahl auch den Zeitpunkt festgesetzt haben. Mit der Außenpolitik von innenpolitischen Schwierigkeiten abzulenken, gilt gemeinhin als politische Praxis. Donald Trump hatte zudem als Machtmensch „seinen Krieg noch nicht gehabt"; in militärischer Hinsicht stand dieser jedoch nicht zur Verfügung – zumal die entscheidenden Kriege des einundzwanzigsten Jahrhunderts längst Wirtschaftskriege geworden sind.

- Trump hatte selbst überhaupt keine Angst vor Corona – möglicherweise deshalb, weil es schließlich sein Eigenes war und er deshalb auf ein Gegenmittel hoffte? Oder war es doch nur die Flucht des Narzissten nach vorn? Zudem gilt wiederum für den Narzissten: Durch meine eigene Hand kann ich sterben, dann habe ich als Narzisst die Macht über Leben und Tod.

- Die Trump-USA bot international überhaupt keine Hilfe an, auch nicht seitens des Militärs, obwohl sie damit doch ihre imperiale Macht hätte ausbauen können.

- Das betreffende Virus war zunächst im Iran und in China aufgetreten: ausgerechnet in den Staaten, mit welchen sich die Trump-USA im Konflikt bzw. Handelskrieg als selbst gewählten neuen Erbfeinden befand.

- Zudem wäre eine solche beabsichtigte Infektion tatsächlich relativ leicht durchführbar und zu streuen gewesen. Es war auch eine amerikanische Abordnung kurz zuvor in Wuhan bei Militärspielen gewesen; was andererseits eventuell doch etwas zu offensichtlich gewesen wäre – der Geheimdienst nennt sich schließlich nicht nur so, er agiert doch eher im Geheimen!

Man könnte nun an der Börse und den entsprechenden Gewinnerwartungen nachforschen; denn jemand, der vorab von einer kommenden Epidemie wusste, hätte sich dementsprechend bereichern können – was schließlich auch den angeblich Eingeweihten im Falle des Ground-Zero-Börsensturzes vom 11.9.2001 nachgesagt wurde. Die diesbezügliche Diskussion bleibt allerdings zweitrangig gegenüber der Fragestellung, wie sich das Virus so schnell global verbreiten und damit pandemischen Charakter annehmen konnte. Insgesamt bleibt eine USA-Corona-Attacke gegen China wohl so unwahrscheinlich wie ein selbstinitiiertes Ground Zero. Darum lassen wir den Dichter Eugen Roth das Fazit dieses Abschnitts in lyrischer Form sprechen:

„Kein Mensch will es gewesen sein.
Die Wahrheit ist in diesem Falle:
Mehr oder minder warn wir´s alle.“[261]

Die Schuld an der Ausbreitung

Dezember 2020: Ein Patient (kein Coronakranker!) geht in ein deutsches Krankenhaus. Er trägt – obwohl dies noch nicht Vorschrift ist – eine FFP2-Maske. Doch die dort eingesetzte Security fordert ihn auf, diese zu abzunehmen und stattdessen eine von ihren einfachen Schutzmasken zu verwenden. Obwohl man dort kaum deutsch spricht, kann sich der Betroffene mit deutlich zur Schau gestellter Entschlossenheit durchsetzen und darf seine besser schützende Maske auflassen. Was soll so etwas? Muss man sich angesichts solcher Fehler noch wundern, dass wir hierzulande zu Pandemietreibern wurden?

Aufschlussreicher und bedeutsamer als die Entstehung ist bei einer Infektionskrankheit immer das Thema der Verbreitung des Virus – denn nur deshalb, weil ein gefährliches Virus auf unserem Planeten existiert, muss dies noch lange nicht bedeuten, dass das betreffende Virus auch alle Kontinente erreichen kann und Menschen global gefährden muss. Im Fall der Coronakrise wurden die Vorkehrungen und Schutzmöglichkeiten jedoch weitaus weniger zum Schutz der Bevölkerung genutzt, als wir dies hinsichtlich eines Aktionsspielraums zur Verfügung gehabt hätten. Selbst wenn wir uns bei dieser Pandemie dem übermächtigen Virus in dessen Existenz und Übertragungsfähigkeit von Mensch zu Mensch nicht entgegenstellen konnten bzw. wollten, so hätte es auch in Europa sinnvolle Wege gegeben, um das drohende Unheil abzuwenden bzw. abzuschwächen.

Tatsächlich aber ging man lieber auf ungeschützte und deshalb zumeist einzelne Menschen los: in Italien war es ein singulärer Skifahrer, der aus einem Coronasperrgebiet nach Südtirol gefahren war und schließlich aufflog, als er sich auf der Piste ein Bein gebrochen hatte (auch wenn er letztendlich gar kein Coronafall war); in Österreich war der angeblich Schuldige ein einzelner Barkeeper („Multispreader“), dem dann noch eine bestimmte – wie zu erwarten, natürlich eine fremde – Staatsbürgerschaft angedichtet wurde; in Deutschland waren es – wie seit 1968 als projektive Untäter eigentlich immer – die Jugendlichen, welche nun angeblich pandemisch entscheidende Coronapartys feiern würden; in China waren es die Tiere, welche dieses Virus auf den Menschen übertragen hätten; in den USA waren es die Chinesen, welche die Welt vergifteten und so weiter und so fort. Es ist an solchen verschwörerischen Verkettungen unschwer zu erkennen, wie wir als Menschen heute zueinander stehen. Solche Schuldzuweisungen wirken allerdings nachhaltig in unseren Köpfen, weil sie primitive Bilder evozieren und auf eine jeweils einfach zu memorierende Formel gebracht werden.

„Ein Fieberkranker hat voll Kraft
Sich aufgerafft und hat´s geschafft:
Er ging, trotz bösem Fieberrest,
Höchst lebenslustig auf ein Fest.“[262]

Der Begriff des Multispreadings wurde von den Medien nur allzu gern aufgenommen – hatte man nun doch endlich einmal etwas gefunden, das an Kataklysmen orientiert die Schuld greifbar machte: der angesprochene fiktive Barkeeper aus Ischgl oder die Kneipentouristin in Garmisch, die jeweils in fröhlich-ausgelassenem Ambiente nichtsahnende Gäste massenweise infizieren würden. Das Bild von der attraktiven Kneipengängerin, die trotz Corona alle anflirten würde oder die Vorstellung vom Schönling an der Bar, der munter alle durchinfizierte: Sind das nicht allesamt einfache, billige und unfaire Erklärungen? Ist das im Kern nicht die primitivste aller primitiven Theorien – die Sündenbock-Theorie? Macht man es sich – und einmal mehr auch dem Virus – damit nicht schlichtweg zu einfach? Zumal uns diese Begrifflichkeiten als zugehörige Phänomen aus der AIDS-Pandemie in den achtziger Jahren eigentlich bekannt vorkommen müssten. Bei AIDS handelt es sich allerdings um eine Geschlechtskrankheit – doch auch damals ging es vorrangig lange Zeit bloß darum, die Gefahr von sich selbst fern zu halten, indem HIV zu einer Homosexuellenkrankheit erklärt wurde und den sittsamen Bürger daher nicht betreffen würde; was natürlich nicht stimmt(e), denn die extremsten Perversionen finden wir immer noch dort, wo die repressive Sexualmoral am rigorosesten herrschen darf – und das ist immer im biederen Spießbürgertum. Aber man konnte sich als gelegentlicher Bordellbesucher eben ganz gut der Ansteckungsgefahr erwehren und seine Gewissensberuhigung betreiben, wenn es noch eine klar definierte, „schmutzigere“ Gruppe gab, der die eigenen Projektionen zufallen konnten. Tatsächlich jedoch gilt heterosexueller Geschlechtsverkehr als „eine der Hauptursachen für die HIV-Epidemie in der Welt.“[263]

Doch zurück zum aktuell diskutierten Coronavirus: Leider sind bei der Erklärung der Coronaverbreitung manche Fachleute auf einen publizistischen Zug aufgesprungen und identifizieren in solchen einzelnen Super-Spreadern die Haupttreiber der Viralverbreitung. Ich sehe das anders: Zum einen macht man es sich immer sehr einfach, wenn man einigen wenigen Menschen den Großteil der Schuld geben kann – das für sich genommen ist aber noch kein Sachargument; ich bin schließlich viel zu sehr (Sozial-)Wissenschaftler als dass ich Tatsachen in ihrem Kern nicht anerkennen würde, nur weil sie publizistisch überzogen dargestellt werden! Aber das publizistisch immer wieder angeführte Beispiel der Multispreader-Chorprobe steht doch für nichts: Wie viele bzw. wenige Chorproben gab es seit dem Ausbruch der Pandemie denn überhaupt noch?

Auch der vielzitierte Barkeeper bemüht doch nur einmal mehr die üblichen Klischees, vor welchen offensichtlich manche Naturwissenschaftler auch nicht gefeit sind, indem sie unbewusst ein solches Bild als Ausgangspunkt ihres Forschungsansatzes nehmen. Doch „junge Menschen mit intaktem, stabilem Atemwegsepithel kommen nach den dargestellten Daten praktisch niemals als Superspreader infrage."[264] Das Thema Superspreading ist ohnehin eines, welches der Zeit geschuldet ist, als keine bzw. kaum Schutzmasken getragen wurden.

Massenveranstaltungen in engen, schlecht durchlüfteten Räumen, wo geschrien und gegrölt wird, sind mit Sicherheit gemeinhin das ungünstigste Setting. Da wir dieses aber seit März 2020 überhaupt nicht mehr hatten, musste also etwas anderes für die exponentielle Verbreitung Relevanz haben: Es ist schlichtweg sachlich unrichtig, etwas in den Mittelpunkt zu stellen, was es da facto gar nicht mehr gibt! Doch eine Schlagzeile, dass 80 Prozent der exhalierten Partikel auf das Konto von 18 Prozent der Individuen gehen, klingt natürlich gut. „Das Konzept der „Superspreader" ist allerdings wissenschaftlich nicht leicht zu greifen oder gar zu quantifizieren."[265] Natürlich kann man mir als Autor jetzt in populistischer Weise abwehrend unterstellen, ich käme aus der soziologischen und sozialpsychologischen Richtung und würde deshalb das Verhalten der Menschen über das Verhalten eines Virus stellen. Aber ist es nicht vielmehr so, dass die passionierten und allein vom Virus aus denkenden Versuchsanordner eine solche Möglichkeit bei der Hypothesenbildung von vorn herein außer Acht ließen – die Methode und der Untersuchungsgegenstand werden schließlich von den Forschern festgelegt; und ein rein naturwissenschaftlich-experimentelles Denken führt nun einmal dazu, die tiefer liegende Schicht der Wissenschaft vom Menschen nicht heranzuziehen bzw. initial nicht davon ausgehend zu denken.

Entscheidender für das Aufkeimen der zweiten Welle im Herbst 2020 war weniger, dass einige hochpotente Verbreiter auftraten, sondern vielmehr die Tatsache, dass wir das Virus nach der ersten Welle nirgendwo richtig besiegt hatten. Ändern sich dann flächendeckend die Bedingungen – sprich die infektionsarme Zeit geht zu Ende und die Infektionsbereitschaft steigt – so kommt es wieder ubiquitär zu vielen Ansteckungen. Wenn parallel dazu die Schutzmaßnahmen fehlen, baut sich die nächste Infektions- und Erkrankungswelle schnell auf.

Um es kurzgefasst auf einen Nenner zu bringen: Schuld an der ersten Welle war eine verharmlosende Politik, die zweite Welle konnte mit den damalig zur Verfügung stehenden Mitteln nicht vollumfänglich verhindert werden, die dritte ist einem schlechten Impfstoffmanagement anzulasten und die vierte hat sich eine damals nur zu 50 bis 60 Prozent geimpfte und auch nicht mehr rechtzeitig nachgeimpfte Bevölkerung selbst zuzuschreiben. Die fünfte Welle brachte uns mit Omikron schließlich das „Glück" der (Un-)Tüchtigen. Entscheidend bleibt nicht zuletzt immer der richtige Zeitpunkt: Man impft bei der Grippewelle schließlich auch nicht erst dann, wenn diese vollends eingetroffen ist, sondern rechtzeitig zuvor: man muss der Welle zuvorkommen, vor die Lage kommen. Selbiges gilt für Corona – und es bleibt zu hoffen, dass man wenigstens für die Zukunft etwas daraus gelernt hat, nämlich vorausdenkend den Impfstatus aufzufrischen und nicht erst dann auf diese Idee zu kommen, wenn sich eine neue Welle aufgebaut hat! Leider hat man immer noch nicht verstanden bzw. will aus Kostengründen nicht verstehen, dass die flächendeckende Erhebung des Antikörperstatus sehr hilfreich für die Einschätzung der Immunschutzlage wäre.

Tatsächlich ist es doch so, dass wir in den Arbeits- und Bildungsstätten (und – was die Infektionsgefahr weiter betrifft – auch auf dem Weg dorthin) den Großteil unserer sozialen Kontakte tätigen. Ende März 2021 erschien eine Studie, die z.B. in Großraumbüros eine deutlich höhere Ansteckungsgefahr gegenüber Supermärkten nachwies.[266] Es steht schlichtweg zu befürchten, dass die betreffenden Verantwortlichen nicht wissen, wie es in einer Schule bzw. Schulklasse zugeht – denn „voll besetzt in niedrigen und ungelüfteten Räumen" ist dabei noch als das Harmloseste zu betrachten! Haben sie schon einmal gesehen, wie eng es in den Schulgängen zugeht? In bis zum letzten Platz gefüllten Schulbussen? Wie viele Schniefnasen nach der Pause in den Klassenzimmern sitzen, wo das Sekret bei der Nase heraus- und teilweise in den Mund wieder hineinläuft? Wir sprechen hier von fünf Tagen pro Woche! Dagegen ist die eingangs in diesem Kapitel erwähnte singuläre Multispreader-Imago an der Bar, welche es ohnehin seit März 2020 gar nicht mehr gibt, als nachrangig einzustufen. Für die multi-spreadende Übertragung braucht es nun wirklich keine Kneipentour!

Blicken wir deshalb ruhig noch etwas genauer auf den typischen Arbeitstag eines Kindes: Das Kind wird frühmorgens zu Hause dick eingepackt, geht aus dem Haus und wird von den Eltern im beheizten Auto zur Bushaltestelle gefahren. Danach steht es etwa zehn Minuten in der Winterkälte an der Haltestelle. Kommt der Bus, so drängen viele Kinder hinein, greifen allesamt an dieselben Stellen, sitzen eng nebeneinander und halten sich im Stehen an den Haltestangen fest. Dazu kommt, dass ein solcher Bus viele Touren hintereinander fährt und keineswegs ein hygienisches (Luft-)Clearing dazwischen stattfindet. Nach einer Fahrt von zwanzig Minuten, wo es dem Kind erneut viel zu warm ist, drängt ein vollgefüllter Bus von Schülern gleichzeitig hinaus; Kinder gehen bzw. rennen wieder durch die Kälte, bis sie durch die Schultüre als enge Schleuse hindurchdrängen müssen. Nun haben sie dort zu warten – sagen wir vielleicht zehn Minuten: immer noch dick eingepackt – bis sie schließlich auf engen Gängen und in viel zu kleinen Garderobenplätzen ihr Klassenziel erreicht haben. Nun gehen sie ins Klassenzimmer, reden, herzen und umarmen auch einmal ihre Freunde, streiten vielleicht und schreien – und bis dahin hat noch keine einzige Minute Unterricht stattgefunden! Es ist müßig, nun den weiteren Verlauf des Schultages – der jetzt erst beginnt – durchzuexerzieren. Es folgen noch Pausen, Umkleidekabine-Situationen, eine zunehmende motorische Unruhe der Kinder auf Grund bewegungsarmen Sitzens, vielleicht die gedrängte Essensaugabe in der Mittagsmensa, der Nachmittagsunterricht usw.; von einem tatsächlichen Acht-Stunden-Schultag habe ich nicht einmal eine Stunde dargestellt – und bereits hier, wenn die Kinder noch wach und fit sind, ist festzustellen, dass das Virus wahrhafte „Traumbedingungen“ für seine Weiterverbreitung vorfindet.

Wer nun nicht mehr Lehrer einsetzt und Schulklassen während der Pandemie nicht teilt, macht sehr viel falsch. Es sollte uns wirklich zu denken geben, dass andere Länder die Pandemie ohne Impfstoff sehr schnell in den Griff bekommen haben und wir hierzulande nicht. Entscheidend war, ist und bleibt bei dieser – wie den meisten weiteren Pandemien – schließlich der fehlende Schutz der Massen.

Dazu kommt weiter, dass Verweigerer bzw. (auch unbewusste) Ignoranten mit leichten Symptomen das Virus verbreiten, weil sie keinerlei Schutz-, Quarantäne- oder Vorsichtsmaßnahmen ergreifen und bei diesem Personenkreis dementsprechend auch keine Nachverfolgung stattfindet. „Die Bereitschaft, dem Gesundheitsamt mögliche Infektionsquellen – die häufig im Bekannten- oder Familienkreis zu suchen sind – zu nennen, ist hier längst nicht immer vorhanden.“[267] Dies beweist einmal mehr, dass man nicht erst auf dem Weg zur Intensivstation andere ansteckt, sondern vor allem vorher![268]

Weiterhin auf dem Irrweg

„Böses kommt geritten, geht aber weg mit Schritten.“[269]

Als die zweite Coronawelle deutlich früher als befürchtet einsetzte, schoben manche verantwortliche Politiker grenznaher Regionen die Schuld auf den ansonsten immer so von ihnen gerühmten europäischen Nachbarn – so viel zum Thema Europagedanke![270] Auch wenn sich mancher dabei nicht selbst zu durchschauen vermochte, so taten dies doch andere: „Lasst uns lachen über Größen, die keine sind.“[271] „Ein Mediziner, der zur Heilpraxis am Menschen zugelassen werden soll, muss genau den Bestand seiner praktischen und theoretischen Kenntnisse nachweisen. Ein Politiker dagegen, der das Schicksal nicht etwa von Hunderten, wie ein Mediziner, sondern das Schicksal von vielen Millionen schaffenden Menschen zu bestimmen sich vornimmt, ist in unserer Gesellschaft einer solchen Legitimierung nicht unterworfen. Es genügt eine tüchtige Dosis an Schlauheit, neurotischem Ehrgeiz und Machtwillen, gepaart mit Brutalität, zu besitzen, um unter entsprechend chaotischen sozialen Verhältnissen höchste Stellen der menschlichen Gesellschaft zu besetzen.“[272]

Eurovisions-Song-Contest, the same procedure as every year: Germany? Zero points! Von jedem europäischen Partner und „Freund“ – wie uns Regierungsmedien in unverbesserlicher Manier nach wie vor weismachen wollen – bekommen wir stets die alljährliche „Quittung“. Uns Deutsche mag inzwischen schon wieder niemand mehr besonders gerne; „Europameister der Herzen“ sind wir definitiv nicht – und das ist noch sehr, sehr milde ausgedrückt; denn man hasst uns sogar mancherorts regelrecht in Europa![273] Für dieses Verhasst-Sein gibt es eine Vielzahl an Gründen, welche unserem wenig sozialen Verhalten zuzuschreiben sind – nicht zuletzt die Hilfsverweigerung während der Coronakrise, etwa gegenüber Italien. Diese Non-Fraternisation erhielt dabei noch einmal eine andere Qualität als ihr durch das Erkennen und Stigmatisieren des Anderen als potentiellem Ansteckungsfeind bereits zugewiesen wurde: Wie du mir, so ich dir?

Im Herbst 2021 war es dann tatsächlich soweit, dass umgekehrt Hilfe gesucht wurde: Patienten aus Deutschland mussten mangels Intensivplätzen nach Südtirol ausgeflogen werden – und Italien half uns dennoch. Daran hätte sich die damalige deutsche Politik wahrlich ein gutes Beispiel nehmen können!

Solange wir weiterhin die Bemühungen auf unsere Lieblingsschuldigen für die Ausbreitung – wie fremde bzw. junge Menschen – konzentrieren, solange wird diese Pandemie fortschreiten können. Wenn wir uns dabei weiterhin die Realität verstellen lassen durch reflexartige Schuldzuweisungen an junge Menschen, die angeblich ständig Corona-Partys feiern würden, an Hungerlohnsklaven aus Osteuropa oder an renitente Urlauber – dann werden wir immer tiefer in diese Krise bzw. in kommende vergleichbare Szenarien hineinschlittern, weil dort, wo wirklich etwas geändert werden muss, nichts Wesentliches geschieht. Der postmoderne Mensch hat nun einmal die Mehrzahl seiner Kontakte im beruflichen Bereich. Ein Alkoholverbot nach einer Sperrstunde kann für zwei Tage in der Woche etwas bewirken, die anderen fünf Arbeitstage werden davon so gut wie gar nicht tangiert. Zudem waren die Zahlen erst dann wieder regelrecht explodiert, als jeweils im Herbst nach der Ferien- und Urlaubszeit der Ernst des Lebens wieder begann – und dieser wurde, was Arbeitsschutzmaßnahmen bezüglich Corona betraf, im Herbst 2020 schlichtweg nicht ernst genug genommen. FFP2-Masken erhielten Lehrkräfte beispielsweise erst im Dezember 2020. Andere Unternehmer ließen ihre Mitarbeiter (abgesehen von der relativ kleinen gesetzlich vorgeschriebenen Ü60-Gruppe) tagtäglich zur Präsenz erscheinen, obwohl ihre Tätigkeit zu 99 Prozent ebenso im Home-Office-Modus hätte absolviert werden können.

Was die Maßnahmen und Einschränkungen betrifft, welche motivational oft einen gewissen Charakter von Schuldzuweisungen trugen und damit an der Schutzsache vorbeigingen, so sind dabei krasse Missverhältnisse anzusprechen: Jugendliche, die sich vielleicht das erste Mal verliebten, mussten Freund:innen monatelang aus dem Weg gehen, aber die Prostitution für die Erwachsenen durfte weiterlaufen. Wir sollten in diesem Zusammenhang auch nicht ganz außer Acht lassen, dass es bereits eine große Krankheit mit kleinem Namen gibt, die unser (Sexual-)Leben weitaus stärker einschränkt – namentlich die bereits angesprochene HIV-Infektion. Selbst wenn manche hier sogleich abwehrend antworten mögen, dass sie sich davon nicht eingeschränkt fühlen würden: Die freie Liebe der Sechziger und Siebziger Jahre gibt es spätestens seit Mitte der Achtziger definitiv nicht mehr – AIDS hat unseren Lebensstil radikal verändert; auch wenn dies – wie bei der in unserer Gesellschaft so unnatürlich tabuisierten Sexualität – zumeist unbewusst geschah. Man betrachte dazu nur einmal den Umfang und die Qualität der Pornographie, welche heutzutage im Internet konsumiert wird, und vergleiche diese Diskrepanz mit dem realen Sexualleben. Die Annahme, nach Corona würde unsere Welt genauso wie vor Corona sein, ist gewiss nicht haltbar. Ebenso wie die Immunschwächekrankheit AIDS das Sexualleben radikal und dauerhaft verändert hatte, dementsprechend hat auch Corona das Sozialleben durchgreifend verändert.[274] Wobei wir uns von AIDS bereitwilliger einschränken lassen, da diese Virus-Übertragung eng mit der Sexualität verzahnt ist und diese gemeinhin als mit einem Tabu belegt, schmutzig und als verwerflich gilt.

Will man nun im Hinblick auf die Zukunft der Wahrheit näherkommen, so lohnt ein Blick auf die Evolutionslehre: denn entscheidend ist für jede Spezies, die sich evolutorisch behaupten bzw. ausbreiten kann, dass diese neben ihrer Fähigkeit zur genetischen Variabilität auch gute Bedingungen vorfindet. Damit sind nicht allein gute Lebensbedingungen, sondern vor allem gute Fortpflanzungsbedingungen gemeint; und diese findet das Coronavirus während der Wintersaison, welche von September bis April andauert, zur Genüge.[275]

Doch auch die allgemeine Bevölkerung muss sich selbst fragen: War es wirklich richtig, die (für ebendiese Bevölkerung) bereitgestellten Intensivkapazitäten, als die erste Welle abebbte, sogleich als überzogen zu kritisieren? Dabei wurde leider in Einzelfällen auch immer wieder führendes Klinikpersonal zitiert, das verlautbart hatte, es kämen kaum Coronapatienten zu ihnen ins Krankenhaus. Eine exponentielle Entwicklung zu verstehen, ist – wie wir lernen mussten – nicht jedermanns Sache; davor sind offenbar auch höherrangige Vertreter nicht gefeit.

Herdenimmunität und Kollateralsterblichkeit

„Ich habe ein großes Grab gemacht,
Ich habe die Pest und den Krieg erdacht.
So spricht der Tod:
Die Welt ist mein.“[276]

Die Coronapandemie begann in der westlichen Zivilisation eher als eine Party-Krankheit, wurde dann zu einer Volkskrankheit, die alle betraf, und wird schließlich Gefahr laufen, als Prekariatskrankheit zu enden – was vor allem in globaler Hinsicht zutrifft. Erst verbreiteten die feierwütigen Apres-Ski-(Elite-)Touristen das Virus, dann aber traf es doch – wie so oft – vor allem diejenigen, welche unter engen und hygienisch mangelhaften Bedingungen arbeiten, wohnen und trotz Infektion auch noch weiterarbeiten mussten – Folgeschäden inbegriffen. Zum damit leider in engem Zusammenhang stehenden Thema Schuldzuweisungen an Fremde ist weiter festzuhalten: Ist es denn tatsächlich die Schuld der Arbeitnehmer aus Osteuropa, dass sie hierzulande unter unwürdigsten Bedingungen oftmals regelrechte Sklavenarbeit verrichten und in Massenunterkünften untergebracht werden, wo man sich gegenseitig ansteckt? Haben die Asylbewerber ihre Massenheime etwa selbst so kleinräumig gebaut – oder haben wir sie dorthin gesteckt?[277]

Das Wunschdenken wirtschaftsliberaler Politiker ist es grundsätzlich, einfach alles so weiterlaufen zu lassen: durcharbeiten und bei den großen Monopolisten einkaufen – das schien ihnen dementsprechend auch das Wichtigste während der Pandemiewellen gewesen zu sein. Dabei kam die angesprochene Sichtweise, das Coronavirus würde vor allem über Partys verbreitet, einem das Großunternehmertum über alles stellenden Wunschdenken natürlich sehr entgegen. Dann nämlich musste man nichts ändern, man brauchte nur das Privatleben und die Kultur zu beschneiden, aber die Lohnsklaverei und die teilweise brutale Ausnutzung des Wirtschaftsgefälles gegenüber Osteuropa konnten völlig unverändert weiter bestehen bleiben.

Doch man hätte relativ einfach an die Menschenmassen, welche tagtäglich in den großen Betrieben arbeiten, herankommen und dort ebenso leicht die Regeln überwachen können. Aber auf diese Idee kam man von politischer Seite überhaupt nicht; weil die Befehlskette hier entgegengesetzt verläuft: die Wirtschaft ist schließlich der Tonangeber, für welchen die Lobbyisten in den Parlamenten sitzen. „Warum lassen Sie nur die Gastronomie, die Veranstaltungsbranche und den kleinen Fachhändler vor die Hunde gehen, während die Industrie weitermacht als wäre nichts? Liegt es vielleicht daran, dass die Herren bei BMW, Audi, Krauss Maffei und Co. Sie zum Trocknen auf den Balkon hängen, wenn Sie mit solch einem Vorschlag kommen? Die Kleinen beißen und vor den Großen schleunigst in die Hütte rennen!"[278] Die große Wirtschaft darf so ziemlich alles, die Bevölkerung herzlich wenig – so sind die Rollen offenbar verteilt – und das erzürnt das Volk und führt zu irrationalen Fluchten.

Auch heute finden wir wieder Tendenzen, als wäre es das Natürlichste der Welt, sich in katastrophenartigen Situationen machtnehmend und autoritär-direktiv zu benehmen – bei den Befehlenden ebenso wie bei den Befohlenen. Immanuel Kant beispielsweise wäre es niemals auch nur in den Sinn gekommen, „das Prinzip des Handelns einfach mit dem Prinzip des jeweiligen Gesetzgebers eines Landes zu identifizieren."[279] Einen „kleinen Hausgebrauch" des Kategorischen Imperativs kann es somit nicht geben – es geht immer um das Ganze! Gesetzestreue erschöpft sich nicht darin, ständig wechselnden Regeln und Vorgaben zu gehorchen, sondern so zu handeln, als wäre man selbst der Urheber von Gesetzen – so lautet die allgemeine moraldemokratische Handlungsmaxime![280]

Während der Coronapandemie handelte es sich nicht selten um Verordnungen – wie etwa die 15-km-Ausgangbeschränkung –, welche bereits von Gerichten wieder gekippt wurden, bevor noch die Tinte der unterschriebenen Verordnung getrocknet war.

Nicht alle Vorgänge, mit welchen wir in unserer sich schnell wandelnden Lebenswelt konfrontiert werden, stehen bereits in Gesetzbüchern. Menschen müssen daher auch dann Recht von Unrecht unterscheiden können, wenn sie einmal auf nichts anderes zurückgreifen können als auf die eigene Urteilsfähigkeit. Dazu muss eine solche verständlicherweise vorhanden sein – und diese wächst allein in einem langen, dialektisch-demokratischen und emanzipierenden Entwicklungsprozess.

Derartige Defizite offenbarten sich während der Pandemie in der Triage allerdings zu prosperierenden Friedens- und nicht defizitären Kriegszeiten hinsichtlich eines dabei doch eher als gering eingestuften Wertes alter Menschen. Die gängigen Rationalisierungen, die betreffenden alten Menschen wären doch ohnehin bald gestorben, waren dabei nichts anderes als der politisch-bürokratisch postmoderne Ausdruck einer Nekrophilie, die einen verspäteten Vatermord auf eine hinterhältig-bequeme Weise zu vollziehen suchte und dabei sogar noch das Rentenproblem „löste“.[281] „Im Gesundheitswesen bestimmen nicht Krankheit und die damit verbundenen Bedürfnisse die Methode, sondern wirtschaftliche Aspekte, wie Kosten oder das Alter des Patienten im Verhältnis zum Behandlungsaufwand.“[282]

Man hört inzwischen bei Beerdigungen entsprechend dieser Geisteshaltung häufig ein „Es war besser so!“ bzw. „Was wäre denn das noch für ein Leben geworden?“ –

doch eines gilt immer: Jedes Leben ist besser als der Tod! Denn mit letzterem ist schließlich alles beendet – ob jemand nun an ein Leben nach dem Tod glaubt oder nicht: entscheidend bleibt für uns immer noch das betreffende vor dem Tod – vorausgesetzt, eine Gesellschaft ermöglicht ihren Mitgliedern dieses! Denn unsere Fokussierung auf die Hortung, den Besitz und die Abgrenzung zeigt ein unlebendiges Bild. Selbst vor dem Tod – im Leben – wollen immer mehr Menschen unter uns gar nicht mehr wirklich aufleben. Wer nun selbst kein Leben hat, möchte in manchen Fällen stellvertretend das Leben anderer zerstören; dazu kommt es dann, wenn sich Aggressionen statt nach innen nach außen zu richten drohen. Das Triage-Trolley-Problem stellte sich jedenfalls während der Spitzenzeiten der Pandemie mehrfach. Diese auch als Weichenstellerfall bekannt gewordene Damn-if-I-do-Entscheidung, bei der immer ein Mensch geopfert wird und meist die Quantität aufrechnerisch intuitiv entscheidet, bleibt im Ergebnis immer inhuman – wie sie nun auch getroffen werden mag. Dieses Beispiel wurde von der kataklystischen Zug-Situation bereits vor Corona auf die medizinisch-ethische Entscheidungsebene übertragen:

Ein Chirurg hat fünf Patienten auf der Organspende-Warteliste, welche alle unterschiedlicher Organe bedürfen, um am Leben zu bleiben. Aktuell stehen keine Spenderorgane zur Verfügung. Da meldet sich ein junger Fremder zu einer Routineuntersuchung. Der Arzt stellt dabei fest, dass dessen Organe zu seinen fünf todkranken Patienten perfekt passen würden und der betreffende Mensch eine Erbkrankheit hat, die ihn nur noch wenige Monate leben lässt, wo-

bei die Spendeorgane davon nicht betroffen sind. Nehmen wir dabei an, dass niemand den Arzt verdächtigen und strafverfolgen würde, wenn der Reisende auf dem OP-Tisch verschwände. Halten Sie es für richtig, dass der Arzt den Reisenden ausschlachtet, um dessen Organe an die fünf todkranken Patienten zu verteilen um so fünf Menschenleben zu retten?

Man könnte nun die Situation verschärfen, indem die fünf Organspende-Empfänger wichtige Ämter oder einen sehr sozialen und Hilfe gebenden Lebensstil führen würden bzw. fünf wissenschaftlich forschende Ärzte wären, die kurz davor stünden, den Durchbruch bei einer medizinischen Innovation zu erreichen, die allen zu Gute käme. Auch dem Spender könnte man als einen Menschen skizzieren, der sein Geld mit Hehlerei und dem trickbetrügerischen Übervorteilen von Senioren auf geschäftliche Weise gemacht hat.

Man könnte diese Leben-gegen-Leben-Entscheidung nun auch mit dem Leben ihrer eigenen Kinder gegenüber körperlich und geistig schwer behinderten alten Menschen durchspielen. Wir alle merken dabei doch, dass unsere ethische Entscheidung erodierbar bleibt und ins Wanken gebracht werden kann. Das meine ich, wenn davon gesprochen wird, dass wir einen Moralstau und ein Verdrängen sowie oft ausweichlerisches Verhalten zeigen, wenn es um die Ethik geht. Denn tatsächlich sollte diese nicht erst dann zum Thema werden, wenn Entscheidungen anstehen, sondern weit vorher. Konkret: Wir werden in nicht allzu ferner Zukunft wohl auch erfahren, dass selbst so etwas wie die Sterbehilfe im kapitalistischen Sinne instrumentalisiert werden kann. Doch „Sterbehilfe: ja oder nein?" ist nicht das entscheidende Diskussionsthema, sondern vielmehr die Verzweckung, die Verwirtschaftung und die Verkapitalisierung des Menschlichen im Kapitalismus; denn dabei wird alles, was damit verbunden ist, zur Ware; was ebenso für die Organspende gilt.[283]

Jung oder Alt?

„Ein Mensch, erst zwanzig Jahre alt,
Beurteilt Greise ziemlich kalt
Und hält sie für verkalkte Deppen
Die zwecklos sich durchs Leben schleppen."[284]

Wie sozial unsere Gesellschaft tatsächlich ist, konnte man bei der Coronapandemie recht deutlich sehen: anfangs, als die Viren regelrecht gestreut wurden, war noch niemand dazu bereit, einen Mundschutz zu tragen.[285] Ein Mundschutz – und dieses Argument musste man sogar von höheren Amtsträgern hören – schütze einen doch selbst kaum vor einer Ansteckung. Wenn wir also für uns selbst nichts tun können, dann machen wir für andere demzufolge offenbar erst recht nichts! Das waren für solche Menschen bereits zwei (!) Gründe, um keine Masken zu tragen: zum einen hat man selbst nichts davon und zum anderen verschafft man anderen noch einen Vorteil – so sieht die „soziale" Realität in unserer marktkonformen Konkurrenzgesellschaft heute traurigerweise aus.

Ebenso verkehrt war es, die tatsächliche Infektionsgefahr herunterzuspielen und öffentlich zu verlautbaren, dass diese Krankheit im Wesentlichen nur alte Menschen mit Vorerkrankungen betreffen würde. Man glaubte von politischer Seite ernsthaft, damit könne man die Menschen im Lande dazu bewegen, Senioren gegenüber Solidarität zu zeigen und alle würden sich deshalb einhundertprozentig rücksichtsvoll verhalten: Was für eine naive Fehlannahme! Man bedenke hier nur einmal das absichtliche Anniesen und Anhusten von Senioren im März/April 2020 seitens jüngerer Menschen. Von einer Empathie von Jung für Alt, welche unter anderem auf einer unbewussten gesamtsozialen Identifikation fußen würde, war im Allgemeinen überhaupt nichts zu spüren. „Ein Jüngling kann sich als Mann vorstellen, aber kaum als Greis; der Morgen deutet auf Mittag, nicht auf Abend.“[286]

Im PR-Vorzeigemodus wurden hierzulande bis zum Pandemiebeginn medial nach dem Vogel-friss-oder-stirb-Prinzip Einzelprojekte präsentiert, am besten mit möglichst konträren Inhalten, z.B. von betreuten Kindern mit Senioren in Lebenseinheit – der schöne Schein: Alt und Jung vereint?

Mit der wahren Lebenswirklichkeit und den tatsächlichen Erfordernissen hatten solche inszenierten „Kita-Home-Stories“ allerdings nicht viel zu tun; denn die betreffenden Randgruppen – nichts anderes sind Kinder oder Senioren für die wirtschaftlich berechnende Welt geworden – werden aus der Öffentlichkeit entfernt: in Kitas bzw. in „Pflege“-Einrichtungen weggeschlossen – und dies noch dazu möglichst platzsparend. So kann der über alles entscheidende mittelalte Mainstream zwei unerwünschte Problemgruppen, die wirtschaftlich nichts einbringen, gleich auf einmal aus seinem nicht gerade auf das Soziale gerichteten Blickfeld verbannen. Besonders für Kinder wäre es allerdings äußerst bedeutsam, von ihren eigenen Eltern und nicht von überforderten Senioren (mit-)erzogen zu werden: ungelernte und ehrenamtlich engagierte Menschen sind nun einmal nicht kompetent genug für die schwierige Aufgabe der Kindererziehung! Der Vorschlag und die Bestrebungen, Senioren und Kinder gemeinsam zu verwahren, birgt zugleich für Senioren und deren gesundheitliches Wohlergehen ohnehin schon große Gefahren: auf den Gedanken, dass sich dabei alte Menschen mit schwachem Immunsystem bei Kindern leicht anstecken könnten und Infektionskrankheiten, wie etwa eine Lungenentzündung, für nicht wenige unter ihnen das Todesurteil bedeuten könnte, war bisher offensichtlich noch niemand gekommen – oder etwa doch?[287]

„Die Welt erstickt an der Herzlosigkeit und Naturlosigkeit derer, von denen sie regiert wird."[288]

Mancher wird vielleicht gedanklich anführen, dass selbst im gefährdeten Bevölkerungssegment über sechzig Jahren die Impfquote während der Pandemie hierzulande zu niedrig lag. Ein Grund dafür ist die Tatsache, dass ältere Menschen bereits viel erlebt und eben auch überlebt haben. Dabei übersehen sie allerdings, dass unter den bestandenen Herausforderungen noch keine Pandemie war. Es ist und bleibt daher die Aufgabe der Gesellschaft, Menschen auch vor sich selbst zu schützen: vor tödlich endender Naivität und ebenso vor vereinfachender Verdrängung.

In nicht wenigen Staaten wurden zu Zeiten von Corona alte Menschen im Sinne der Schaffung einer Herdenimmunität geopfert – das betraf vor allem Drittwelt-Staaten und Schwellenländer. Aber auch in unseren mittleren Breiten war bereits vor der Coronapandemie das Tabuthema des funktionellen Gnadentodes (so dichotom und widersprüchlich dieser Begriff auch klingen mag) ein unbemerktes Politikum: „In Ländern wie in Belgien, den Niederlanden, der Schweiz und einigen Bundesstaaten der USA hat eine scheinliberale Gesetzgebung bereits dafür gesorgt, dass Euthanasie geradezu alltäglich geworden ist. Mitunter wird sogar bei Depressionen nach ihr verlangt."[289] Besonders auf Altenheime konzentriert sich immer mehr eine Form der bürokratischen Nekrophilie. Wenn man sich bereits in ordnungsgemäß geführten Altenheimen als höchstem ideologischem Ziel nicht dazu verpflichtet sieht, das Letzte an Leben für den Einzelnen herauszuholen und alles für dessen quantitativ wie qualitativ gelungenen Lebensabend zu tun bereit ist, dann jedoch wird das Verhängnis weiter seinen Lauf nehmen.[290] Durch Todesfälle vorzeitig verlorene Lebensjahre sollten eigentlich in einer seriösen Gesellschaft dementsprechend diskutiert werden. Wer nun aber „mit christlicher Attitüde behauptet, man wolle Leben um jeden Preis schützen, und dann gleichzeitig Urlaubsreisen, Gaststättenbesuche und Bundesligaspiele genehmigt, beweist nichts anderes als Bigotterie."[291]

„Wir Toten, wir Toten sind größere Heere
Als ihr auf der Erde, als ihr auf dem Meere!"[292]

Die Wirtschaftskrise

Mehr als nur ein Kollateralschaden

„Der entfremdete Mensch kniet nieder vor dem Werk seiner eigenen Hände.“[293]

Erich Fromm schrieb davon, dass es die Gefahr der Vergangenheit war, dass Menschen Sklaven wurden bzw. dass es die Gefahr der Zukunft wäre, dass Menschen zu Robotern würden. Mittlerweile ist diese Zukunft eingetreten – und wir müssen feststellen: Die Gefahr der heutigen Gegenwart ist es, dass Menschen beides werden: versklavte Roboter![294] Zu dieser schleichenden Negativentwicklung kam zu allem Überfluss noch die vielzitierte pandemische Krise. Jede Wirtschaftskrise mindert die sozialen Aufstiegschancen beträchtlich – besonders der Aktienhandel und die Börsen wurden dabei zum ganz großen Corona-Katalysator, denn der spekulative Kapitalismus ist immer auf Sand gebaut. Dennoch bzw. deshalb herrscht heutzutage in der Bevölkerung nach wie vor eine völlig falsche Sichtweise der Kapitalökonomie und insbesondere des Wertpapierhandels vor. Man dachte beispielsweise, als bei der Coronakrise die Aktienkurse noch drastischer fielen, als beispielsweise am 11.9.2001, dann wäre das eben ein Problem der Frankfurter oder Londoner Börsen – und diese Finanzzentren lägen doch weit genug von uns entfernt. Den allerwenigsten Menschen im Lande war und ist jedoch bewusst, dass an der Börse die Realwirtschaft gehandelt wird und dort die Arbeitsplätze der Bevölkerung regelrecht verzockt werden. Sie haben richtig gelesen: verzockt ohne

Anführungsstriche! „In der Wirtschaft sind wir eigentlich nicht von der Güterproduktion abhängig, sondern von abstrakten Formeln, die darauf bauen, Geld zu multiplizieren. Und diese Finanzrechnerei hat keinen Bezug zu der Realität. Nur der Profit um seiner selbst zählt noch. Das führt dann zu wirtschaftlichen Rezessionen, die davon abhängig sind, wie Menschen mit Geld spielen."[295]

Tatsächlich wurden, als der DAX wegen Corona derart radikal abstürzte, in der Bundesrepublik Deutschland gerade einmal zwei Todesfälle und noch so gut wie überhaupt keine Arbeitsausfälle verzeichnet. Die Realwirtschaft war zu diesem Zeitpunkt überhaupt nicht betroffen! Nicht unwesentlich anders verhielt es sich bei der russischen Invasion in die Ukraine. Bevor überhaupt realwirtschaftlich etwas Entsprechendes wirksam werden konnte, kam es bereits zu einer Markthysterie an den Börsen, z.B. beim Erdgas – und nicht nur dort. Auch die Getreidepreise schossen ebenso wie der Rohöl- bzw. Benzinpreis in die Höhe, obwohl alle Lager noch voll waren und völlig normal geliefert wurde. Die ratingbasierte Prognose ruinierte den Realmarkt vorzeitig bzw. generell, da es gar nicht sicher war, dass es dort überhaupt zu Lieferproblemen kommen musste. Die staatsinterventionelle Möglichkeit, bis zum tatsächlichen Eintreffen des Lieferproblems einzugreifen, wurde damit obsolet und die Realwirtschaft (vorzeitig) schwer geschädigt. Um unser Wirtschaftssystem aus dem Gleichgewicht zu bringen, würde inzwischen bereits die Anschuldigung ausreichen, dass einer der narzisstischen Monopolunternehmensführer eine schwere moralische Verfehlung begangen hätte: Stabilität ist etwas anderes – etwas gänzlich anderes!

Es galt zur Pandemiezeit schlichtweg: Wer das äußerst negativ wirkende Zauberwort „Lockdown" als Erstes aussprach, bei dem drohten die Kurse zu fallen – selbst damals, als die Realwirtschaft noch gar keinen Schaden genommen hatte. In umgekehrter Richtung hingegen schossen die Kurse von Unternehmen der Flug- und Reisebranche sowie von Kreuzfahrtgesellschaften bzw. Erdölfirmen in die Höhe, als am neunten November 2020 vermeldet wurde, dass ein erster Impfstoff gegen Corona kurz vor der Zulassung stünde.[296] Man muss im totalen Kapitalismus nichts mehr verkaufen, um großes Geld zu verdienen – es reicht bereits die Ankündigung, über ein Produkt zu verfügen, das sich erwartungsgemäß gut verkaufen könnte, sodass die Ratings, Börsennotierungen und Kurse in die Höhe schießen. Das Geld wird schon vor dem Verkauf gemacht – und das in der Regel von denjenigen, die mit dem operativen Realgeschäftsfeld gar nichts zu tun haben.

Auch das Thema Inflation kam im Laufe der Coronakrise auf die Tagesordnung – allerdings nicht auf diejenige von berichtenden Medien. Schließlich kann eine negative Marktstimmung ebenso Einfluss ausüben, wie dies eine Kaufmanie oder Hortetendenz in der Bevölkerung macht. Die bestehende Inflationsgefahr wurde zunächst verdrängt und schließlich von der Handelswirtschaft selbst gefördert. Ich möchte dies stellvertretend an einem selbst erfahrenen Beispiel aufzeigen: Im August 2020 kaufte ich einen neuen PC-Drucker für 100 Euro; im Dezember 2021 kostete derselbe Typ Drucker 260 Euro. Es wäre also frühzeitig geboten gewesen, seitens der Wirtschaftspolitik eine ebensolche zu betreiben; d.h. eine prozentuale Teuerungsbremse aufzuerlegen bzw. die Preise für einen gewissen Zeitraum einzufrieren. Damit hätte sehr viel Schaden von Wirtschaft und Gesellschaft abgewendet werden können. Bei diesem Thema der Inflation zeigt sich einmal mehr die Tatsache, dass die westlichen Gesellschaften keine Sozial-, sondern stattdessen astreine Konkurrenzkonglomerate darstellen; jedes Mitglied versucht hier, für sich etwas heraus- oder sich wenigstens wieder zurückzuholen: der Gastwirt erhöht die Preise auf der Speisekarte, der Textilunternehmer schlägt 20 Prozent auf, Strom- und Gasanbieter machen dies erst recht (die Rationalisierungen, wie etwa „die Energiewende wäre Schuld“ wurden von den politischen Lobbyisten lange genug vorgeplappert) und sogar der Bauer verkauft die Schachtel Eier am Wochenmarkt um 50 Cent teurer.[297] So aber wird aus einer durchaus beträchtlichen Gesundheitskrise erst eine ganz große Wirtschaftskrise, wenn jeder den möglichst großen Anteil für sich selbst herausschlagen will und seinen Mitmenschen nichts gönnt. Letztendlich ist dies eine individuelle wie gesellschaftliche Charakterfrage – und eine gute Antwort bleiben wir Kapitalisten in sozialer Hinsicht schuldig. Das Konsumparadies frisst seine Kunden und die Mär, dass alles doch so schön günstig hier wäre, enttarnt sich endgültig als der Köder für ein monozentrisch-globales Privatwirtschaftssystem, welches in nur sehr wenigen Händen liegt: erst geködert, dann ausgenommen – als ob der theoremfreie Kapitalismus jemals etwas anderes intendiert hätte! Das ebenso grundlegend egoistische wie naive Handeln der kapitalisierten Menschen zeigt paragdigmatisch auf, wie das post- bzw. endkapitalistische Handeln des Einzelnen die Gemeinschaft ruiniert und schließlich das rücksichtslos agierende Individuum noch härter trifft.

Zu einem ersten Schlüsseltag wurde der 23.3.2020: als es durch unterschiedliche Kursrettungsmaßnahmen (wie z.B. den Kauf wichtiger Leitpapiere nach Börsenschluss durch die Zentralbanken, um die Marktbaisse – den Kurs- und Preisverfall – zu stoppen) unter der korrigiert erscheinenden Kursoberfläche zu einer Hausse mit stark steigenden Börsenkursen kam, die jedoch nichts anderes darstellte als eine von der Zentralbank induzierte Finanzmarktblase – und dies in globaler Dimension. Das alles in einer Grundsituation, wo bereits die Null-Zins-Politik und viele (faule) Kredite dazu geführt hatten, dass es zu einer allgemeinen Investitionsblase gekommen war. Zudem setzte man in der zeitlichen Not der Verzweiflung oft auf Kreditpapiere mit hohem Ausfallrisiko. Die Casino-Mentalität der Börsen wurde durch das künstliche Aufblähen kapitaler Zombies aber noch weiter verstärkt.[298] In kapitalmarkttechnischer Hinsicht völlig überbewertete Großkonzerne könnten in der Folge durchaus zu neuen Lehmans werden. Zugleich führen turbo-kapitalisierte globale Wettbewerbsvorteile dazu, dass Konkurrenten – besonders in Europa –, die noch mehr auf ehrliche Realwirtschaft denn als auf Kapital-Enhancement setzen, vom Weltmarkt verdrängt werden können. „Wenn der neue Autobauer Tesla an der Börse mit über 100 Milliarden Dollar bewertet wird, dann hängt dies gerade nicht an der Qualität der konventionellen Karosserie oder den Spezialitäten seines Antriebsstrangs, sondern am Datenreichtum des Unternehmens."[299] Corona und der falsche wirtschaftliche Umgang damit haben im Endeffekt die Realwirtschaft noch weiter geschwächt, während eine davon entkoppelte und immer lotteriehafter agierende Finanzwirtschaft mächtiger und endgültig zum tonangebenden Maß der (Un-)Dinge wurde. Wie in nahezu jeder Krise hat der Kapitalismus dabei die Auswirkungen katalysiert und potenziert.

Nehmen wir dazu ein weiteres Beispiel: Dank einer langjährigen fatalen und zur Kreditaufnahme einladenden tragischen (bzw. dragischen) Null-Zins-Politik haben (vor Corona!) beispielsweise viele Gastronomen weit über ihr Eigenkapital hinaus investiert; ihre Hotels sind zu regelrechten Wellness-Tempeln geworden, auf deren Ausstattung bis hin zum Privat-Thermalbad so manche öffentliche Einrichtung mit einem gewissen Neid blicken dürfte. Man ging in kapitaler Verblendung dabei doch recht leichtfertig davon aus, dass die Belegungs- und Beherbergungszahlen weiterhin kräftig steigen würden – was jedoch mit der Coronakrise zu einem radikalen Halt gekommen war.

Um die Sachlage noch einmal zusammenfassend zu verdeutlichen: Am Börsenabsturz im Jahr 2020 war das Coronavirus nicht der Schuldige, sondern „nur" der Auslöser – die Hauptschuld trug auch hier einmal mehr der eingeschlagene Weg des totalen Kapitalismus. Dieser ist ohnehin bereits zu seinem dynamischen Ende gekommen – wir sollten daher die mehr als nur deutlichen Zeichen der Zeit erkennen und dieses Ende auch annehmen, vollziehen und den Kapitalismus ein- für allemal endgültig abwickeln.

Bei der Corona-Wirtschaftskrise 2020 setzte die damalige bundesdeutsche Regierung eine diametral entgegengesetzte Taktik zum börsialen Kurscrash 1929 ein, indem in einer ebenso – nun umgekehrten – dogmatischen Verblendung das Geld keine Rolle mehr spielen sollte. Ein solches radikal marktstabilisierendes Vorgehen ist ohnehin grundsätzlich als gewagt einzustufen; wenn nun – wie heute – der starke Staat de facto gar nicht mehr existiert (da dieser vom Steueraufkommen und damit wiederum von der Wirtschaftskonjunktur abhängig und dabei zweitrangig positioniert ist), dann wird ihm bei einer solchen Rettungsaktion bald einmal die Puste ausgehen. Nur der Starke kann den Schwachen aus dem tiefen Wasser ziehen – dem selbst Schwachen hingegen kann dies nicht gelingen. Ich hoffe daher, dass wir aus dieser Krise wenigstens lernen, dass ein krisenfähiger Staat selbst aktive Wirtschaftskraft besitzen muss!

Gerade die Wirtschaft – um welche es heute immer vorrangig zu gehen scheint – hätte auch weit weniger großen Schaden genommen, wenn wir im gesundheitlichen Sozialwesen besser vorbereitet gewesen wären. Mit den angefallenen Geldsummen der wirtschaftlichen Verluste der Coronapandemie für sich genommen, hätte man viele Krankenhäuser über Jahrzehnte auf höchstem Niveau betreiben können! Stattdessen mussten ein ganzes Land bzw. sogar ganze Kontinente stillgelegt werden, weil man das jeweilige Gesundheitssystem kaputtgespart hatte und zu allem Überfluss auch noch die Kapitalwirtschaft für eine beispiellose Rezession und Inflation bzw. Finanzblase inklusive vergeblicher Abwendung sorgte. Während im Ursprungs- und Modelland Australien das fallpauschaliert-medizinische Abrechnungssystem lediglich teilweise umgesetzt wurde, hat man sich hierzulande wieder einmal mit deutscher Gründlichkeit einhundertprozentig diesem ökonomistischen Schema unterworfen. Der soziale Auftrag des Gesundheitswesens wurde dabei der Geschäftsidee Gesundheitswesen geopfert.[300] Der Ausverkauf des deutschen

Gesundheitssystems nahm während der Pandemie sogar noch Fahrt auf – nun ging es an die Arztpraxen, welche von ausländischen Finanzinvestoren aufgekauft wurden. Dabei ging bzw. geht es keineswegs um das Wohl der Patienten oder den Einsatz von gut (aus-)gebildetem Personal, sondern allein um die Gewinnmaximierung. „Diverse Krankenhausschließungen, wie sie von der Bertelsmann-Stiftung angeregt worden waren, fußten ebenfalls nicht auf medizinischer Unfähigkeit oder mangelnder Patientenversorgung, sondern einzig und allein auf einer ungenügenden Profitmaximierung. Mitarbeiter oder Patienten (Menschen) haben bei den Schließungen keine Rolle gespielt. Die „Entmenschlichung“ ist also in weiten Teilen bereits vollzogen.“[301]

„Es ist die große Aufgabe unserer Generation, uns zwischen seiner menschenzentrierten Zukunft oder einer bequemen, technisch-geldwirtschaftlichen Effizienz zu entscheiden.“[302]

Unsere Art zu wirtschaften

„Viele sind hartnäckig in Bezug auf den einmal eingeschlagenen Weg, wenige in Bezug auf das Ziel.“[303]

Die Coronapandemie hatte uns schonungslos aufgezeigt, dass unsere zunehmend pervertierte Art zu wirtschaften nicht mehr die richtige sein kann. Dort, wo Menschen in besonders prekäre Beschäftigungs- und auch Wohnsituationen gesetzt werden, deren Urheber insbesondere das internationale Wirtschaftsgefälle ausnutzen, kam es ubiquitär zu den größten Epizentren des Coronaausbruchs: beispielsweise in US-amerikanischen Schlachthöfen mit der sogenannten „Sticker-Mentalität“, wo wirtschaftlich äußerst schlecht gestellte Menschen aus Lateinamerika sich in dieser formvollendeten Sklavenhalterei verdingen müssen;[304] oder in italienischen Zentren der Modeindustrie, wo billige Saisonkräfte aus China das Virus nach Europa einschleppten – und – nicht zu vergessen – auch in Gefängnissen. Kurzum: überall dort, wo Menschen auf engem Raum unter unzureichenden – um nicht zu sagen: katastrophalen hygienischen – Bedingungen unmenschlich behandelt werden. Das gilt unter Hygienegesichtspunkten auch für Flüchtlingsunterkünfte oder Kreuzfahrtschiffe, welche ihrerseits ebenso denselben Effekt der räumlich-viralen Engkoppelung bewiesen haben.[305]

Aber der Schaden tritt nicht nur auf der Arbeitnehmerseite auf: Stand die Wirtschaft schließlich sogar einmal still, wie wir es bei der Coronakrise erlebten, dann brach schon nach wenigen Tagen alles zusammen. Nach einem ganz kurzen Zeitraum der Konsumreduzierung musste der Staat bereits Finanzspritzen in noch nie dagewesener Höhe in den längst zum Sterben verurteilten Patienten der Wachstumswirtschaft schießen – nur um doch nichts Wesentliches mehr zu bewirken. Diejenigen, die stets ganz laut nach einer Entstaatlichung und der Privatisierung gerufen hatten, waren dann mit die Ersten, welche in der Krise sofort Hilfen vom Staat abgriffen. Ein schlechteres Zeugnis des dogmatisierten Privatisierungswesens hätten sie sich kaum ausstellen können: die Gewinne werden privat abgeschöpft, vorgesorgt wird von der Ad-hoc-Wirtschaft überhaupt nicht mehr und beim allerersten Problem wird sofort nach den „Mutterzitzen“ in der Form staatlicher Finanzspritzen gerufen. Eine Offenbarung stellt dabei dar, dass staatlichen Akteuren nichts Besseres einfiel, als mit Einmalzahlungen zu beschwichtigen.

Auch der Patentschutz für von privatwirtschaftlicher Seite entwickelte Impfstoffe und Verfahren sollte plötzlich aufgehoben werden. Wäre es nicht von Anfang an grundsätzlich sinnvoller, die Forschung – oder wenigstens einen wichtigen, gesellschaftsrelevanten Teil, staatlicherseits zu fördern und zu übernehmen? Es steht bei einer Freigabe immerhin zu befürchten, dass Billig-Impfplagiate (bzw. entsprechende Fakes) den Weltmarkt überschwemmen könnten und dabei die Produktsicherheit wie Wirksamkeit und vor allem den Gesundheitsschutz der Bevölkerung unterminieren würden. Die bessere Lösung heißt: Impfstoff auf Erste-Welt-Staatskosten in Armutsstaaten exportieren und dafür die Produktionskapazitäten deutlich ausbauen.

Die Coronapandemie, welche von einer anfänglichen Gesundheits- zu einer langfristig wirksamen Wirtschaftskrise wurde, zeigte uns paradigmatisch auf, dass die naive Wachstumsideologie sehr schnell an einem vorgezogenen Ende angelangt sein kann. Wenn eine Gesellschaft nur dann funktioniert, wenn stets (und zudem noch ein überschießend sich mehrendes) Wachstum generiert werden muss, dann bedeutet dies im Umkehrschluss, dass beim Ausbleiben dieses Wachstums sehr schnell alles dysfunktional werden kann.[306] Wenn nun – wie im Corona-Lockdown – das Entschleunigen, Zur-Ruhe-Kommen und Regenerieren des Systems bewirkt, dass binnen kürzester

Zeit alles zusammenbricht, dann ist das Wesen unserer Wirtschaft schlichtweg auf dem Irrweg geraten: Wenn Ruhe Verlust bedeutet, dann haben wir bereits verloren!

Wir müssen, um diesem Hamsterrad des Wachstums zu entkommen, unsere Wirtschaft somit gänzlich anders aufstellen und uns von der irrationalen Wachstumsideologie verabschieden. Wenn es dabei darüber hinaus die Kleinen trifft und die Großen die Krise überleben, dann sind die herrschenden Normen lediglich die Normen der Herrschenden geworden![307] Man kann Menschen, Menschengruppen und ganze Gesellschaften gewiss eine bestimmte Zeit unterdrücken, einsperren, ja regelrecht unterjochen – aber sie werden immer darauf reagieren. Das, was sich in der Gruppendynamik und Sozialpsychologie ungelernte Politiker (bzw. ihre Berater) immer wieder einmal glauben machen wollen, ist und bleibt ein Trugschluss. Die übergangenen bzw. ausgenutzten Menschen „reagieren mit Apathie oder mit einer derartigen Beeinträchtigung ihrer Intelligenz, Initiative und ihrer Fähigkeiten, dass sie allmählich ihre Funktionen im Dienst ihrer Beherrscher nicht mehr erfüllen. Oder sie reagieren mit einer solchen Anhäufung von Hass und Destruktivität, dass sie sich schließlich mitsamt ihren Beherrschern und ihrem System selbst vernichten. Ihre Reaktion kann aber auch in einer solchen Sehnsucht nach Freiheit und Unabhängigkeit bestehen, dass sie mit ihren schöpferischen Impulsen eine bessere Gesellschaft aufbauen.“[308]

Soweit die Theorie – in der Corona-Praxis aber erwies sich der artikulierte Protest in Form und Inhalt als ein Zeugnis erodierter Demokratie; vom Entschleunigen, Durchatmen und Zur-Ruhe-Kommen war bald nicht mehr viel zu merken – ganz im Gegenteil! Anstatt die Auszeit als Arbeitgeber im (Teil-)Lockdown für die Erholung, zum Durchschnaufen und Wiederaufladen der „Akkus“ zu nutzen, verfiel man weithin in aggressiv-neurotische Agitation. In vielen Branchen war jedoch zu erwarten, dass nach einer Zwangspause die Konjunktur wieder steil ansteigen sollte und eine hohe Arbeitsbelastung folgen würde. Das erkannten – ungeübt im Vorausdenken – so manche nicht und verschwendeten ihre Energie unnütz in fehlorientierten und zugleich aussichtslosen Protesten, als diese überhaupt keinen Erfolg versprechen konnten – nicht einmal politisch. Eine Atempause der Besinnung waren die Lockdowns jedenfalls nicht: Chance vertan!

Wenn uns nun die Coronakrise heute auf den systemischen Prüfstand stellt, so müssen wir angesichts eines ubiquitären hedonistischen Materialismus ernüchtert feststellen: wir leisten uns zu viel Freizeitindustrie, zu viele Genussmittelbetriebe und zu viele leere Dienstleistungen – aber demgegenüber deutlich zu wenig Primärproduktion. Es wäre dabei falsch, sich weiterhin – wie so manche etablierten Machtpolitiker – auf die Frage zu beschränken, was innerhalb des gewählten Systems und der gewohnten Institutionen das wenige Machbare wäre, sondern wir sollten unsere Anstrengungen und Bemühungen besser auf das konzentrieren, was tatsächlich für die Menschen erforderlich ist. Denn der „Kapitalismus könnte nicht funktionieren ohne Menschen, in deren Charakter Erfolgsstreben, Unterordnung der Gefühle unter Arbeitsdisziplin, Unterdrückung zärtlicher Regungen dominant sind.“[309] Nur aus einer „kritischen Haltung heraus ist der Mensch unempfindlich gegen Klischees oder den sogenannten „gesunden Menschenverstand“, jene Durchschnittsvernunft, die den allgemein anerkannten Unsinn (common nonsense) stets von Neuem wiederholt. Die meisten Erwachsenen sind hinreichend „erzogen“, nicht kritisch zu sein, und halten daher Ideen für sinnvoll, die völlig unsinnig sind.“[310]

Spätestens aus der Coronakrise sollte wirklich auch der allerletzte verblendete Wirtschaftszögling gelernt haben, dass die Erkenntnis aus dieser Pandemie nicht einfach nur lautet: Atemschutzmasken selbst produzieren – sondern schlichtweg alles! Hätte es im Jahr 2020 tatsächlich ein Medikament gegen Covid-19 gegeben, es wäre für die europäische Bevölkerung ebenso nicht ausreichend verfügbar gewesen wie die genannten Masken, weil unsere Medikamente überwiegend in China und Indien hergestellt werden. „Die Produktion von Wirkstoffen für Generika ist in den vergangenen Jahren zunehmend aus Europa nach Asien abgewandert.“[311] Im Rahmen der gängigen Rabattverträge könnten hier zu Breiten hergestellte Medikamente wirtschaftlich gar nicht überleben. In Europa werden eher kleinere Einheiten spezifischer Medikamente hergestellt. Wenigstens bei medizinischen Produkten sowie bei Nahrungsmitteln sollte es sich eigentlich von selbst verstehen, dass sich jedes Land grundsätzlich erst einmal allumfassend selbst versorgen kann![312]

Auf die so gerne herausgeholten (und doch ebenso schnell wieder verworfenen) gelben Zettel als in der Verantwortung Stehender etwas zu notieren, sollte so manchen Verantwortlichen wohl wieder aus der medialen Bredouille bringen. Doch tatsächlich gab es die entsprechenden gelben Zettel schon längst – „als Ergebnis dutzender Übungen der letzten beiden Jahrzehnte. Eine Pandemie mit einem durch die Luft übertragenen Virus, das SARS-CoV oder dem Erreger der Spanischen Grippe ähneln könnte, gehörte zu den besonders intensiv untersuchten Szenarien.“[313] „Die SARS-Epidemie 2003 war ein erster, äußerst wichtiger Meilenstein in der Gegenwartsgeschichte des Gesundheitswesens.“[314]

Ein ungeeignetes Wirtschaftssystem?

Ein grundsätzliches Vorgehen, um etwas zu lernen, ist es, seine Worte und Taten niederzuschreiben. Eine Chronik aber schreibt nur derjenige, dem die Gegenwart wichtig ist.[315]

Wie wenig einzelne in der Verantwortung stehende Politiker vom Wesen und der Dynamik des Virus verstanden haben, zeigten einmal mehr abstruse Aussagen auf, dass der erste Lockdown im Frühjahr 2020 voreilig und nicht in diesem Ausmaß erforderlich gewesen wäre. Das war dieser allerdings sehr wohl! Was hingegen nicht erforderlich gewesen wäre, war Folgendes: die Menschen 2020 in vollem Umfang den Fasching feiern zu lassen, die Menschen quer durch Europa in die Fußballstadien zu schicken und alle am Tag vor dem Schul-Lockdown noch in die Wahlkabinen zu holen. Die explosionsartige Ausbreitung des Virus hätte man damals noch durch eine einfache Kontaktreduktion verhindern können. Dazu wären zudem die Absetzung aller Großveranstaltungen, rechtzeitige Schulschließungen und Einreisekontrollen von Nöten gewesen.[316]

Tatsächlich jedoch geschah das Gegenteil davon: Es kam zu einem trotzig- reaktionsbildenden Zeigen, dass man sich nicht unterkriegen lassen wollte – befeuert durch eine zögerliche Politik – was schließlich darauf hinauslief, dass man dann doch umso kleiner beigeben musste. Zur Erinnerung: am 8.3.2020 war die Bundesrepublik Deutschland bei den Infiziertenzahlen weltweit an fünfter Stelle. „Durch eine frühere Empfehlung zur Schulschließung wären tausende Menschenleben gerettet worden."[317]

Dass es an Atemschutzmasken und Desinfektionsmitteln fehlte, wussten wir bereits nach der ersten Welle. Dass es schließlich bei der zweiten Welle mit der Impfstofflieferung und einer entsprechenden Verteilung nicht klappen würde, ahnten wir das nicht alle? Dass dabei sogar wirtschaftsliberale Politiker Folgendes ansprachen, übertraf allerdings die Negativerwartungen: „Wenn man über Europa spricht, muss man fragen, warum die Europäische Union auf der einen Seite 750 Milliarden Euro für Wirtschaftshilfe aufwendet und auf der anderen Seite bei der Beschaffung von Impfstoff knausert."[318] Es mutet schon befremdend an, wenn ein Land, das selbst einen Impfstoff herstellt, diesen nicht in ausreichender Menge ihrer Bevölkerung rechtzeitig anbietet – und zugleich versucht wird, just nach dem Brexit aus diesem ehemaligen und nun verstoßenen Partnerland dann ersatzweise einen demgegenüber minderwertigen Impfstoff zu erstreiten. Wir kommen nicht umhin festzustellen: Da ist etwas falsch – und zwar nicht falsch gelaufen, sondern systemisch falsch im Denken der Verantwortlichen eingerichtet!

Es spricht auch deutlich gegen ein einseitiges Europa der Wirtschaft, wenn die Impfstoffbeschaffung gerade in den exportorientierten Ländern nicht klappt und demgegenüber zu allem Überfluss auch noch tatkräftigere Nationalstaaten die Nase vorn haben. Denn dann, wenn ein Gut knapp ist, trifft das, was man sich von Kostenvorteilen durch einen gemeinschaftlichen Großeinkauf erhofft, nicht mehr zu. Diese Kostenvorteile kommen nur dann zum Tragen, wenn ein Markt gesättigt ist, was in besonderen Situationen, wo es (wie in Krisen) darauf ankommt, gerade nicht der Fall ist: Ist das wirklich noch ein Europa der Menschen?

Bizarre Parallelen

Bereits bei der Spanischen Grippe „ordneten Behörden lieber etwas Sinnloses an, als sich dem Vorwurf der Untätigkeit auszusetzen."[319]

Die Coronapandemie wurde immer wieder mit der Spanischen Grippe ein Jahrhundert zuvor verglichen. Es muss eigentlich wie ein Fingerzeig der gemeinhin ignorierten Geschichte anmuten, dass nahezu exakt ein Jahrhundert nach dem Ende der Spanischen Grippewelle mit 600 Millionen erkrankten Menschen erneut eine vergleichbare Situation auftrat. Wir können nur unserem unverdienten Glück danken, dass der Covid19-Erreger in Punkto Letalität nicht mit dem SARS-Erreger aus dem Jahr 2003 mithalten konnte! Man stelle sich nur einmal vor, was geschehen wäre, wenn Covid19 dessen Morbidität und Mortalität gehabt oder diese womöglich noch um ein Vielfaches übertroffen hätte. Verantwortung zu übernehmen, hat also auch immer etwas mit Gelehrsamkeit, Interesse und Bildung zu tun –

zumeist sogar sehr viel. Aber nicht nur darüber klärt uns dieser Vergleich auf.

„Wir haben eine globalisierte Wirtschaft und eine globalisierte Gesellschaft, aber wir haben noch keine funktionierenden globalen Institutionen, um es mit den Problemen aufzunehmen, die sich aus der Globalisierung ergeben."[320]

Gegenüber der Spanischen Grippe gibt es heutzutage einen ganz elementaren Unterschied: die angesprochene Globalisierung! Wenn z.B. vor einhundert Jahren unter 1000 Menschen auf einem Schiff, das von der Süd- zur Nordhalbkugel fuhr, eine epidemische Erkrankung auftrat, dann kamen nach einigen Wochen Fahrzeit entweder Tote oder immunisierte Menschen auf der anderen Seite der Weltkugel an. Das Virus blieb im wahrsten Sinne des Wortes auf der Strecke. Heutzutage fliegen eintausend Menschen in wenigen Stunden dieselbe Strecke, bringen das Virus (zumeist sogar noch unbemerkt) mit und stecken initial einen ganzen Kontinent an. Das, was damals eine regional bzw. maximal kontinental begrenzte Epidemie blieb, wird heute dank der Globalisierung zur Pandemie. Die Globalisierung trägt somit zwar nicht die ursächliche Schuld an Corona – sehr wohl aber an deren Verbreitung. Krankheiten wie SARS oder die Schweinegrippe sind der Preis, der für die wirtschaftsbetonte Globalisierung zu bezahlen ist; abgesehen davon, dass die Globalisierung selbst bereits sehr viele Nachteile über die Bevölkerung gebracht hat.[321]

Grenzen werden heute im Güter-. Wirtschafts-, Waren- und Menschenaustausch (nicht nur beim Tourismus) überschritten, als gäbe es diese nicht. Hier ziele ich keineswegs auf eine abschottende Nationalstaaterei (welche ohnehin nur einer Reaktion erwächst), sondern kritisiere das bewusste Ignorieren geographischer, klimatischer und eben auch infektorischer Grenzen: Man jettet kurz einmal für ein Wochenende nach Dubai zum Shopping oder entscheidet erst am Flughafen, wo eine fast sprichwörtlich gewordene Last-Minute-Entscheidung das Reiseziel bestimmt. Flughäfen sind Infektionsherde und ebenso große Pandemietreiber. Es macht besonders bei der Akklimatisierung einen erheblichen Unterschied, ob eine Reise in kleinen Etappen eigentätig geschieht (der Weg war einst das Ziel und das Reisen verdiente seinen Namen noch), während heute die halbe Welt in ein paar Stunden genommen wird.

Im Zuge der Pandemiefolgen wird es wohl zu einer Stärkung der Nationalstaatlichkeit kommen – schließlich waren es auch in der ersten Phase der Pandemie die Nationalstaaten, welche sich als handlungsfähiger erwiesen. Diese Transformation muss, besonders auf Grund einer in nationaler Politik langjährigen Praxis, unangenehme Maßnahmen auf Europa-Zuständigkeiten zu schieben, nun geradezu einen kleinen Gewaltakt vollbringen. Hier nicht in den idealisierten Nationalismus abzugleiten, dürfte sehr schwierig werden; zumal die Europäische Union alles andere als eine gefestigte Einheit darstellt. Daraus ergibt sich als erster großer Maßnahmenkatalog Folgendes:

- Ein grundlegender Systemwechsel zum Sozialen hin – und zwar nicht nur bei der Medizin. Noch kurz vor der Pandemie hatte z.B. die Bertelsmann-Stiftung allen Ernstes empfohlen, jedes zweite Krankenhaus in Deutschland zu schließen[322] – auch mit populistisch verkauften Argumenten, wie schnell doch ein Großteil der Bevölkerung ein Krankenhaus in wenigen Minuten erreichen würde.[323]

- Beim globalen Massensterben der Coronapandemie wurde bereits von Vornherein abgeblockt, wenn es darum ging, etwas grundsätzlich zu ändern. Wohl nicht einmal dann, wenn der ganze Planet unter Quarantäne gestellt werden müsste, würde man sich dazu bereit zeigen, längst überfällige systemische Änderungen vorzunehmen, wie beispielsweise den Menschen in den Mittelpunkt zu stellen. Doch solche Erscheinungen, Krisen und angeblichen „Ausnahmen sind nicht immer die Bestätigung der alten Regel; sie können auch die Vorboten einer neuen Regel sein."[324]

- Wir haben die Wirtschaft so zu organisieren, dass sie grundsätzlich ohne prekäre Arbeitsverhältnisse – und schon gar nicht mit ausgenutzten Kräften aus dem wirtschaftlich benachteiligten Ausland – funktioniert. „Überall, wo sich die Industrie entscheidend durchgesetzt hat, lebt die Bevölkerung dermaßen von der Hand in den Mund, dass ihr tägliches Brot davon abhängt, dass ihr Industriesystem von einen Tag zum anderen gut funktioniert. In diesem Fall ist eine schwere Störung des Gleichgewichts im Produktionsprozess immer leicht herbeizuführen, was für große Teile der Bevölkerung stets unmittelbare Härten mit sich bringt."[325]

- Personalwechsel erweisen sich als unausweichlich: Wenn sich Politiker – und es waren mit Boris Johnson und Donald Trump genau diejenigen, welche die Existenz und das Gefahrenpotential des Virus leugneten – selbst infizieren, dann dienen sie gewiss nicht als gutes, sondern vielmehr als ein sehr schlechtes Beispiel. Nimmt nun jemand aus dieser illustren Reihe die Gelegenheit der überwundenen Krankheit dafür wahr, um sich als immunisierter Sieger feiern zu lassen, so stellt er sich selbst ein weiteres noch schlechteres Zeugnis aus. Wenn solche Menschen dazu in der Lage wären, ehrlich zu sich selbst zu sein, dann würden sie die erlebten Krankheitswochen nicht verdrängen, sondern vielmehr eine innere Umkehr in der Persönlichkeitsverortung zum Guten hin bewirken. Ein narzisstischer Mensch ist dazu allerdings nicht bereit. Der pathologische Narzisst kann sich überhaupt nicht in andere hineinversetzen – selbst dann nicht, wenn er es wollte; er ist schlichtweg nicht zur Objektivität fähig. Ein depressiver Mensch kann schließlich auch nicht fröhlich sein – selbst dann nicht, wenn er es um alles in der Welt wollte.[326] Leider machten die betreffenden Beispiele sehr schnell Schule: Wer einen schweren Fehler machte, wurde durch die Krisensituation sogar noch im Amt gehalten.

Falsche Propheten

„Socrates starb für seine Ideen."[327]

Die Menschheitsgeschichte begann mit der Vertreibung aus dem Paradies – einem Akt des Ungehorsams; und die

Vermutung liegt nahe, dass sie mit einem Akt des Gehorsams enden wird.[328] Wem dabei gehorcht wird, ob den richtigen oder falschen Propheten, ist also durchaus entscheidend. Doch kaum eine Situation könnte günstiger für das Auftreten falscher Propheten sein als die augenblickliche: Unzufriedenheit, Vermassung und mediale Niveaulosigkeit – gepaart mit der Möglichkeit, alles Reaktive undurchdacht in Sekundenschnelle digital zu artikulieren – ergeben eine gefährliche Mischung. Gesellschaftliche Bedeutung können Ideen zwar erst dann erfahren, wenn sie die Massen erreichen und durch eine größer werdende Gruppe an Bedeutung gewinnen; das Internet aber macht es sehr einfach, solche Scheingruppen zu generieren – was eine der größten Gefährdungen für die Demokratie durch dieses Medium darstellt.

Dazu kommt noch etwas Weiteres: Denn selbst dann, wenn Ideen (und Regeln – wie es heute oftmals heißt) richtig sind, so kann ihre Wirkung doch erst dann ausgeübt werden, wenn sie von den Vertretern der Regeln auch selbst überzeugend gelebt werden – was nicht immer der Fall war und ist; „die Menschen haben vor dem Denken mehr Angst als vor irgendetwas sonst auf der Welt."[329] Die Kunst ist es schließlich, entsprechende Maßnahmen selbst zu ergreifen, um sich nicht zu infizieren und damit als Vorbild zu dienen. Ein Vorbild hätten viele Verantwortliche sein können, wenn die an Corona erkrankten Menschen mit ihrem Überleben Mut gemacht hätten! Nun aber – besonders wie Donald Trump – die Krankheit dazu zu verwenden, einmal mehr den starken Mann in der Reaktionsbildung zu spielen? So jemand täte gut daran, die Zeit auf der Intensivstation nicht wie alles andere ihm Unliebsame zu verdrängen, sondern diese als lebenswichtige Erfahrung für eine soziale Politik pro Mensch zu nutzen! Doch kaum hatte dieser Politiker die Krankheit hinter sich gebracht (bzw. durch die bestbetreute Medizin bringen lassen), wollte er die Herdenimmunisierung, weil ihm selbst schließlich nichts mehr passieren konnte: Sieht so echte Verantwortung für andere Mitmenschen aus? Sein „Besiegen" der Krankheit enttarnte nichts anderes als einen erneuten falsch verstandenen Sozialdarwinismus, welcher die Anliegen der Chosen Few, zu denen sich der damalige Präsident offenbar zählte, zur Ultima Ratio der rücksichtslosen Lebensberechtigung erhebt.

Hierzubreiten war es kaum besser: Als sich die betreffenden Politiker mit der vergleichsweise harmlosen Omikronvariante infiziert hatten, ging es danach gleich wieder mit Kameratross auf die Volksfeste – und deren größtes Spreaderereignis, das Münchener Oktoberfest, wurde auch 2022 nicht in die Sommerzeit vorverlegt. Ein Oktoberfest im Juli hätte der Herdenimmunisierung gute Dienste erwiesen, eines im September/Oktober hingegen fördert den Aufbau einer neuen Coronawelle.

„Man ist nie so lächerlich durch die Eigenschaften, die man besitzt, wie durch jene, die man zu haben vorgibt."[330]

Corona wurde ebenso wie der sogenannte Datenschutz weltweit in vielen Staaten zur repressiven Unterdrückung der Bürger ausgenutzt, sogar in nominellen Demokratien. Als die Schulen während der Coronapandemie wieder geöffnet wurden, musste man zudem erleben, dass sich das autoritär gesetzte Regelwerk mancherorts in den pädagogischen Institutionen in einer autoritär-undemokratischen Weise verselbstständigte: Schüler wurden dort auf Schritt und Tritt überwacht – und das selbst zu einer Zeit, als es in dem betreffenden Gebiet beispielsweise bereits seit einer Woche keinen einzigen Fall einer Neuinfektion mehr gegeben hatte; dennoch wurde jede Regung und Bewegung der Zöglinge genau überwacht und sogar protokolliert. Die Gesundheitsämter verschickten Briefe und forderten die Isolierung von Kindern innerhalb der Familien: „So etwas verärgert die Menschen zurecht und diskreditiert die notwendigen und vernünftigen Maßnahmen im Kampf gegen die Pandemie.“[331]

Die Coronapandemie eignete sich allerdings wie kaum etwas anderes zur Installation bzw. Ausübung von Herrschaft und Sadismus. „Die Gefahr der Verselbstständigung von Ordnungen darf nicht unterschätzt werden.“[332] Zumal der narzisstische Politiker von heute den Ruhm nicht mehr teilen möchte. Eine Generation zuvor reichte es vielleicht noch aus, anderen populären Menschen beispielsweise Medaillen umzuhängen, um als teilhabender Politiker an deren Leistung in der Öffentlichkeit im guten Lichte zu stehen; inzwischen beanspruchen die Narzissten in der Politik den ganzen Ruhm für sich selbst; kein anderer, wie etwa ein Sportler, soll ihrem narzisstischen Denken nach mehr neben bzw. gar über ihnen stehen. Corona bringt somit vor allem den echten Charakter an den Tag – dabei leider viel zu oft einen sehr schlechten.

Begleiterscheinungen der Pandemie

„Ich suchte das Haus der Zufriedenheit;
Es kannt es niemand weit und breit."[333]

Während der Coronapandemie stieg der Konsum von Computerspielen beträchtlich an: bis zu 75 Prozent mehr Zeit wurde während der Pandemie damit verbracht. Die Politik findet die Nutzung von digitalen Medien inzwischen allerdings völlig in Ordnung – lediglich die Sprüche von den Regeln, Grenzen, Kompassen und Vorbildern werden dann und wann, wenn wirklich einmal noch so etwas wie Kritik an der digitalen Verdummung einer ganzen Generation aufkommen sollte, wieder ausflüchtig hervorgekramt.[334] Dieser passive Lebensstil erfuhr durch die Coronakrise einen deutlichen Schub; 37 Prozent zeigten zudem „einen erhöhten Alkoholkonsum seit Beginn der Ausgangsbeschränkungen."[335] Tatsächlich aber wäre die Lehre aus Corona nicht, noch mehr digitale Technik, Kybernetisierung, Sedativa und Entfremdung zu verkaufen, sondern zurück zu unserer menschlichen Herkunft zu finden – zu Natürlichkeit, Nähe, Freundlichkeit und Mitgefühl.

Vor allem aber hat Corona dabei etwas bewirkt, was weitaus gefahrvoller für unser (noch) demokratisches Zusammenleben ist: den Menschen wurde während der Pandemie funktionell wie intentional beigebracht, dass jegliches Regeln-Befolgen gut sei und der Ungehorsam demgegenüber böse – und der Gehorsame das Recht hätte, auf den Ungehorsamen herabzuschauen. Der Rückgriff auf die aktuelle Gesetzeslage ersetzt jedoch keine ethische Legitimation; zumal die Maßstäbe für ethisches Handeln beliebig geworden zu sein scheinen.[336] Die Reaktionen der übergangenen und enttäuschten Menschen während der Pandemie ähnelten dabei denen eines bestraften Kindes, das den Grund der Bestrafung noch nicht verstehen kann und diese deshalb als willkürlich empfindet. Wenn nun noch dazukommt, dass der Strafende selbst vergleichbare Handlungen unternimmt, welche dem kleinen Mann jedoch verboten bleiben, dann verliert die Demokratie: nicht nur ihre Menschen, sondern auch sich selbst.[337]

„Wenn du einen glücklichen Gedanken hast, so sprich nicht, nur um diesen anzubringen, sondern lege ihn zurück; die Gelegenheit kommt immer wieder, wo du ihn reifer und besser verwenden kannst."[338]

Die Folgen für die Bildung und die Zukunft

Die Coronapandemie und die Schulen

„Das Fürchterlichste ist, wenn platte unfähige Menschen zu Phantasten sich gesellen.“[339]

Wie bereits in meinen Büchern zur Soziologie und Sozialpsychologie des Wesens von uns postmodernen Menschen deutlich wurde, verfolge ich in meiner wissenschaftsphilosophischen Herangehensweise einen gesamtgesellschaftlichen Ansatz. Auch das Thema Bildung sowie die Bildungsstätten, wie etwa Schulen oder Universitäten, sind dabei nicht als etwas von der Gesellschaft Isoliertes zu verstehen. Die Pandemie war gleichermaßen ein Stresstest für unser Bildungssystem wie es selbiges für das Sozial- und Gesundheitssystem darstellte. Dass nicht in allen Bereichen das Prädikat „ausreichend“ vergeben werden konnte, sondern sich oftmals „mangelhaft“ bzw. „ungenügend“ als die zutreffenderen Bewertungen herausstellten, ist uns allen mittlerweile bekannt.

Während der Coronakrise hatte beispielsweise jemand im Hinblick auf ein sozialeres Miteinander versucht, das Autoritätsverhältnis zwischen der staatlichen Institution und den Bürgern zu entspannen, da wir doch alle im gleichen Boot saßen und sitzen. Die Betreffende hatte die Klienten und gleichgestellten Amtsträger nicht mehr mit dem distanzierenden „Sehr geehrte(r)“ angesprochen, sondern in ihren Anschreiben Gefühle offenbart und auch offen ihre persönliche Stimmungslage mitgeteilt. Dieses ehrliche Vorgehen wäre ihr dabei fast zum Verhängnis geworden –

denn nun war sie trotz (bzw. wegen) ihrer gerade in der Coronakrise gezeigten Kompetenz auf einmal selbst die „Schwache", welche Gefühle zeigt (was besonders die fortgeschrittene Existenz der autoritären Charakterprägung in unserer Gesellschaft belegt); dennoch hatte sie sich im Gegensatz zu vielen anderen nicht weggeduckt, sondern war weiterhin in möglichst besonnener Weise der Vernunft gefolgt und hatte stets die Vorausüberlegungen in den Mittelpunkt gestellt. Vielen hatte sie damit zweifelsohne helfen können und diese zudem ermutigt, auch auf andere zuzugehen. Einige wenige machten sie allerdings sogleich zur ersehnten Projektionsfläche und gingen regelrecht auf die Betreffende los; jedoch nicht direkt, sodass sie hätte eingreifen können, sondern eher „hinten herum" – wie man im Volksmund zu sagen pflegt. Die Coronapandemie hat schließlich zu einem kollektiven Triebstau-Rekord geführt.[340]

„Die Eltern fühlen sich in ihrer Freiheit bedroht, sehen mich als Gegner."[341]

Als in Südbayern am 11. und 12. Februar 2020 der Schulunterricht wegen „sturmfrei" wetterbedingt entfiel,[342] war der Jubel unter den Schülern noch groß. Wer hätte damals gedacht, dass die Schulkinder dieses und das nächste nächste Schuljahr zu großen Teilen zu Hause verbringen würden? Bemerkenswert war dabei, dass dann aber im Virusjahr 2021/22 bei weitaus höhergradigen Windstärken und Stürmen der Unterricht kein einziges Mal entfiel. Man konnte damit allerdings nichts mehr wieder gutmachen;

schon gar nicht bei der ontogenetischen Entwicklung und Menschwerdung.[343]

Kinder, die letztlich nichts anderes, als eine direkte unverspiegelte Repräsentanz des Humanen darstellen, sollten uns im Allgemeinen – besonders in pädagogischen Berufen – viel mehr wert sein und uns auch dazu zwingen, beispielsweise berufliche Nachteile, wie etwa den Verlust von Karrierechancen oder auch einmal unfaire Diffamierungen, in Kauf zu nehmen! Wenn man weiß, wofür man etwas tut und eine Ideologie als unabrückbare Wertebasis – wie beispielsweise diejenige des Lebens und des Lebendigen – dahintersteht, dann lassen sich viele Ungerechtigkeiten und ein ebenso hohes Maß an Gehässigkeit, das einem wegen des Einsatzes für Kinder durchaus widerfahren kann, deutlich besser ertragen. Auch dass man heute (nicht selten durchaus bewusst) einmal falsch verstanden werden kann, sollte einen nicht davon abhalten, objektiv bei der Wahrheit zu bleiben.

Schulen erhielten auch in der Krise nicht die Eigenverantwortung, welche sie schon zuvor so dringend benötigt hätten; dabei finden wir überall unterschiedliche Verhältnisse: große bzw. kleine Räumlichkeiten; großzügige bzw. kaum vorhandene Außenbereiche; Schulen in nahezu freier Natur bzw. solche, die eher Kindergefängnissen ähneln; engagierte oder passive Lehrkräfte und aktive oder eher träge Schulleitungen. Eine unbewusste Haltung des „Spare in der Zeit am falschen Ort, dann hast du nicht in der Not“ rächte sich nicht nur in Schulen wie Kitas angesichts der Coronapandemie bitter: sehr schnell wusste keiner mehr so recht weiter. Von denjenigen, die Kinder immer mehr zusammenpferchen wollten, hörte man plötzlich gar nichts mehr – sie waren auf Tauchstation gegangen – um dann, als die Krise mit einem Impfstoff „gelöst" wurde, wieder mit ihren alten Forderungen aufzutauchen. Es ist ohnehin schlimm genug, dass man nicht bei der Zukunft die Maßnahmen ansetzte, sondern bei der Gegenwart. Denn eine Schließung der Schulen bei gleichzeitiger Offenhaltung des Wirtschaftsbusiness ohne Tests sowie lange Zeit ohne Home-Office kam nichts anderem gleich, als auf die Bildung der Zukünftigen zu Gunsten des monetären Profits der Gegenwärtigen zu verzichten.

„Wir sehnen uns in den Gehorsamskulturen danach, von denen erlöst zu werden, die uns leiden lassen."[344]

Der Infektionsschutz sollte demgegenüber während einer Pandemie überall gleichermaßen zum Bestimmer werden. Allein die Tatsache, dass Kinder bei uns heute so oft krank werden, sollte mehr als nur aufhorchen lassen – schließlich galten Schulen bereits vor Corona als zementierte Petrischalen für Erkältungskrankheiten. Die Mär von den so permanenten wie persistenten Kinderkrankheiten, welche angeblich als „normal" gelten würden, ist nichts anderes als eine konformistische Rationalisierung. Wenn Kinder so häufig wie heute krank werden, dann geschieht dies auch deshalb, weil wir ihnen nicht gerecht werden. Die gerne abwehrend ins Feld geführte Rationalisierung, dass Kinder regelmäßig erlittene Krankheiten bräuchten, um dabei abzuhärten, ist sachlich ohnehin nicht richtig, zumal dies von einigen wenigen Krankheiten auf alle generalisiert wird.[345] Man darf Menschen immer nur das zumuten, was sie auch verkraften und verarbeiten können – und besonders Kinder gelten hierbei als sehr sensibel! „Bei Kindern und Jugendlichen gab es fast keine schweren Verläufe. So befanden sie sich lange Zeit unterhalb des politischen und gesellschaftlichen Radars. Erst allmählich setzte sich die Erkenntnis durch, dass auch sie unter der Pandemie und den angeordneten Schutzmaßnahmen leiden"[346] – vor allem Letzteres; denn die Schutzmaßnahmen dienten nicht den Kindern selbst, sondern uns Erwachsenen.

Nicht der Weisheit letzter Schluss

„Eigentlich sollten bisher ab einem Wert von 50 Neuinfektionen pro 100000 Einwohner Klassen geteilt werden."[347]

Ein wesentlicher Hauptgrund für den Zuwachs bei den querdenkenden Coronaverharmlosern bzw. Leugnern ist der Umgang mit Kindern und Jugendlichen bzw. Auszubildenden im Allgemeinen. Es wurde den Müttern und den Vätern deutlich schneller und weitaus mehr bewusst, dass wir alle in eine neue Bildungskatastrophe hineinschlittern, als dies andere Teile der Bevölkerung überhaupt zu interessieren vermochte. Bereits nach dem Zweiten Weltkrieg gab es eine solche Situation, wo essenzielle Bildungs- und Entwicklungsschritte bei Heranwachsenden fehlten, Lernchancen in erheblichem Umfang wegfielen und viele Umwege gegangen werden mussten, die nicht immer zum Ziel führten. Damals gab es dafür einen bekannten Grund: Deutschland lag nach dem Zweiten Weltkrieg wirtschaftlich, sozial und moralisch darnieder. Heute aber fiel die Coronapandemie in eine Zeit unvergleichlich hoher wirtschaftlicher Prosperität – und doch kam es erneut zu desaströsen Resultaten im Bildungsbereich. Es wurden zudem viele Fehler gemacht: während der Pandemie, aber bereits zuvor; die sich in der Folge einstellenden Auswirkungen betreffen dabei allerdings nicht allein das Kognitive, sondern ebenso das soziale Lernen sowie die stark beeinträchtigte Charakter- und Persönlichkeitsentwicklung. Psychosozial entwicklungsschädigend und kinderfeindlich war in diesem Zusammenhang auch die Regelung, Kinder einerseits mit nach wie vor übervollen Verkehrsmitteln in die Schulen in ungeteilte Klassen zu schicken, ihnen andererseits aber zu verbieten, sich mit mehr als nur einem Freund zu treffen: „Das ist schrecklich und lebensfern. Da werden Kinder gezwungen, sich zwischen Freunden zu entscheiden. Es wird tränenreiche Zurückweisungen geben. Das ist unbarmherzig. Dafür gibt es keinen vernünftigen Grund. Die Kinder sind zusammen in der Schule und im Kindergarten. Da muss man auch ermöglichen, dass sie privat mehrere Freunde treffen. Es kann doch nicht sein, dass Kinder ihre Freunde nicht treffen sollen, aber Busse und Bahnen voll sind“ – so der Präsident des Deutschen Kinderschutzbundes.[348]

Parallel dazu hat sich das Zuhause von Kindern und Jugendlichen zu einem Konfliktort entwickelt; im Normalfall wären diese Konfrontationen ansonsten außerhalb des häuslichen Rückzugsbereiches in Schule, Ausbildungsstätte und den Wegen dorthin ausgetragen worden. „Normalerweise erholen sich Kinder in der Schule von ihrem Zuhause und umgekehrt.“[349] „Stattdessen mussten sie lange Zeit vor dem Bildschirm sitzen und haben hinterher vielfach noch am Computer und am Handy gespielt. Über Jahre haben wir versucht, dysfunktionales Medienverhalten zu reduzieren“[350] – doch damit war es plötzlich ganz vorbei; zumal Komorbiditäten mit bereits (latent!) bestehenden Erkrankungen in der human entsozialisierten Bildschirmpandemie nun vollständig durchbrachen. „Schon vor der Pandemie gab es in manchen Regionen zu wenige Behandlungsplätze für psychisch kranke Kinder und Jugendliche.“[351]

Hätte man zu Kinder-, Jugend- und Studienlockdownzeiten damit argumentiert, dass über zehn Millionen Menschen im globalem Wettbewerb um Ausbildungs- und damit Arbeitsmarktchancen gebrächt würden – man hätte damit gewiss mehr Gehör gefunden, als mit sozialen oder psychischen Problemstellungen. Da Kinder in unserer Gesellschaft aber ohnehin über keine Lobby verfügen, war dieser taktische Fehler auch nicht mehr entscheidend. Jedenfalls fiel ihre Tagesstruktur zusammen, viele wollten morgens nicht mehr aufstehen, Vernachlässigungen, dysfunktionale Mediennutzung und -abhängigkeit, Gewaltakte und psychische Misshandlungen nahmen in erschreckender Weise zu und die Kinder- und Jugendeinrichtungen konnten dem Ansturm kaum mehr standhalten.

Gewiss verloren auch früher schon ganze Generationen ein bis zwei (!) Jahre ihres Bildungszeitraumes, weil sie bei Armee bzw. Bundeswehr dienen mussten – und nicht wenige hoffnungsvolle Talente ließen sich durch die dort gelernte Technikbegeisterung, das schnell in Aussicht gestellte größere Geld, einfachere Karrierechancen und durchaus auch durch eine regressiv-verkehrende Verrohung der Sitten[352] ködern. Mit einem verlorenen Corona-Jahr für Schüler ist diese Situation jedoch nicht zu vergleichen, weil fast alles, was während Wachstum und Entwicklung geschieht (bzw. nicht geschieht) nur in einem bestimmten Prägezeitraum gelernt werden kann. Der Mensch kommt als unbedarftes Mängelwesen auf die Welt, sodass er ziemlich alles erst erlernen muss – deshalb dauert die Entwicklung eines Menschen stattliche fünfundzwanzig Jahre. Je früher hierbei Lernschritte entfallen, umso negativer wirkt sich ihr Fehlen aus. Wer z.B. das Urvertrauen nicht erlernt, wird auch als Erwachsener wieder gewisse Bindungsängste artikulieren. Wer in der Phase der individuellen Freundschaftsfindung im Alter von acht Jahren allein bleibt, dem fehlen lebenslang die in diesem Abschnitt zu machenden Erfahrungen. Und wir sprechen hier nicht von Einzelschicksalen, sondern von Millionen, die ihrer sozialen Erfahrungen und Lernschritte beraubt wurden.

Ganz besonders aber das Home-Schooling ist nicht der Weisheit letzter bzw. erster Schluss; so gelangen Schüler nämlich nicht zur Weisheit – aus einem ganz einfachen Grund – man kann beispielsweise das Erstlesen nicht per Telemonitor lernen. Kinder müssen mit sämtlichen das Lernen bedingenden Reizen direkt in Berührung kommen und besonders beim Leselernprozess die Lippenbewegungen und die gesamte Mimik anderer sehen und spüren (z.B. den Luftstrom bei Explosiva). Ein Bildschirm jedoch bietet nur ein flaches und äußerst reduziertes Bild sowie einen zumeist sehr schlechten Ton. Probieren Sie einmal folgendes aus: sprechen Sie zu einem Kleinkind, ohne die Lippen zu bewegen. Es wird sich äußerst irritiert zeigen. Dies ist im Übrigen auch ein Grund, weshalb kleine Kinder am Telefon zu Oma und Co. oftmals nichts sagen. Sie haben keine Angst vorm technischen Apparat, sie können nur nicht in den Dialog treten, weil sie den Gegenüber samt seiner Mimik nicht sehen und deshalb auch nicht verstehen können. „Ein kleines Kind reagiert verdutzt, wenn es einen Laut hört, zu dem die gesehenen Lippenbewegungen nicht passen.“[353] Wenn man auf die Lippen einer sprechenden Person achtet und sieht, wie ein bestimmter Laut produziert wird, jedoch tatsächlich ein anderer Laut zu hören ist, dann ändert sich durch das Sehen der Laut, welcher tatsächlich wahrgenommen wird: „Wenn wir jemanden auf einem Bildschirm ein g sprechen sehen und ein b aus dem Lautsprecher kommt, was hören wir dann? Ein b oder ein g? Weder noch: Wir hören ein d!“[354] Man kann sich deshalb wohl vorstellen, wie schwierig – um nicht zu sagen unmöglich – es für Kinder mit sensorischen Beeinträchtigungen sein muss, digital per Bildschirm zu lernen; zumal diese Defizite dabei nicht nur verstärkt werden, sondern auch durch die fehlenden direkten Sprachvorbilder und die dem PC eigene äußerst mangelhafte Tonqualität erst entstehen können.

Darüber hinaus existieren neben dem Zusammenspiel der Sinnesreize auch noch supramodale Eigenschaften: die Intensität, die Dauer und die Rate des Auftretens, die Emotionalität und ebenso die Gleichzeitigkeit. Dazu kommt weiter, dass die Redundanzhypothese besagt, dass bestimmte Eigenschaften (Sehen, Hören und gleichzeitiges Tasten) vom Gehirn bevorzugt verarbeitet werden. Die Lehrerin klatscht die Silben eines Wortes, welches Kinder nicht nur räumlich hören (die sich in der Phase konkreter und eben noch nicht formal-abstrakter Operationen befinden) und sie spüren darüber hinaus auch den Luftzug; ein Kind fühlt Buchstaben, indem es diese berührt, ohne diese zu sehen (beispielsweise in einer Fühl-Box); auch die direkt wahrgenommene Tonhöhe erleichtert das Memorieren – während auf dem digitalen Transfer meist nur noch eine verhallte und frequenzkomprimierte Robotiksprache ankommt. Einmal ganz abgesehen von der schlechten Qualität von Computerbildern. Ihr Output liefert für lernwillige Kindergehirne somit insgesamt einen extrem reduzierten Input. Ein Kind muss – um ein anderes Schulfach heranzuziehen – beispielsweise fühlen, wie schwer ein bestimmter Gegenstand ist, und diesen nicht nur per Drag and Drop am PC in eine digitale Schablone ziehen, weil dort vielleicht „50 kg" steht. So etwas wäre nur ein extrem depriviertes Lernen! Motivational ist auch nicht anzunehmen, dass es beim stundenlangen Verharren vor dem Bildschirm zu Lernfreude beweisenden Übergeneralisierungen kommen wird. Komplementäres Differenzieren und Integrieren benötigt also nicht nur alle Sinne, sondern darüber hinaus alles, was mit einem Begriff zu fassen ist: menschliche Nähe! „Die soziale Interaktion ist für die Schüler und die Lernprozesse unerlässlich."[355] Ohne Austausch mit anderen Menschen ist keine Bildung möglich.[356] Je besser man sich dabei in einem Verband aufgehoben fühlt, umso lernbereiter zeigt sich der Mensch. „Die Aufgabe der Schule ist nicht nur, Wissen zu vermitteln und Zeugnisse mit Stempeln auszuteilen. Sie soll auch das soziale Miteinander der Kinder und Jugendlichen fördern und ihnen helfen, es zu trainieren."[357] Bildschirme sind flach und oberflächlich – sie haben keine Tiefe; dieser Tiefgang gilt insbesondere für die menschlichen Beziehungen! „Die Notwendigkeit, mit anderen lebenden Wesen eine Verbindung einzugehen, mit ihnen in Beziehung zu stehen, ist ein unverzichtbares Bedürfnis, von dessen Befriedigung die geistige Gesundheit des Menschen abhängt.“[358]

Prospektives Denken

Donald Trump als Präsident der USA? Niemals!
Die AfD im Deutschen Bundestag? Niemals!
Großbritannien steigt aus der Europäischen Union aus? Niemals!
Putin in der Ukraine? Niemals!
Ein Super-GAU in Europa? Niemals!
Der Kapitalismus eine unsoziale Wirtschaftsform? Das kann doch nicht sein!
Klimawandel und Hitzetote – doch nicht bei uns im kalten Deutschland!
Das chinesische Coronavirus bei uns in Deutschland? Niemals!

Man konnte wahrlich viel lernen in den Jahren der Pandemie. Nehmen wir einmal an, es hätte in Deutschland im Februar 2020 eine weitsichtige Kultusministerin gegeben, die zu prospektivem Denken fähig gewesen wäre und die Lage bezüglich der allgemein noch völlig verleugneten Coronapandemie richtig einschätzt hätte. Welche Möglichkeiten hätten ihr offengestanden, um etwas für das gesundheitliche Wohl der Bevölkerung zu tun?

Spielen wir das entsprechende Szenario einmal durch: Hätte sie alles in ihrer doch recht überschaubaren Macht getan – sie hätte letztlich doch nur eine große Ohnmacht zu spüren bekommen. Denn die Väter waren auch Anfang

März 2020 weiterhin mit ihren Kindern getreu dem Motto „Mia san mia und jetzt erst recht!" in die großen Fußballarenen gefahren, um sich dort in der trügerischen Masse Gleichgesinnter sicher zu fühlen; alle Närrinnen und Narren haben ihren Fasching so gefeiert, als ob die Coronaepidemie in Italien Lichtjahre von Deutschland entfernt gewesen wäre; nicht wenige sind sogar dorthin zum Skifahren gefahren, wo das Virus sich bereits ungehemmt ausbreiten durfte – nein, von Corona wollte sich niemand einen Strich durch die Rechnung machen lassen!

Die ersten Nachfrage- und Beschwerdeanrufe am Wochenende vor dem Start der Schule nach den Faschingsferien wären wohl sehr ernüchternde gewesen. So manche Mitarbeiterin, von der sich die Ministerin Verständnis erhofft hätte, wäre vielleicht sogar selbst im Urlaub und nicht gerade erfreut über die Einschätzung bezüglich einer großen Coronagefahr gewesen. Die abwehrende Gegenfrage, ob das alles überhaupt mit allen anderen Stellen abgestimmt sei, wäre wohl gefolgt. Doch nehmen wir an, dass dieser Mensch hartnäckig geblieben wäre und eine zwar inhaltlich von der Corona-Wahrheit noch distanzierte, aber dennoch einhundertprozentig engagierte Multiplikatorin gefunden hätte, sodass alle betreffenden Stellen zuverlässig informiert werden hätten können: über etwas, das keineswegs amtlich angeordnet war, sondern rein auf dem vorausschauenden Denken einer couragierten Einzelnen basierte.

„Ein Kluger bemerkt alles – ein Dummer macht über alles eine Bemerkung."[359]

Die Macht eines Caligula hat eine einzelne Verantwortliche gewiss nicht, aber doch weitaus mehr als die meisten anderen: Was hätte sie wohl getan, um den Menschen möglichst direkt zu helfen? Sie hätte vielleicht erreichen können, dass alle Schulen für die Kinder Desinfektionsspender und weitere Schutzinstrumente rechtzeitig bestellten, damit sie sich die Hände nicht mit womöglich nur kaltem Wasser waschen müssten, was aus hygienischen Gründen bestenfalls das Prädikat mangelhaft erhalten kann. Eigentlich sollte dem längst so sein: Es gibt schließlich nicht nur das (ohnehin sich vorwiegend über Aerosolinfektion verbreitende) Coronavirus, sondern auch noch das Norovirus, viele Bakterienstämme und weitere Keime, die (vorrangig) über Schmierinfektion übertragen werden. Doch die Hygiene scheint heutzutage alles andere als jedermanns Sache zu sein – und so hätte es wohl sofort abwehrend geheißen: „Da haben wir keine Angst! Zu uns kommt das nicht!“ Diesen Satz konnte man zu dieser Zeit schließlich des Öfteren hören.

Was hätte die betreffende engagierte Ministerin wohl als Nächstes gemacht? Wo hätte s

ie Verbündete finden können, um zu helfen? Doch dieselben negierenden Antworten hätte sie wohl auch anderswo erhalten. Gewiss hätten nicht wenige auf einen guten Rat (der zumeist als teuer gilt) gehört, wenn ihnen beispielsweise empfohlen worden wäre, auf die Benutzung öffentlicher Verkehrsmittel zur Schule zu verzichten und bei den leisesten Erkältungssymptomen, vor allem nach im Ausland bzw. Risikogebieten verbrachten Urlauben und ebenso nach Flugreisen, ihre Kinder vorsorglich zu Hause zu lassen.

Die Schulen direkt nach Fasching eigenmächtig und widerrechtlich zu schließen – das hätte eine einzelne Ministerin wohl nicht getan, man wäre dafür höchstens im Eilverfahren seines Amtes beraubt worden und andere hätten dann womöglich wie zum Trotz noch extra lange gewartet – nur um sich das Gegenteil zu beweisen: dass doch alles nicht so schlimm wäre und die wenigen gegen Corona handelnden Menschen doch bloß Hysteriker wären. Aber dennoch hätte man sich an gleichrangige und höher stehende Kollegen wenden müssen, um sachliche Überzeugungsarbeit zu leisten. In den wenigsten Fällen wäre man damit wohl unmittelbar erfolgreich gewesen – aber einen fachlich zutreffenden Eindruck hätte man doch hinterlassen. Denn treffen solche Ignoranten erneut auf Menschen, die ebenfalls ihre besorgte Meinung artikulieren, so bringt es diese zum Nachdenken. Sagt hingegen niemand etwas, dann kann auch nichts bewirkt werden!

Gehen wir auf ein weiteres Beispiel aus dem zukunftsweisenden Schulbereich ein:

Hinsichtlich Rückstellungsentscheidungen wurde im April 2020 darauf hingewiesen, dass das kommende Schuljahr 2020/21 coronabedingt nicht wie gewohnt verlaufen werde und man mit erheblichen Lernnachteilen rechnen müsse – das konnten sich die meisten betroffenen und beratenen Eltern nicht vorstellen. Man ging – wie allgemein – davon aus, dass Corona bald wieder vorbei sein würde; und das, obwohl sich diese längst zur Pandemie erklärte Infektionskrankheit weltweit – also auch auf der sommerlichen Südhalbkugel – etabliert hatte.

Das Vorausdenken ist heutzutage wahrlich eine seltene Zier geworden. Als im Juni 2021 die Infektionszahlen drastisch absanken, wurde dennoch weiter getestet und Maske im Hochsommer getragen: „umsonst – das war immer das Werk der Deutschen.“[360] Dass man damit Eltern erzürnte, wenn zudem parallel dazu Fußballfans in EM-Stadien maskenfrei feierten – so etwas sollte man eigentlich erkennen! Doch was geschah? Während jeder Gastwirt für das Verhalten seiner Gäste verantwortlich gemacht wurde, nahm man die Funktionäre, Veranstalter und finanziellen Großprofiteure des längst wieder vergessenen „EM-Sommermärchens“ 2021 nicht in die Pflicht.

Lösungsvorschläge für Schule und Bildung

„Wer in einem Monat, in dem es um das Brechen der zweiten Coronawelle geht, die Schulen aus den Handlungsoptionen fast komplett ausblendet, handelt fahrlässig.“[361]

Es fehlt – wie wir mittlerweile alle wissen – heute an Lehrkräften und an der Bereitschaft bzw. den finanziellen Mitteln dafür, pädagogisch motivierte Menschen anzuwerben, auszubilden und einzustellen. Während der Coronakrise war dieses angeblich nicht vorhandene Geld dann plötzlich in unvorstellbar großen Mengen vorhanden. Die Wirtschaft und – wie schon so oft – wieder einmal die Autoindustrie wurden mit milliardenschweren Paketen unterfüttert; sogar mit solchen unsinnigen und wirtschaftsliberal äußerst kurzgedachten Harakiri-Maßnahmen, wie z.B. Kaufprämien. Hätte man doch nur einen kleinen Bruchteil davon für Lehrkräfte ausgegeben und damit in die Zukunft von Kindern investiert! Stattdessen wurden einmal mehr knapp bemessene Mittel zur Verfügung gestellt, damit sich Ehrenamtliche dafür finden sollten, mit Kindern ein wenig Lesenachhilfe zu betreiben. Warum findet man hier keine Professionalität, wenn es um Kinder und um die Zukunft unserer Gesellschaft geht?

Die Klassenstärke sollte sich, um der Virallast zu begegnen, sinnvollerweise – wie auch die zulässige Personenzahl in Gaststätten, Theatern usw. – nach der Raumgröße richten: ausgedrückt in der Kubikmeterzahl Luft und parallel dazu gemäß den Luftaustauschmöglichkeiten. Beispielsweise mit der Faktor-5-Regel: Ein Raum mit zwanzig Metern Länge, zehn Metern Breite und drei Metern Höhe, hat ein Luftvolumen von 600 Kubikmetern. Dort können zehn bis fünfzehn Personen mit Abständen sitzen – natürlich bei ausreichender (Außen-)Lüftung – was durchaus bedeutet, dass sich Kinder wärmer anziehen müssen. Aber es gibt heute überall – besonders dank WhatsApp – Erziehungsberechtigte, die sich ob einer solchen absolut hilfreichen Lüftungs-Regelung himmelschreiend echauffieren würden. Sie würden stante pede zu den Vorgesetzten gehen, die Situation völlig überzogen und unobjektiv darstellen und durchaus in hysterisierter Manier davon fabulieren, dass ihre Kinder allesamt frieren müssten und krank würden. Dabei wäre es wirklich so einfach, wenn eine Jacke über die Stuhllehne gehängt würde, die in den alle zwanzig Minuten stattfinden fünfminütigen Lüftungspausen übergezogen werden kann. Das macht einem gesunden Kind nichts aus – im Gegenteil. Und erkältete bzw. kranke Kinder haben in der Schule (auch ohne Corona) ohnehin nichts verloren, sondern bedürfen häuslicher Fürsorge und mütterlicher Pflege.[362]

Des Weiteren wäre es durchaus angebracht gewesen, über mehr Unterricht im Freien etwas lauter nachzudenken. Man hat schließlich schon einmal etwas von Waldkindergärten gehört – und der schlimmste Feind des Coronavirus sind bekanntlich Wind und Sonnenlicht!

Immer wieder traf man auch auf Eltern, denen es gelang, ein ärztliches Attest für ihre Kinder (und meist auch für sich selbst) zu ergattern, welches es Kindern gestattete, als einzige ohne Maske öffentliche Einrichtungen zu besuchen. Deshalb sollten wir das Thema und die These einer Beeinträchtigung durch Maskenbenutzung im Schonraum erhellen: Die wissenschaftliche Untersuchung „Auswirkung einer Mund-Nasen-Bedeckung auf Herzfrequenz, Sauerstoffsättigung und subjektives Belastungsempfinden" stellte fest, dass in Ruhe keine diesbezügliche Problematik auftritt. Bei höheren Anforderungen wies man negative Effekte auf das subjektive Belastungsempfinden und geringfügig hinsichtlich der Herzfrequenz nach.[363] Für die Schulpraxis bedeutet dies: kein Sport mit Maske, sondern maskenfreier Sportunterricht im Freien sowie keine Benutzung von Masken bei Probearbeiten – zumal bei schriftlichen Leistungserhebungen ohnehin nicht gesprochen werden darf. Aber zu einer solchen differenzierenden Sichtweise war man von amtlicher Seite nicht in der Lage – vom Fehlen dialektischen Denkens wird an anderer Stelle in diesem Buch noch zu sprechen sein.

Was hätte man nicht alles an positivem Bildungsgeschehen erreichen können, wenn wir – wie in unseren europäischen Partnerländern – genügend Lehrkräfte gehabt hätten. Doch nicht einmal in der Krise wollte man politisch dazulernen. Man hätte wenigstens die Zeit zwischen erster und zweiter Welle dazu nützen können, engagierte und geeignete Studenten, Eltern oder Übungsleiter auszubilden: zu Teaching-Assistants, die jeweils einen Teil der Klassen differierend für Übungseinheiten bzw. während hoher Infektionszahlen eine geteilte Klassenhälfte übernommen hätten. Die Gesamtverantwortung und Notengebung bliebe dabei selbstverständlich in der Hand der Klassenleitung. Auch hätte man dazu auffordern und anleiten müssen, geeignete größere Räumlichkeiten zu suchen und diese für geteilte Klassen sicherheitstechnisch fitzumachen. Das wäre alles viel sinnvoller gewesen, als (ohnehin viel zu spät) mitten in der zweiten Coronawelle hilflos nach Förderprogrammen für Lüftungssysteme zu suchen. Leider werden heute technische Lösungen stets über menschliche gestellt; dazu kommt im Wirtschaftsliberalismus noch das kleinkariert-monetäre Denken – nach dem Motto: man könnte wieder etwas zurückbekommen, wenn man dort fördert, wo Steuereinnahmen zu erwarten sind. Diese stehen jedoch nicht ansatzweise in einem vernünftigen Verhältnis zu den Ausgaben. In der Qualität und der Quantität schulischer Ausbildung spiegelt sich letztendlich immer der Wille der Politik, ein öffentliches Gut bereitzustellen.[364]

„Wir wissen zu wenig und sind schlechte Lerner: so müssen wir schon lügen.“[365]

Solidarität mit Kindern

Kann Home-Schooling regulären Unterricht ersetzen? „Die Antwort ist ein klares Nein."[366]

Unser Lehrermangel ist das zentrale Hauptproblem der aktuellen problematischen Bildungssituation. Die pandemische Krise hat neben medizinischen Aspekten bekanntlich auch wirtschaftliche, aber aus Sicht der Kinder – und damit der Zukunft – auch bildungsbezogene Problematiken und Bedarfe schonungslos aufgezeigt. Dass alle diese Manifestationen der Krise negativer Art sind, braucht eigentlich gar nicht extra erwähnt zu werden; ich mache dies an dieser Stelle dennoch, denn der traurigen Wahrheit direkt in die Augen zu sehen, so etwas fällt nicht immer leicht. Lehrkräfte schadeten sich dementsprechend nicht selten sogar selbst und redeten sich regelrecht um Kopf und Kragen, als manche – wie z.B. während der Coronakrise – öffentlich verlautbaren, dass das digitale Lernen zu Hause doch allerbestens funktionieren würde (was dann oft nicht einmal zutraf, wie aber nur hinter vorgehaltener Hand erörtert wurde). Aus dieser zusätzlichen repressiven Angst innerhalb der eines strukturhierarchischen Systems erwachsenen Grundangst entsteht ein solcher vorauseilender Gehorsam, welcher schließlich dazu führt, immer das, was man als sozial erwünscht vermutet, zum eigenen Vorteil – also zur Bewältigung der Angst – frühzeitig „hinauszuposaunen".

Dem Berufsstand der Lehrerschaft wurde während der Pandemie (nach dem medizinischen Personal wohlgemerkt!) mit am meisten abverlangt: sich lange Zeit ungeimpft und auch ansonsten weitgehend schutzlos tagtäglich (auch während der Ferien zur Notbetreuung) in kleinen, engen Räumen mit durchschnittlich fünfundzwanzig Personen aufhalten zu müssen, dürfte wohl so ziemlich das Letzte gewesen sein, was sich ein mitdenkender Mensch im Hinblick auf den Infektionsschutz wünschte.

Kommen wir im Zusammenhang mit Schule und Corona auch auf die Zukunft zu sprechen: Wie wird es weitergehen? Kommen nun vielleicht mehr Burn-out-Fälle beim Lehrpersonal auf uns zu? Schließlich wurde just zu Beginn der Coronapandemie die Arbeitszeit für Grundschullehrkräfte erhöht. Wird das, was schon vor der Krise äußerst knapp war, auch danach noch ausreichen? Ist „ausreichend“ als Prädikat für uns als Anspruch wirklich gut genug? Müssen wir demzufolge – um beim Thema Lehrerversorgung zu bleiben – damit rechnen, dass wir bald Schlagzeilen der Marke „Tablet-Schooling kuriert Lehrermangel!“ lesen dürfen? Die dahinterstehenden und an der Digitalisierung kurzfristig verdienenden Konzerne dürfte es freuen, zumal sie sowohl im analogen wie im digitalen Medienbereich inzwischen engmaschig verflochten sind: Lehrkräfte durch Tablets zu ersetzen ist genau im Sinne der Verkäufer des digitalen Edutainments sowie deren Interessen vertretenden Lobbyisten samt ihrer Rationalisierungen. Man wird die möglicherweise anfangs noch teilweise beunruhigten Eltern dann vermutlich damit beschwichtigen, dass die erste und die vierte Jahrgangsstufe selbstverständlich zu einhundert Prozent vor Ort in den Schulen versorgt würden und die Vorbereitung auf das digitale Dasein in den zweiten und dritten Klassen mit digital ergänzendem Home-Schooling doch nicht früh genug beginnen könnte.

Schließlich sollte die Schule doch auf die Arbeitswelt vorbereiten – und diese wäre nun einmal digital.

Dies ist allerdings nicht einmal die halbe Wahrheit, denn die Schule bereitet keineswegs auf die Arbeitswelt vor, sondern auf die Lebenswelt – und diese wird immer analog bleiben. Oder kennen Sie etwa Beispiele dafür, dass Menschen per Cybersex gezeugt wurden? Corona wird wieder nichtiger werden – aber die Gefahr besteht, dass die Bildschirm- und Fernbedienungsgesellschaft bleibt: auch ein erheblicher Kollateralschaden, für welchen ganz alleine eine falsche Einstellung zum Kind verantwortlich zu machen ist. Wenn dann erst einmal das Wort vom „Hybrid-Lernen" öffentlich ausgesprochen worden ist, so wird man wohl den Lehrermangel in reaktionsbildender Manier als digitalen Fortschritt kompensierend verkaufen: „Wer die Wahlprogramme fast aller Parteien verfolgt, gewinnt den Eindruck, dass mit Digitalisierung alle Probleme zu lösen wären."[367] Aus dem descartschen Bonmot „Cogito, ergo sum" wurde „Digito, ergo sum." Die Coronakrise zeigte damit – wie in so vielen anderen Bereichen auch – auf, dass es an Lehrkräften fehlt(e). Man hätte an nahezu allen Schulen statt nur der Hälfte der Schüler im Wechsel wenigstens drei Viertel unterrichten können: die Räumlichkeiten waren gegeben – doch das Personal fehlte. Man macht es sich daher selbst einfach, wenn man statt Lehrkräfte anzuwerben und Studenten für diesen Studiengang zu begeistern, lediglich Tablets kauft: Sache statt Mensch?

Angesichts der – in diesem Zusammenhang bereits angesprochenen – Coronapandemie zeigte sich dieser Mangel an Lehrer-Tandems in Deutschlands Schulklassen besonders deutlich; während in anderen europäischen Ländern die Klassen im Präsenzunterricht geteilt werden konnten, musste in Deutschland jeweils die Hälfte der Schüler zu Hause bleiben. Denn wer im Normalbetrieb bereits knapp kalkuliert, hat in der Krise folglich keine Reserven. Lehrer-Teams sollten dann zu allem Überfluss aus der Not heraus in der digitalen Variante durch „Microsoft-Teams“ ersetzt werden! Wir aber hätten mit einer Grundversorgung von einem Zweier-Tandem pro (Grund-)Schulklasse so erfolgreich zwei Fliegen mit einer Klappe schlagen können – da die dadurch möglich werdende Differenzierung auch die Lernbedingungen entscheidend verbessert. Doch stattdessens setz(t)en wir auf den digitalen Konsum: „Bildschirme können noch so bunt sein, das Bild ist flach und der Inhalt verglichen mit der Wirklichkeit arm, riecht nicht, schmeckt nicht und lässt sich nicht anfassen“:[368] Bildschirme sind und bleiben so flach wie die damit vermittelte Bildung! Beide Begriffe (Bild-schirm bzw. Bild-ung) haben lediglich formal-verbal, aber keineswegs etymologisch etwas gemeinsam.

Es gibt keine Angst ohne Hoffnung, aber auch keine Hoffnung ohne Angst. [369]

Macht und Ohnmacht

Was kann der Einzelne tun?

Ein System schlimmsten Terrors und totaler Unfreiheit kann sich noch immer sozialistisch bzw. demokratisch nennen.[370]

Was noch vor einigen Jahrzehnten die größte Kritik am Sozialismus war – dass er zu Uniformität, Bürokratisierung, Zentralisierung und zu einem seelenlosen Materialismus führen würde –, ist tatsächlich im heutigen Kapitalismus zur Wirklichkeit geworden.[371] „Wir müssen der Tatsache ins Auge sehen, dass der einzelne Bürger praktisch so gut wie keine Möglichkeiten hat, den Fortgang der Ereignisse zu beeinflussen. Wir werden nicht gefragt. Die anstehenden Entscheidungen werden über unsere Köpfe hinweg einfach so gefällt, so wie unser System es zum Funktionieren braucht."[372]

Man muss vielleicht nicht gerade das Orakel von Delphi bemühen, um zu sehen, was uns blüht, wenn wir einfach nur so weitermachen. „Wir müssen nicht hinten beginnen bei den Regierungsformen und politischen Methoden, sondern wir müssen vorn anfangen, beim Bau der Persönlichkeit, wenn wir wieder Geister und Männer haben wollen, die uns Zukunft verbürgen."[373] Doch weder der erste tote Deutsche, noch zweihundert Tote an einem Wochenende in Italien konnten angesichts der Pandemie, deren erste Schatten im Spätwinter 2020 schon verdunkelnd auf uns fielen, hierzulande etwas Wesentliches bei den Entscheidungen bewirken. Manche Menschen unter uns hatte eine solche allgemeine Realitätsverdrängung regelrecht krank gemacht. Teilweise mussten sich voraussehende Menschen in eine allgemeine Albernheit flüchten („Corona-Ferien"), aber zum Lachen war ihnen gewiss nicht mehr zu Mute. Man kennt schließlich aus der griechischen Tragödie das Bild des Chores, der vor dem drohenden Unheil warnt: von welchem alle wissen, nur das zukünftige Opfer nicht, welches weiterhin ungeachtet der sich in Kürze einstellenden Tragödie völlig sorglos seiner Wege geht. Wie schrieb der Gesellschaftsanalytiker Erich Fromm einst so treffend: „Sind wir Zeugen des letzten Aktes einer griechischen Tragödie, bei der ein Chor vor dem erwarteten Unglück warnt, aber handlungsunfähig ist?"[374]

Was wäre nun aber geschehen, wenn ein zur Voraussicht begabter Mensch kurz vor dem Faschingshöhepunkt 2020 prognostiziert hätte, dass im betreffenden Jahr die Fußball-EM ausfallen würde? Er wäre wohl missliebig beäugt worden, als ob er sich nun aber ordentlich verstiegen hätte. Manche Menschen können sich so etwas allerdings bis zu einem gewissen Grad leisten, weil ihre Meinung ein relativ hohes Angesehen genießt – doch in einer erwartungsgespannten Krisensituation kann es sogar für manchen renommieren Analytiker zu viel werden. Solche Fälle gab es tatsächlich – wie im folgenden Beispiel gezeigt wird:

Der Betreffende hatte stets einen versöhnlichen Unterton anklingen lassen und darauf verwiesen, dass uns, wenn wir frühzeitig die richtigen Maßnahmen ergriffen, das Glück des Tüchtigen hold sein würde und beispielsweise eine frühe Hitzeperiode bei der Eindämmung der Infektionsrate helfen könne; aber man verließ sich allein auf die Hoffnung, ohne selbst genügend dafür tun zu wollen.

In vielen Fällen waren die Menschen überhaupt nicht für hygienische Schutzmaßnahmen empfänglich. Man musste bezüglich der Corona-Aufklärung gewissermaßen bei Adam und Eva anfangen. Wie in aller Welt hätte nun beispielsweise jemand in einem Beruf, der vertikalhierarchisch strukturiert ist, etwas Substanzielles bewirken können? In einer Berufsstruktur, die den kleinen Mann nur abwehrt, abkanzelt und dort belässt, wo er ist? Bereits am Faschingsdonnerstag 2020 hatte z.B. eine Mitarbeiterin im Führungsstab bei einem Vorgesetzten in einem ausführlichen Gespräch vorgefühlt und die unzureichende Situation unseres Gesundheitssystems geschildert; ein ungläubiges und abwehrendes Staunen war die Antwort gewesen. Es war offensichtlich, dass auch an den Tagen nach der (offiziellen!) Ankunft des Coronavirus in Italien hierzulande die Gefahren für ein dem Waren- und Personenverkehr gänzlich offenes Europa nicht im Geringsten erkannt wurden. Wenn die betreffende umsichtige Mitarbeiterin doch nur einen gleichgesinnten Menschen gefunden hätte! Zudem war sie insgeheim damals schon der Meinung, dass Corona bereits im Januar 2020 vielerorts in Deutschland angekommen sein musste; an anderer Stelle erwähnte beidseitige Lungenflügelentzündungen, welche lediglich kontraproduktiv antibiotisch und wiederholt stationär in Krankenhäusern behandelt und nicht als Coronafälle erkannt wurden, gaben Zeugnis davon; aber zu beweisen war dies kaum für den einzelnen, der stets gegen ein haushohes Medienkonvolut ankämpfen musste – in etwa so, wie einst

Don Quichotte gegen die hinlänglich bekannten Windmühlen. Mittlerweile wissen wir, dass bereits am 18.12.2019 sowohl in Mailand als auch in Turin das Coronavirus im Toilettenabwasser nachgewiesen werden konnte.[375] Wie schrieb schon der große Pädagoge Heinrich Pestalozzi: „Entschlossenheit im Unglück ist immer der halbe Weg zur Rettung.“[376]

Echte Vorbilder?

„Der Liebende, der Dichter, der Mystiker, sie alle finden eine tiefere Befriedigung als der jemals erfährt, der nach Macht strebt.“[377]

Der Begriff „Vorbild“ setzt sich aus zwei Wortbausteinen zusammen: „Vor“ und „Bild“. Sowohl die etymologische Wortherkunft als auch die Präfigierung („vor“) verweisen dabei bereits auf den Ursprung und die Bedeutung als Beispiel, nachahmenswertes Muster und sogar als Inbegriff und Ideal.[378] Dass es heute jedoch mit der Vorbildwirkung schon im Normaldurchlauf nicht immer klappt, wissen wir längst. In der Krise trifft dies folglich umso weniger zu:

Ein gewählter führender Volksvertreter will sich nicht impfen lassen. Vor einer bedeutsamen Wahl wird dies lautstark kommuniziert – so kann man sogar in der zahlenmäßig nicht gerade unbeträchtlichen Corona ablehnenden Bevölkerung noch Stimmen ergattern.

Als die betreffende Wahl vorbei ist, das Infektionsgeschehen wieder Fahrt aufgenommen hat und die Stimmungsla-

ge in der Bevölkerung pro Impfung wechselt (die Mehrheit sprach sich für eine Impfpflicht aus), lässt er sich publikumswirksam impfen.

Es war ohnehin schwierig genug, den Menschen die Anwesenheit, die Gefährlichkeit und vor allem die Schutzmöglichkeiten gegenüber dem Coronavirus beizubringen, weil dies unter anderem von Menschen gemacht werden musste, die sich selbst nicht gerade als eifrige Maskenträger erwiesen und oftmals von den Schutzmaßnahmen gar nicht so recht überzeugt waren: „Masken seien nutzlos und sogar gefährlich, hieß es. Politiker bezogen sich bei solchen Aussagen auf das Robert Koch-Institut und dieses sich wiederum auf die WHO. Wie bei den anfänglichen Verharmlosungen des neuen Coronavirus stehen auch hier einige Gesundheitsbehörden vor dem Problem, dass Teile ihrer mittlerweile widerlegten Aussagen über die angebliche Sinnlosigkeit des Maskentragens jetzt von Maskenmuffeln ins Feld geführt werden.“[379] Tatsächlich zeigt sich aber in Ruhe kein Effekt auf die Sauerstoffsättigung im Blut, wenn Masken getragen werden.[380]

Manchen Verantwortlichen sah man dabei regelrecht an, wie ungewohnt und lästig der Mundschutz für sie zu sein schien. Dass Corona uns hierzulande nicht beträfe und „harmlos“ wie die Grippe wäre – dies hatte man seitens der etablierten Politik im Trotzmodus den Querdenkern regelrecht vorgebetet. Während schließlich die Politik ihre Meinung ändern musste (was in den populistischen Kreisen nicht besonders schwerfällt), blieb man in bestimmten Bevölkerungssegmenten bei der anfänglich offiziell verbreiteten Verharmloser- bzw. Leugner-Meinung, verhärtete sein nicht zum Change-Management bereites Denken und zog dabei noch viele andere mit.

Im Allgemeinen ging es dementsprechend eher um ein obrigkeitstreues Gehorchen als um ein nachvollziehendes Verstehen. Man konnte diesen Nicht-Lern-Effekt angesichts wenig authentischer Vorbilder immer dann besonders gut erkennen, wenn eine Verschärfung von Maßnahmen angekündigt wurde, z.B. das Tragen von Mundschutz ab Donnerstag – und am Mittwoch dennoch niemand freiwillig einen Mundschutz benutzte. Hätten die Menschen hingegen tatsächlich verstanden, worum es wirklich ging, dann hätten sie sich bereits zuvor selbst geschützt. Aber statt zu erziehen, wurde verordnet. Ein solches pädagogisches Vorgehen führt bekanntlich dazu, dass der Mensch in konditionierter Form vorrangig auf die Weisung der betreffenden Autorität hört und weniger auf ihren Inhalt. Dies beweist auch ein radikaler Wechsel der Stimmungslage; zunächst wurden mitdenkende Menschen, die Masken trugen, in der Öffentlichkeit angepöbelt und beleidigt. Nur wenige Tage später waren es dieselben Agitatoren, welche eine entsprechende Stimmung in verkehrender Weise einsetzten: nun wurden die Maskenlosen von denjenigen angegangen, die vorher selbst das Nicht-Tragen bis zuletzt auskosteten – solange eben, wie die Vorschrift dementsprechend lautete.

Die Lösung hierfür läge grundsätzlich immer im eigenständigen Denken des mündigen Menschen! Zum Vergleich: Niemand würde heute in seinem Pkw bewusst auf das Anlegen des Sicherheitsgurtes verzichten. Bei den Masken als Symbol eines allgemein zivilisierten Hygieneverhaltens aber sind wir noch längst nicht so weit – im Gegenteil: Masken wurden vielmehr zu Symbolen der Ablehnung. Wenn wir nun aber immer nur vorschreiben und strafen, anstatt anzuleiten und zu erklären, dann wird auch das Erwünschte nicht von innen kommen und demzufolge nur dort gezeigt werden, wo ein entsprechender Kontrolldruck herrscht. Im Mai 2022 einerseits bei Bahnfahrten zum Maskentragen verpflichten und gleichzeitig in Bierzelten den Laden mit Slogans wie „Feiern wie vor Corona" freizugeben – das will einfach nicht zusammenpassen. Nicht Vorschriften einhalten, sondern das Gehirn einschalten – so lautet daher die Handlungsmaxime, denn die Vorschriften taugen immer nur so viel wie diejenigen, welche sie erlassen haben. „Zwei Jahre Pandemie mit einer überwiegend schlechten Moderation der Politik hinterlässt Spuren bei der politischen Glaubwürdigkeit."[381]

Vox clamatis in deserto[382]

„Wenn man etwas für recht hält, muss man es auch tun."[383]

„Ich glaube, dass der Mensch grundsätzlich die Wahl hat zwischen Leben und Tod, zwischen Kreativität und destruktiver Gewalt, zwischen Wirklichkeitssinn und Illusion, zwischen Objektivität und Intoleranz."[384]

Am Faschingssamstag 2020 hatten einige mitdenkende Menschen bereits ganz bewusst darauf verzichtet, auszugehen und sich nicht zu vergnügen, weil sie sich dabei nicht gut gefühlt hätten; weniger im Hinblick auf mögliche

Symptome eines leichten grippalen Infektes, sondern ganz anderweitig. Dies wäre für die Betreffenden angesichts des Kommenden eher wie eine Art letztes Aufbäumen gewesen und hatte durchaus in seinem Motiv und einen dementsprechend hedonistisch-entgrenzenden Charakter an die Orgien erinnert, welche hierzulande 1945 stattfanden, als man als geschlagener Kriegsverlierer auf die Ankunft der Besatzer wartete. Ein solches Warten schlug mancherorts in einen defätistisch motivierten Eskapismus um. Dieses Gefühl sollten wir auch in unserer Zeit – wenn auch in einer anderen Abstufung – kennenlernen. Denn wie so häufig im Leben, „steht die nach der Süße des genossenen Vergnügens sich einstellende Bitterkeit der Buße in einem krassen Missverhältnis zu dieser."[385]

Aus vernünftiger Sicht gab es wirklich nichts zu feiern an diesem Faschingswochenende; die Coronapandemie[386] hatte das europäische Festland definitiv erreicht und sich in Italien bereits an mehreren Orten ausgebreitet – damit war das Urteil über das wirtschaftsliberale, grenzoffene Europa gesprochen. Diese Entwicklung hatte sowohl direkte als auch indirekte Folgen: direkt deshalb, weil die heutige an den Ansprüchen der Wirtschaft ausgerichtete Politik und ebenso die postmodernen Medien nicht viel vom Menschlichen wissen (wollen) – beispielsweise wie eng es in bis zum letzten Platz ausgebuchten Kitas und zusammenkombinierten Schulklassen heutzutage zugeht; ein wirksamer Infektionsschutz für alle bleibt dort reines Wunschdenken; dabei erkennen wir andererseits in der Krise auch die indirekten Folgen davon, dass man auf die Menschenerziehung und ihre Bildung inzwischen weitaus weniger Wert legt als auf das Wirtschaftswachstum und auf den Finanzprofit.

Die Menschen gehorchen heute der veröffentlichten Meinung und konditionieren und zensieren sich selbst im Vorbewusstsein dementsprechend; dabei überwachen sie sich auf eine funktionelle Art gegenseitig. Solche Feststellungen will allerdings kaum jemand hören – und Sie als Leser/in merken vielleicht, dass Ihnen das, was Sie gerade lesen, womöglich auch etwas gegen den Strich geht. An der Wahrheit kommen wir als aufgeklärte Menschen jedoch nicht vorbei! Denken Sie nur an das Beispiel eines schwerkranken Patienten, mit dem es zu Ende geht: einen todkranken Patienten anzulügen, ist nicht nur falsch, sondern durchaus niederträchtig; denn er fühlt ohnehin, wie es um ihn steht. Zudem verwehrt man ihm dabei die Chance, seine letztverbleibende psychische Kraft voll und ganz für die Gesundung einzusetzen. Würde man ihm hingegen sagen, dass alles medizinisch Mögliche getan wurde und nun alles von ihm selbst abhänge – so würde ihm diese Möglichkeit fairerweise gegeben. Zur Wahrheit gibt es grundsätzlich keine Alternative – sie ist, um diese Floskel auch einmal zu benutzen – tatsächlich alternativlos! „Es liegt im Wesen jeder Partei, sich nicht nach Wahrheiten, sondern nach Illusionen zu orientieren, die gewöhnlich der irrationalen Massenstruktur entsprechen. Wissenschaftliche Wahrheiten stören nur die Routine der Parteipolitiker, sich durch Schwierigkeiten mit Hilfe von Illusionen hindurchzuschlängeln. Tatsachenfeststellungen kümmern sich nicht darum, ob sie willkommen sind oder nicht, sondern nur darum, ob sie zutreffen oder nicht. Sie geraten deshalb regelmäßig in scharfen Konflikt mit der Politik. Der wissenschaftliche Soziologe hat es daher sehr schwer. Bei der Veröffentlichung von Tatsachenfeststellungen muss er genau überlegen, wie die richtigen Behauptungen auf die Menschenmassen, die überwiegend unter dem Einfluss des politischen Irrationalismus stehen, wirken werden.“[387]

Auf Kursfahrt Richtung Autoritarismus

„Ich glaube, dass niemand seinen Nächsten dadurch „retten“ kann, dass er für ihn eine Entscheidung trifft.“[388]

„Wer rettet Euch, wenn ihr es selbst nicht tut?!“[389]

Man erntet bekanntlich, was man sät – und die Dummheit wächst dabei wie das Unkraut am schnellsten.

Unsere Gesellschaft kann, was ihre inzwischen zu Grunde liegende autoritäre Charakterdisposition sowie die eigene vorausdenkende Entscheidungsfähigkeit betrifft, in zwei Großgruppen eingeteilt werden:

- Eine immer größer werdende Gruppe, die Anweisungen, Regeln und Verhaltensbefehle braucht (auch wenn man sich dort partiell immer wieder reaktionsbildend dagegen sträubt).[390]

- Eine stetig kleiner werdende Gruppe, die mitdenkt und selbst vorausschauend agieren kann.

Nun wird aber für die Massengesellschaft ein autoritärer Kurs gewählt, welcher der Gruppe von Gehorchen-Müssenden entspricht. Die denkenden Menschen im Lande werden dabei jedoch ihrer eigenen Verständigkeit beraubt. Verhalten sie sich verstandesgemäß und vernunftorientiert, so werden sie unter Umständen mit Polizeigewalt und Strafen vom Staat, dessen generalisiertem Massenwahn und oft auch von Entscheidern, welchen sie intellektuell weit überlegen sind, zu Gegnern gemacht. Der Staat schwenkt schließlich auf Kurs „autoritär" ein – und alle Menschen, denen dabei Tabus und Restriktionen „natürlich" vorkommen, haben ihre Kenntnis der menschlichen Natur bereits verloren.[391]

„Schwer ist's mitunter Luft zu kriegen,
In der nicht schon Gedanken liegen."[392]

Das alles, was ich hier beschreibe, hätte man recherchieren können, man hätte sich dafür interessieren können – ja, ich meine: man hätte sich als in der Verantwortung stehender Mensch auch dafür interessieren müssen! Die Denker unter uns wussten und wissen an gegebenen offiziellen Informationen auch nicht mehr – sie können allerdings selbstständig und vernunftgeleitet denken – und das scheint inzwischen den ganz entscheidenden Unterschied auszumachen. „Während der rationale Glaube unserem inneren Tätigsein im Denken und Fühlen entspringt, besagt irrationaler Glaube Unterwerfung unter etwas Gegebenes, das wir als wahr hinnehmen."[393] Dazu zählt auch der Glaube im engeren Sinne – namentlich derjenige an bestimmte Kirchen, die ihre Schäfchen grundsätzlich bevormunden, ihnen den letzten Rest an Individualität und Denkfähigkeit abdressieren, sodass diese dort die Flucht in den Irrationalismus antreten, wo ihre schmalen Denkstrukturen versagen und zu einfachen Lösungen – nicht zuletzt der Verdrängung bzw. projektiven Zuweisung – tendieren. Das rationale Denken bricht bei solch gläubig-devoten Menschen stets an der immer selben Stelle ab – dort, wo es an die Gottesfrage geht, wird ebenso ausgewichen, wie es dann bei den Corona-Tatsachen der Fall ist. Die selbige altstarre Dogmatik gilt im Übrigen für viele weitere Themen, wie z.B. die Irrigation, wo eine Mutter-Boden-Schöpfungsideologie die Bewässerung als unnatürlich ablehnt, während zugleich aber der Kunstdüngereinsatz stillschweigend geduldet wird.

Im Übrigen gab bzw. gibt es gar nicht so wenige vorausschauende Denker unter uns, denn beispielsweise am Rosenmontag 2020, als alles offiziell noch als harmlos abgetan wurde, waren in den Baumärkten die Mundschutzmasken bereits ausverkauft. Wenn man etwas weiß, weil man in der Lage ist, vorauszudenken, Szenarien zu entwerfen und auch quantitative wie qualitative Entwicklungen zu bedenken sowie das geisteswissenschaftliche Hintergrundwissen dafür besitzt, die Handlungsmöglichkeiten und Verhaltenserwartungen dezidiert einzuschätzen, dann wäre man dafür prädestiniert, human oder gar humanistisch zu handeln. Wenn beispielsweise nur (angeblich) jede fünfte Erkrankung einen schweren Verlauf nimmt (einiges deutet inzwischen darauf hin, dass dies für jede zwanzigste Erkrankung zutrifft), dann heißt das schließlich auch, dass vier von fünf Infizierten sich wohl nicht in eine Behandlung begeben, welche unbedingt einen Test erfordert und derweil munter alle aus ihrem näheren Umfeld anstecken. Vier amtliche Coronafälle sind demnach tatsächlich schon zwanzig wirkliche; wie sich dann die exponentielle Steigerung auswächst – das zu verstehen, dafür muss man nun wirklich nicht Statistik studiert haben; dafür reicht schon das berühmte gewordene Beispiels des Getreidekorns auf dem Schachbrett.

Rechtzeitig zu spät

„Sobald Dir Dein Gewissen rät,
S' wär höchste Zeit –
Ist's schon zu spät!"[394]

„Wenn es um einen Kopernikus geht, dann ist man mit dem Scheiterhaufen parat. Wenn es aber um einen Politikanten geht, der einer Erdbevölkerung den unglaublichsten Unsinn als wahr vorgibt und im Jahre 1940 genau das Gegenteil von dem für wahr hinstellt, dann geraten Millionen in Begeisterung."[395] Nehmen wir deshalb einmal an, es gäbe – zurück im Hier und Heute – im politischen System tatsächlich einen besonders klugen Kopf: Was könnte er ausrichten? Seine amtliche Kompetenz würde wohl nicht besonders weit reichen – der Betreffende könnte nicht einmal entscheiden, ob z.B. die von ihm geleitete Behörde im Corona-Falle schließen dürfte oder ob diese offenbleiben müsse. Was also tun? Was wäre denn geschehen, hätte jemand eigenmächtig und zugleich richtig gehandelt? Man hätte den Betreffenden wohl lediglich verlacht, den wahren Inhalt vielleicht in frecher Verkehrung als Wichtigmacherei, Kompetenzüberschreitung oder Hysterie abgewehrt und den handelnden Aufklärer zur projektiven Zielscheibe gemacht, ohne dass etwas Substanzielles geschehen wäre.

In manchen Fällen wäre es womöglich sogar zum Trotz gekommen, sodass dann „zum Fleiß“ die eigene Abwehrhaltung noch länger beibehalten werden kann. Bekanntlich verblutet die Tapferkeit unbelohnt, wenn ihr nicht auch das Glück beisteht.[396]

Nur ganz wenige Menschen hatten während der Faschingsferien vorhergesagt, dass spätestens zwei Wochen vor den Osterferien die Schulen geschlossen werden müssen; und das hatte ihnen absolut niemand glauben wollen.

Wäre man diesem Denken gefolgt, wir hätten rechtzeitig öffentliche Einrichtungen schließen und damit die Ausbreitung des Coronavirus und den Peak der ersten Welle erfolgreich einschränken bzw. abmildern können: Kinder hätten nicht ihre Großeltern verloren, ihre Eltern nicht das Vertrauen in den Staat und wir allesamt nicht den langwierigen Kampf gegen das Coronavirus. Da halfen auch keine reaktionsbildenden Verkehrungen eines Gesundheitsministers, der sich mit Sprüchen, wie „Wir beherrschen das Virus!“ eher als Propagandaminister empfahl; denn das Virus beherrschte uns: „Dass die Pandemie uns im Griff hat, ist unbestreitbare Tatsache.“[397] Wie war bereits in Goethes Faust zu lesen? „Du glaubst zu schieben und du wirst geschoben.“[398] Doch hätte wirklich jemand auf einen einsamen Rufer gehört?

Je weniger jemand weiß, umso leichter lässt sich leider oftmals etwas behaupten.

Der Gebotsgehorsam hilft uns nicht weiter – er raubt uns stattdessen sogar die Denkfähigkeit; denn was steht höher: das Befolgen einer bestimmten und stets generalisierenden Regel oder das Entsprechen gegenüber ihrem eigentlichen Zwecke? Was heute noch als Gesetz gilt, kann morgen schon Unrecht sein – und umgekehrt. So lagen zwischen der Aufforderung zur Teilnahme an einer Kommunalwahl 2020 (ohne dafür wenigstens Mundschutz-Masken bereitzustellen bzw. weitere Hygienemaßnahmen zu ergreifen) und den großen Ausgangsbeschränkungen gerade einmal fünf (!) Tage – und das bei einer (damals angenommenen) Inkubationszeit von bis zu zwei Wochen. Am Freitag, dem dreizehnten März 2020, wurde schließlich angekündigt, dass nun doch die Schulen geschlossen werden müssten – und zwar rigoros. Da war es leider schon zu spät! Ein blauäugiges und latent angstinduziertes „Mia san mia“ war und blieb bedauernswerterweise viel zu lange die Devise.

„Nur eine Gesellschaft, die in guten Zeiten niemanden zurücklässt, wird in der Not bestehen.“[399]

Die Lösung des Corona-Problems – oder: der (Impf-)Stoff, aus dem die (Alp-)Träume sind?

Der Coming-Home-Effekt und falsche Wege aus der Krise

„Wir sind nicht unterwegs zu jenen Orten, auf die wir uns nach unseren ideologischen Landkarten angeblich zubewegen.“[400]

Als im Herbst 2020 der erste Impfstoff gegen Covid angekündigt wurde, ging ein großes Aufatmen durch die von der Pandemie gezeichnete Weltgemeinschaft: mehr als nur ein Hoffnungsschimmer am Horizont leuchtete nun herab – doch es war immer noch ein weiter Weg zu gehen; nicht zuletzt deshalb, weil das Beschaffungsmanagement ähnlich verzögert und ineffektiv verlief wie man es von Masken, Medikamentengrundstoffen und Desinfektionsmitteln gewohnt war. Dazu kamen die nun erstmals in großem Stil auftretenden Lieferengpässe, welche den bisher ausgenutzten Staaten aufzeigten, dass sie die großen Abnehmer Dank geschaffener umfassender Abhängigkeit nun in der Hand haben. Die verzögerten bzw. ausbleibenden Lieferungen wurden seit der Pandemie nicht nur bei Medikamenten, sondern bei der gesamten Zulieferindustrie eingesetzt, um sich Marktvorteile zu verschaffen. Hierzulande reagierte man allerdings nicht mit den längst überfälligen innovativen Autarkieprogrammen, sondern stattdessen mit Stillstand, Abwarten und der Kostenweitergabe an die Endverbraucher über drastische Preiserhöhungen.

Den schlechten wirtschaftsstrukturellen Voraussetzungen entsprechend nahm die zweite Welle erst einmal weitgehend ungehindert richtig Fahrt auf. Ein langes, hartes Winterhalbjahr stand bevor, bei dem zuerst Teile der Bevölkerung und dann Ende Februar auch die regierende Politik die Geduld verloren bzw. man der verlorenen Geduld anderer nachgab; und selbst das sollte noch nicht der letzte große Fehler gewesen sein: Das rettende Ufer schon so nah, warf man schier alles über Bord und verließ sich darauf, auf der letzten kleinen Meile ohne eigene Mithilfe von der Heiligkeit des Impfstoffes gerettet zu werden. Kurz vor dem großen Ziel ließen offenbar die Kräfte nach – der Coming-Home-Effekt stellte sich ein und der Tod hielt noch einmal reiche Ernte. Denn es waren noch viel zu wenige helfende Hände und Retter, die man am Ufer schon glaubte erkannt zu haben – so kam es unter anderem zur dritten Welle im Spätwinter/Frühjahr 2021.

Dieser angesprochene Coming-Home-Effekt ist eigentlich aus einem anderen Bereich bekannt: Er bezeichnet das Phänomen, dass viele schwere Verkehrsunfälle noch kurz vor dem Ankommen zu Hause geschehen; die Konzentration lässt dort nach, wo man sich schon zu früh in trügerischer Sicherheit wiegt. Das Infektionsgeschehen der Pandemie mit allen seinen schweren Folgen stellte diesen Effekt einmal mehr unter Beweis und wir mussten erneut erfahren, dass die Stärke der Ausbreitung einer pandemischen Erkrankungswelle immer vorrangig vom Verhalten der Menschen abhängt.

Lange Zeit hieß das Wunsch-Credo: Medikament oder Impfung? Doch: Wäre das eigentlich die perfekte Lösung gewesen? Wir ahnen bereits, dass uns jede neue Pandemie wieder so „eiskalt" erwischen würde, wenn wir nicht wesentliche Schlüsse hinsichtlich unseres Zusammenlebens, der Bevölkerungspolitik sowie unserer mangelhaften Einstellung zu Hygiene, Gesundheit und Bewegung ziehen und grundlegende Verbesserungen vornehmen.

Bald aber ging es, als die ersten Impfstoffe verfügbar waren, nur noch darum, wer welchen davon wann bekommen sollte. So mancher, der dabei – wie die meisten – nicht den besten State-of-the-Art-Impfstoff verabreicht bekam, wollte in einigen Fällen anschließend erreichen, dass anderen danach ebenfalls derselbe Impfstoff verabreicht würde: erst anhand von hochgespielten Erkrankungen vordrängen und dann doch die anderen mit hineinziehen wollen? Auch eine solche Moral gibt es in unserer Gesellschaft. Dabei war es auch nicht gerade hilfreich, dass sich Gesundheitspolitiker derart äußerten, dass ein gewisser Impfstoff der „Goldstandard" sei – zumal es bei der Diskussion vorrangig tatsächlich weniger um die Wirksamkeit gehen sollte, als vielmehr um mögliche unerwünschte (Spät-)Folgen. Die hierzu anfangs noch angekündigte Information blieb allerdings weitgehend aus. Stattdessen wurde man mit infantilisierten Werbekampagnen („Nur ein kleiner Piks"; „Tut gar nicht weh"; „Es ist gleich vorbei"[401]) „informiert" bzw. mit Botschaften befeuert, die es sich zu einfach machten: „Impfen = Dein altes Leben zurück!". Das war aber genau das Gegenteil von fachlicher Aufklärung – als ob es lediglich darum ginge, dass die Menschen vor einer kleinen Nadel Angst hätten![402]

„Seit dem Beginn der Impfkampagne wird immer wieder versucht, die Coronaimpfung zu diskreditieren. Dagegen gemacht wird wenig."[403] Es ist die Angst vor schnell auf den Markt geworfenen Impfstoffen, gepaart mit der dunklen Ahnung, dass das Impfen für ein Weiter-so das alleinige Allheilmittel darstellen könnte, welche die Menschen umtreibt. Unergründete Langzeitfolgen – wie bei der Impfung gegen die Schweinegrippe mit der Nekrolepsie bereits aufgetreten – sind ein Beispiel für solche gefürchtete Gefahren. Wir sollten auch bedenken, dass die Polio-Pflichtimpfung seinerzeit als Segen für die Gesundheitswelt empfunden wurde, wir auf der anderen Seite heute jedoch eine Demenzwelle nie gekannten und niemals erwarteten Ausmaßes erleben. Neben dem Fungieren als Parkinson-Promotor sind manche Ingredienzien bzw. Wirkverstärker in Impfstoffen auch für die Demenz mitverantwortlich: kein Segen ohne Fluch.

Als echte Aufklärung hingegen könnte man eine jeweils aktualisierte Zusammenfassung der Studienlage und des Standes der Wissenschaft bezeichnen. Aber auch hier war einmal mehr zu erkennen, für wie unbedarft Politik, Medien und ihre Werbepartner die Menschen in diesem Land tatsächlich halten. So musste es schließlich dazu kommen, dass abstruse Theorien anstelle fachlich fundierter Informationspolitik das Zepter der Meinungsbildung übernehmen konnten. Doch jeder Mensch sollte sich eigentlich selbst eine wissenschaftlich basierte Meinung bilden können – das wäre die Aufgabe der Verantwortlichen:

- ob er Gentechnik in seinem Körper haben möchte.

- ob er Tier- und Menschenversuche in Drittweltländern unterstützen will.

- ob er die bisher immer durchaus berechtigte Angst vor den negativen Effekten der Wirkverstärker bei traditionellen Impfungen (es gab bereits 2020 einen Tot-Impfstoff in China und 2021 auch in der westlichen Welt) höher bzw. niedriger bewertet als das Risiko neuer und erstmals am Menschen angewandter Impftechnologien.

- ob er den Unterschied zwischen einer mRNA- und der Vektor-Impfung überhaupt kennt. Denn neu war mit den beiden Haupt-Impfvarianten etwas, das bisher noch niemals Eingang in unsere medizinische Impfhistorie gefunden hatte: die erste große Impfung mit Gentechnik – und dazu gleich als globales Phänomen und ohne Langzeittestung.

„Acht Jahre – etwa so lange dauert normalerweise die Entwicklung eines neuen Impfstoffs."[404]

Wer sich z.B. noch nie gegen Grippe impfen ließ, weil er die Agenzien und Wirkverstärker in einem solchen Impfstoff scheut, müsste demzufolge eigentlich dieselben Bedenken gegenüber einem Corona-Totimpfstoff tragen. Er sollte dann vielleicht eher auf die Gentechnik ausweichen. Hier besteht allerdings wiederum das Risiko fehlender Erfahrung, denn der erste große Gentechnikimpfstoff für die Massen kam – wie erläutert – ohne Langzeitstudien auf den Markt. Das sind durchaus Argumente, welche zunächst gegen ihn sprechen. Befremdend wirkt es allerdings, obwohl von mancher Seite jeglicher Impfstoff im Zusammenhang mit Corona abgelehnt wird, wenn die betreffende Person laut ihrem Impfpass bereits mehrfach bzw. vielfach mit einem Totimpfstoff vakziniert wurde.

Entscheidet man sich nun für die Gentechnik-Variante, dann bleiben immerhin noch zwei grundsätzliche Möglichkeiten: Vektorimpfstoff oder mRNA-Technik? Da von politisch-öffentlich-medialer Seite so gut wie gar keine fachlich fundierte Aufklärung erfolgte (sondern eher das Gegenteil davon, als es darum ging die entstandenen Bedenken gegen den AstraZeneca-Vektor-Impfstoff mit einem zusätzlichen Warnvermerk zu zerstreuen), möchte ich an dieser Stelle eine kleine Verständnishilfe geben.

Dazu ist zunächst anzumerken, dass nur wenigen Medizinern, Virologen und Politikern eine pädagogische Ader gegeben zu sein scheint; ihre Erklärungen erscheinen zumeist äußerst infantilisiert. Es wird dann von der „Gesundheitspolizei" im menschlichen Körper gesprochen oder vom „Streifenwagen", der die Viren wieder einsammeln würde. Es gibt allerdings auch einen Bereich zwischen Wissenschaft und Kindergartenbeispielen – derart banal muss eine Erklärung für Erwachsene wirklich nicht sein! Fragt nun jemand seitens der banalisiert informierten Bevölkerung nach und möchte es vielleicht etwas genauer wissen, dann gelangt der Erklärende zumeist schon wieder schnell an das Ende seiner didaktischen Kompetenz und verweist gerne einmal darauf, dass das betreffende Thema doch zu kompliziert für den Rezipienten wäre. Tatsächlich aber ist dann das Thema zu kompliziert für den Erklärenden, der nicht zu einer entsprechenden didaktischen Reduktion fähig ist bzw. lediglich zu einer infantilisierten Information. Eine Dingsda-Erklärung ist nicht das, was erwachsene Menschen unserer Gesellschaft zufriedenstellen kann![405]

Lange Vorrede, kurzer Sinn – das Gesagte möchte ich nun an einem konkreten Beispiel kurz erklären: Zum Verständnis des Wesens von mRNA- bzw. Vektor-Impfstoff bietet sich ein Vergleich an – nämlich derjenige von Original und beglaubigter Kopie; der Vektor-Impfstoff nimmt Änderungen am Originaldokument vor, während der mRNA-Impfstoff dieselben Änderungen nur an einer Kopie vornimmt. Zudem sollte auch klar herausgestellt werden: der AstraZeneca-Impfstoff beispielsweise verwendet ein Adenovirus als Vektor, welches nur bei Schimpansen vorkommt. Ich denke, dass die körpereigene menschliche Abwehr diesem gegenüber auch einen Teil der bei diesem Impfstoff deutlich heftigen Abwehrreaktion hervorruft. Das Problem der Überreaktion gegenüber dem Vektor wird bei mRNA-Impfstoffen hingegen umgangen. Im Prinzip ist die Vektortechnik lediglich als eine Übergangstechnik anzusehen, mit welcher man im Sportdopingbereich bereits zahlreiche Erfahrungen gesammelt hatte und wo diese Technik ihre „Dienste" erwiesen hatte; wobei diese letztendlich ein Auslaufmodell darstellt. Kurzgefasst wollten die meisten Menschen lieber einen mRNA- als einen Vektor-Impfstoff erhalten – bzw. anfangs sogar wieder die „bewährten" Tot-Impfstoffe, um die man plötzlich doch wieder froh zu sein schien. Sie bieten jedenfalls genügend Schutz, werden aber traditionell wegen der eingesetzten Wirkverstärker kritisiert. Man erkennt auch hier: ohne Diskurs und Dialektik kommt keine fundierte Entscheidung zustande.

Ein psychologischer Aspekt ist im Zusammenhang mit der Ablehnung eines bestimmten Impfstoffes noch anzusprechen – nämlich derjenige der Verschiebung. Es gibt – und durchaus auch berechtigterweise – eine gewisse Impfskepsis gegenüber schnell entwickelten Impfstoffen mit fehlenden Langzeitstudien. Nun wurde beim Novum Coronaimpfung das Schwächste Glied in der (Impf-)Kette ausgewählt – namentlich AstraZeneca – und die gesamte Ablehnung des Sich-impfen-lassen-Müssens wurde auf diesen einen Impfstoff konzentriert; dieses Vakzin wurde zum Sündenbock für die Impfkampagne im Gesamten.[406]

In der pandemischen Notlage, welche sich der Impfung als Hauptinstrument bedienen muss, wäre es grundsätzlich angebracht, dass sich alle Gesunden impfen lassen, um die Kranken, welche nicht geimpft werden können bzw. die Kinder unter vierzehn Jahren, die nicht zur Herdenimmunisierung herangezogen werden sollten, zu schützen. Auf diese Weise könnte man eine solidarische Herdenimmunisierung erreichen. Gibt es nun einen höheren Prozentsatz an Impfverweigerern in der gesunden Erwachsenenbevölkerung, so bringt dies mit sich, dass die Impfpolitik auf weniger stabile Personenkreise ausweichen muss; d.h. Menschen mit Vorerkrankungen werden sich dann zum Eigenschutz, da sie den solidarischen Fremdschutz anderer nicht erhalten, selbst impfen lassen müssen. Wenn dann dort Impfkomplikationen (wie z.B. Schlaganfälle – wobei die Zahl der „Impfvaliden“ äußerst gering ausfällt – bei 121000 Impfungen mit Novovax gab es keinen Todesfall und 107 schwerwiegende unerwünschte Reaktionen, etwa die Hälfte davon anhaltend[407]) auftreten, so werden die notorischen Impfgegner und Eigenschützer diese auf Kosten anderer womöglich sogar noch als weiteres Anti-Impf-Argument einsetzen. Konkret: Wenn sich gesunde Mütter und Väter zur Herdenimmunisierung nicht impfen lassen wollen, dann werden stellvertretend andere und vor allem wohl auch ein Teil der Kinder geimpft werden. Wollen wir das? Jemand, der in einer Großstadt lebt und niemals einen Wald betritt, lässt sich schließlich auch nicht gegen FSME impfen, weil er von dieser Erkrankung nicht betroffen ist. Mit Kindern verhält es sich bezüglich Corona ebenso – was sich allerdings in mittelfristiger Zukunft ändern kann; denn neugeborene Kinder bleiben bei einer durchimmunisierten Bevölkerung immunologisch naiv. Wer nun aber frühzeitig forderte, gesunde Kinder zu impfen, machte dies nicht für die Kinder selbst, sondern zur Herdenimmunisierung grundsätzlich gefährdeter Erwachsener – und dafür sollten unsere Jüngsten und Sensibelsten als Zukunftsträger nun wirklich nicht eingesetzt werden! Es ist vielmehr die verpflichtende Aufgabe der Politik, durch die objektive Aufklärung dafür Sorge zu tragen, dass gesunde Erwachsene sich selbst und andere durch Impfung schützen und somit die angestrebten 80 bis 85 Prozent Impfquote zur Herdenimmunisierung erreicht werden. Denn dann, wenn beispielsweise jeder zweite Mensch ungeimpft bliebe, wäre dies statistisch damit zu vergleichen, als ob die Gesamtzahl der Bevölkerung immerhin noch halb so groß wäre. Das ist in der Summe immer noch groß genug, dass sich dabei weitere Infektions- und Erkrankungswellen durchsetzen können. Im konkreten Beispiel:

Ein Landkreis hat 100000 Einwohner. Die Impfquote beträgt 55 Prozent und man geht von fünf Prozent Genesenen aus. So verbleiben immer noch 40000 Menschen, die sich ohne Impfschutz jederzeit vollumfänglich anstecken können.
Eine solche Impfquote mag für die Grippewelle genügen, wenn sie die vulnerable Bevölkerung schützt – Corona war von Alpha bis Delta allerdings eine ganz andere Hausnummer!

Es wurden nicht nur bei der Aufklärung zum Thema Impfstoffe schwerwiegende Fehler gemacht – auch die Impfreihenfolge war alles andere als ideal festgelegt worden; dabei musste schließlich nachgebessert werden und die sinnvolle Priorisierung vorschnell aufgegeben werden, was Ärzteverbände heftig kritisierten. Angesichts eines akuten Impfstoffmangels für Erstimpfungen in der zweiten Maihälfte 2021 war es auch verkehrt, bereits Infizierte bzw. Genesene grundsätzlich und undifferenziert zur Zweitimpfung zu schicken. Ein Antikörpertitertest für alle, deren Infektion sechs bis zwölf Monate zurücklag und nur dort eine Impfung, wo diese zu niedrig lagen – das wäre in dieser Phase der Impfstoffknappheit eine sachlich-sinnvollere individuelle und nicht die außenauferlegt-bürokratische Norm gewesen![408] Boostern hat dort, wo das Glas bereits voll genug ist, wenig Sinn; vielmehr wäre es dort angebracht, wo dieses bereits mehr als halbleer ist – und das erfährt man ganz einfach über Antikörpertests im Abstand von zwei Monaten; bei den Ü60-Jährigen gegebenenfalls monatlich während des Winterhalbjahres vorzunehmen.

Das ist wesentlich besser, als einfach ins Blaue (Blut!) hinein zu impfen!

Erwähnt werden sollte im Zusammenhang mit dem Nutzen von Impfungen auch, dass Impfungen nicht immer nur allein gegen die vorrangig geimpfte Krankheit Wirkung zeigen, sondern auch weitere Keime und Viren erfolgreich bekämpfen. So schützte die Pockenimpfung nicht nur gegen die Pocken, sondern auch vor anderen Infektionen, wie z.B. Scharlach, Keuchhusten, Masern und Syphilis.[409]

Abschließend möchte ich zum Thema „Impfung: ja oder nein?“ noch einige Argumente erörtern:

- Eine überstandene Coronakrankheit bietet schon aus Aktualitätsgründen grundsätzlich den entsprechend besseren Schutz vor mutierten Viren als die in der Entwicklung und Zulassung der mutiert-viralen Realität hinterherhinkende Impfung.

- Eine Kreuzimmunität – wir orientieren uns hier an den Erfahrungen mit den Influenza-Viren – dürfte demzufolge im Gegensatz zu einer einzigen durchgemachten Coronaerkrankung am ehesten nach etwa drei Corona-Impfungen erreicht werden. Ideal ist die Kombination aus mehreren Impfungen und einer (danach!) erfolgten Infektion.

- Die Impf-Immunisierung bietet eine Primärinfektion unter kontrollierten Bedingungen. Diese findet zudem nicht im Lungenbereich statt.

- Auch die Personal-Awareness für möglicherweise auftretende Nebenwirkungen ist nach Impfungen hoch, während der mit Corona Infizierte die betreffenden Symptome vielleicht (erst) gar nicht erkennt und womöglich sogar falsch einordnet.

- Man steckt andere als Impf-Immunisierter kaum an, als Erkrankter wird man stets auch andere – insbesondere beim 50-Stunden-Fenster vor Symptombeginn – infizieren. Ungeimpfte sind tagelang ansteckend, Geimpfte zumeist nur ein paar Stunden. Sich nicht impfen zu lassen, hat somit auch immer etwas mit Egoismus zu tun – das müssen wir ebenso festhalten. Wir wissen, dass es auch Menschen gibt, die allein darauf setzen, dass sich genügend andere stellvertretend für sie impfen lassen würden: „Ein Grauen ist uns der entartete Sinn, welcher spricht: Alles für mich.“[410]

- Tatsache bleibt: An einer Herdenimmunisierung kommen wir angesichts des pandemischen und quantitativen Ausbreitungscharakters nicht mehr vorbei; und diese erreicht man in einer globalisierten Massengesellschaft nur per Impfung – jahrelange Lockdowns mit viralen Mutationen sind dafür keine ernsthafte Alternative. Dabei muss ein gleichrangiger Zugang zu Impfstoffen global etabliert werden.

- Kinder unter vierzehn Jahren sollten wir als besonderes Schutzgut verstehen und deshalb im gesunden Normalfall von der Impfung ausnehmen.

- Ansprechen sollten wir auch noch ein weiteres Thema, welches die Menschen umtreibt: Was passiert, wenn ich mich kurz nach der Impfung mit Corona infiziere? Auch dann hat man durch die Impfung bereits einen Vorsprung; denn das Immunsystem hat dann bereits auf den damit bekannten Erreger reagieren können. Zudem sind Impfdurchbrüche (Geimpfte, die – dennoch infiziert – leicht erkranken) nicht so häufig, wie von den Impfgegnern verlautbart. Auch die aus dem mRNA-Impf-Vorreiter Israel beschriebenen Herzmuskelentzündungen halten sich hierzulande aus amtlicher Sicht in Grenzen: von einer Million geimpfter Jugendlicher sind angeblich nur 24 solcher Fälle erfasst – was doch etwas sehr wenig erscheint; es ist zudem anzunehmen, dass manche davon auf ein nicht angemessenes Verhalten nach der Impfung zurückzuführen sind. Wer beispielsweise geimpft wurde und tags darauf am Sport teilnimmt, setzt sich bei entsprechender Genetik durchaus einem gewissen Myokarditis-Risiko aus. Sicher ist diesbezüglich: Wer nach der ersten mRNA-Impfung zehn Tage und nach der zweiten einen ähnlich langen Zeitraum (Myokarditis tritt bevorzugt nach der zweiten Impfdosis auf!) Ruhe und Regeneration einlegt, bleibt demgegenüber auf der sicheren Seite.[411]

Nun wollen wir auch einmal die Frage stellen, was ohne Impfstoff eigentlich geschehen wäre: Wie lange hätte es gedauert bis die Herdenimmunität durch eine natürliche Durchseuchung erreicht worden wäre? Wie viele Tote hätte das bedeutet? Wie lange wären die Lockdowns überhaupt noch durchzuhalten gewesen?

Eines sollten wir darüber dennoch nicht vergessen: Die Lösung für Corona und den Schutz vor weiteren Pandemien ist nicht allein darin zu suchen (und zu finden!), jedes Jahr aufs Neue durchzuimpfen, sondern vielmehr (und wenigstens parallel dazu) das Wirtschaftssystem zu vermenschlichen, die Wohnbedingungen zu entprekarisieren und unser Arbeiten, Enkulturieren und Zusammenleben wieder humaner zu machen.[412]

Mit der Omnikronvariante änderte sich die Situation schließlich grundlegend, denn nun konnte man die Herdenimmunisierung laufen lassen und dabei die sensiblen Personengruppen schützen. Dies heißt allerdings nicht, dass die Impfkampagne in irgendeiner Form umsonst gewesen wäre – ließ die hohe Impfquote doch andere Varianten, die deshalb nie das Licht der öffentlichen Wahrnehmung erreichten, erst gar nicht hochkommen!

Stellt Corona nun eine vorübergehende Singularität dar oder müssen wir uns – wenn wir nichts zu ändern bereit sind – zukünftig daran gewöhnen, immer wieder mit kleineren epidemischen und zuweilen auch pandemischen Erscheinungen zu leben? Da es nicht das erste Virus seiner Art ist, gilt wohl Letzteres. „Krankheiten sind, ins Große gerechnet, bereits Folgeerscheinungen des Verfalls, nicht dessen Ursachen."[413]

Corona: Symptom oder Syndrom?

„Wo sie ihr Blut einimpften, impften sie auch ihr Laster ein.“[414]

Die allgemeine Hilflosigkeit seitens der Verantwortlichen angesichts der damals noch neuen Coronawelle manifestierte sich in einer interessanten Verschiebung. Denn kurzfristig wurde im Frühjahr 2020 das entschlossene Vorgehen, welches für den Umgang mit Corona erforderlich gewesen wäre, in einer überzogen strikten Vorgehensweise stellvertretend hinsichtlich einer neuen Impfpflicht gegen die Masernimpfung eingesetzt. Damit hatte man es leider frühzeitig geschafft, die jüngere Bevölkerung gegen eine kommende Coronaimpfung aufzubringen – nach dem Reaktionsmotto: Wenn das Kind schon gezwungen wird, sich gegen Masern impfen zu lassen, dann wird man sich als unbewusste Konsequenz deshalb nicht gegen Corona impfen lassen. Die dauermediale Diskussion um eine Impfpflicht, als diese politisch noch gar nicht beabsichtigt war, hatte hier schon verfrüht und unnötig die Gesellschaftsspaltung in ihrer Frontenbildung verhärtet. Mit der Konsequenz: je mehr unnütze Diskussion umso weniger Impfbereitschaft – und dieser Zustand ist vorrangig den selbstgerechten Medien zuzuschreiben.

Auch spielt eine Rolle, dass die eingesetzten Schutzmaßnahmen dazu geführt haben, dass sich weitaus weniger Menschen infizierten als ohne Schutzverordnungen – was ja auch deren Sinn darstellt. Nur hat dies in nicht wenigen Kreisen dazu geführt, anzunehmen, dass die Gefahr nach einem längeren Zeitraum, durch welchen man infektionsfrei durchgekommen wäre, doch gar nicht so groß sein könne. Es gibt also durchaus einen nicht gerade geringen Prozentsatz in der Bevölkerung, der das Coronaproblem nicht hinreichend verstanden hat.

Ein weiterer Grund, weshalb die Antipathie gegenüber Impfungen insbesondere bei Müttern so stark ausgeprägt ist, liegt schlichtweg tiefenpsychologisch begründet: Während beim Mann die Kastration als primäre Urangst besteht, dass ihm etwas genommen werden könnte, so ist es bei der Frau die Angst, durch das Eindringen von Fremdem innerlich verletzt zu werden. Die Impfung entspricht dabei eher dem weiblichen Angstbild und weniger dem männlichen – somit finden wir auch bei Müttern (die zudem ihre Kinder schützen wollen) die größere individuelle Abwehr gegenüber einer Impfung; in diese Stoßrichtung drücken auch sich verbreitende Gerüchte, dass das Impfen angeblich einen negativen Einfluss auf die Schwangerschaft haben würde. Die Gender Imbalance bei der Organspende bestätigt diese tiefenpsychologische Verortung einmal mehr: Frauen spenden, Männer empfangen.[415] Wer darüber hinaus psychoanalytisch versiert ist, wird hier unschwer das Appellieren und angstbesetzte Bezugnehmen auf eine im Tiefen zu Grunde liegende Sexualstörung unserer Gesellschaft erkennen. Viele Gründe, sich etwa nicht impfen zu lassen oder die Coronaerkrankung zu verharmlosen, sind nicht coronaspezifisch, sondern zeigen vielmehr eine tiefe Verunsicherung und deutliche Entfremdungstendenzen des Menschen der Postmoderne auf.

„Korf erhält vom Polizeibüro
Ein geharnischt Formular,

Wer er sei und wie und wo.
Welchen Orts er bis anheute war,
Welchen Stands und überhaupt,
Wo geboren, Tag und Jahr.
Ob ihm überhaupt erlaubt,
Hier zu leben und zu welchem Zweck,
Wie viel Geld er hat und was er glaubt.“[416]

Der Lyriker Christian Morgenstern als Verfasser des vorstehenden Gedichts wusste natürlich noch nichts von einer kommenden Coronapandemie, doch dürfte er bereits so seine Erfahrungen mit der Macht irrational ausgeübter Bürokratie gemacht haben. Auch über ein Jahrhundert später waren einige getroffene Maßnahmen nichts anderes als verblendet, entfremdet und realitätsfern: während der Coronakrise wurden z.B. Lastwägen beim Einfahren in Firmengelände desinfiziert, der Fahrer aber konnte ungehindert passieren und anderen Menschen die Hände schütteln. Der Deutschen liebstes Spielzeug – die Bürokratie – zeigte sich auch beim Kugelschreiber-Sortier-Spiel: die guten (unbenutzten) ins Töpfchen, die schlechten ins Kröpfchen; so etwas ist kleinkariert und lenkt nur vom Wesentlichen ab. Selbst Parkbänke wurden während der ersten Lockdowns mit Absperrbändern umwickelt, damit sie bloß niemand mehr benutzen möge; alte Menschen aber benötigen solche Ruhebänke – einmal abgesehen davon, dass damit für den Infektionsschutz wirklich überhaupt nichts gewonnen wurde. Auch Wertstoffhöfe wurden dienstbeflissen geschlossen – um dann zwei Wochen später doch wieder geöffnet werden zu müssen; nur, dass sich jetzt die Menschen dort wirklich auf engem Raum stauten.

Wäre nicht statt der Schließung eine Ausweitung der Öffnungszeiten (wie in den Supermärkten anfangs auch) als Maßnahme die richtige Lösung gewesen? Hätte man da nicht durch ein wenig Nach- und Mitdenken von Anfang an selbst daraufkommen können – ja vielleicht sogar daraufkommen müssen? Allerdings nur dann, wenn man eben nicht nur nach oben gehorchen, im vorauseilenden Denken Befehle devot weitergeben würde und sich dabei noch selbst zu übertreffen suchte!

„Voll Jubel ertönt's vom Mast und vom Kiele:
„Wir nahen dem Ziele!"
Der Fährmann am Steuer spricht traurig und leise:
„Wir segeln im Kreise."[417]

Ein weiteres Beispiel aus dem Bereich eines verordnenden Abstrusitätenkabinetts: „In den Küchen wird soweit möglich zwischen den Mitarbeitern ein Abstand von mindestens 1,5 m eingehalten"[418] – allerdings zum Nebenmann. Ein Mundschutz war dort, wo das Essen zubereitet wird (im Gegensatz zum Service, der das Essen nur trägt, überhaupt nicht vorgeschrieben) und wurde demzufolge auch nicht getragen. Aus der Praxis für die Praxis stammen solche Weisungen gewiss nicht; zumal das Tragen von Mund-Nasen-Schutz in Küchen ohnehin aus Gründen der dortigen Feinstaubbelastung eine Win-win-Situation darstellen würde!

Die Handys der in China an Corona verstorbenen Menschen wurden mit Schaufeln in große Abfallsäcke verfrachtet.[419]

Auch das von der provisionsheischenden Wirtschaftspolitik so heißgeliebte Smartphone sollte mit Selbstüberwachungs-Apps in der Coronakrise die Welt retten. Während der Pandemie wurde damit offenkundig, dass der Mensch sogar hier die Rettung bei der Unterhaltungstechnik suchte – doch Smartphones selbst gelten als regelrechte „Keimschleudern". Denn: Was macht der Mensch, wenn er beispielsweise eine öffentliche Toilette verlässt? Er nimmt als Erstes sein Smartphone zur Hand bzw. dieses dorthin sogar mit – was inzwischen 55% der Menschen in Deutschland, 71 % in den USA und 80% in Spanien machen.[420] Dann hält er sich dieses Gerät direkt an die Gesichtshaut. Wollten wir in der Coronakrise nicht lernen, das Gesicht vor Keimen zu schützen? Dieses digitale „Keim-Board" sollte wirklich unsere Rettung sein? Wir wollen uns abgesehen davon gar nicht ausmalen, wie die Menschen überwacht und ausspioniert worden wären, hätte es zu Gestapo- oder Stasi-Zeiten bereits das Smartphone gegeben![421]

„Auf Listen stehen, ist gefährlich."[422]

In den großen Staatseinheiten ist es zudem dazu gekommen, „dass die Vorstellung, sie müssten dem Willen des Volkes Ausdruck verleihen, zu einem Wettstreit zwischen den verschiedenen Parteien und Berufspolitikern entartet ist, von denen die meisten zur Zeit der Wahlen ihr Programm so zurechtschneidern, dass es dem entspricht, was ihnen nach Aussage der Meinungsforscher Wählerstimmen einbringen wird. Wenn sie dann gewählt sind, handeln sie je nach dem Druck, der auf sie ausgeübt wird, wobei der

Wille ihrer Wähler nur eine unter vielen Pressionen darstellt – und es gibt nur wenige, die auf Grund ihrer Kenntnis der Probleme und aus echtem Interesse und Überzeugung handeln."[423] Wer nun aber Menschen fälschlicherweise schont, indem eine Krise geschönt wird oder Bürger gar durch Weglassen oder Verharmlosungen indirekt belogen werden, braucht sich schließlich nicht zu wundern, wenn ihm die Menschen, wenn es wirklich wieder ernst wird, nicht mehr folgen; so wird Vertrauen verspielt.[424]

Die späte Erkenntnis – oder: nicht einmal das!

„Ein Band von Goethe blieb mir bis heut mein bestes Wehr und Waffen."[425]

Im Prinzip waren es immer wieder dieselben Fehler, welche bei politischen (Corona-)Entscheidungen strukturell gemacht wurden – namentlich in erster Linie halbherzige Reaktionen. So blieb es der Bevölkerung völlig unverständlich, dass man bei der Impfdosen-Vorbestellung gegeizt hatte; zumal es sich bei der Firma Biontec um ein deutsches Unternehmen handelte, dass schon im Mai 2020 den betreffenden Impfstoff entwickelt hatte – selbige Unentschlossenheit gilt für PCR-Tests, die ebenfalls in Deutschland entwickelt wurden, und in vielen Ländern längst eingesetzt werden konnten, als man hierzulande noch immer kein nationales Testkonzept entwickelt hatte.[426] Das Geld wäre hierbei doch ebenso im Lande geblieben – wie etwa bei der finanziellen pandemischen Staatsförderung der Autoindustrie – und dabei wohl deutlich sinnvoller angelegt worden. Man muss sich somit schon auf die eigenen Füße stellen, wenn man etwas gesellschaftlich erreichen will. Abwarten und erst einmal nicht handeln, wie wiederholt geschehen, ist aus psychologischer Sicht allein der Ausdruck einer verkappten Form der Hoffnungslosigkeit.[427] Damit aber „das Mögliche entsteht, muss immer wieder das Unmögliche versucht werden."[428]

„Viele Bereiche des Gesundheitswesens leiden unter chronischem Personalmangel."[429]

„In der Tagesschau wird mehr über die Personalausfälle bei der Lufthansa als in den Krankenhäusern berichtet."[430]

Keine Schutzmasken, keine Desinfektionsmittel, die geplante Schließung der Hälfte aller Krankenhäuser, unzureichende Impfstoffbeschaffung und -verteilung, das anfängliche Fehlkonzept der Impfzentren unter Ausschluss der Hausärzte aus dem Impfgeschehen (welches erst mit ihnen Fahrt aufnahm), Elementar- und Primarpädagogen in der Priorisierungsgruppe 3[431]*, keine Teststrategie, trotz allem Digitalisierungsgerede eine fehlende digitale Vernetzung der Gesundheitsämter, keine Schnittstellen, die es erlaubten, dass die Wirtschaft sich mit innovativen Produkten schnell einbrachte;*[432] *dazu ein zwölfköpfiges Treffen mit Wirtschaftspartnern, als die zweite Welle richtig Fahrt aufnahm, und schließlich auch noch selbst infiziert. Nach dem Abflauen der dritten Welle wurde das Ende der pandemischen Lage glatt auf einen Zeitpunkt festgesetzt, als dann Ende November 2021 tatsächlich ein neues Allzeithoch mit der vierten Welle auftrat.*[433] *Was hätte ein Ge-*

sundheitsminister eigentlich noch mehr falsch machen können?

„Ein Mundschutz ist nicht notwendig, weil der Virus gar nicht über den Atem übertragbar ist“[434] *– so der deutsche Gesundheitsminister.*

„Müssen wir wirklich alles verzeihen? Zu wenig Schutzausrüstung, zu wenige Masken, und wenn welche beschafft wurden, dann noch mit Gewinn für CDU/CSU-Politiker, zu wenig Impfstoff bestellt, mit falschem Konzept in die zweite Welle gelaufen, einen vermeidbaren Langzeit-Lockdown ermöglicht, spät mit dem Impfen begonnen, statt der erhofften 75 Millionen Impfdosen im zweiten Quartal kommen nur 32 Millionen, Wegfall der Priorisierung bei AstraZeneca.“[435]

„Auch wenn das politische Mundwerk des Gesundheitsministers schneller als die Klugheit in einer Demokratie ist (Klugheit gemäß Platon in dieser unser abendländischen Kultur ist die erste Kardinaltugend): Vernunft fördert Vertrauen: Das gelingt der politischen und administrativen Kaste immer weniger.“[436]

„Der geschäftsführende Bundesgesundheitsminister Jens Spahn will gegen eine allgemeine Impfpflicht stimmen.“[437]

„Der deutsche Gesundheitsminister sprach sich noch gegen die allgemeine Absage von Großveranstaltungen aus, als im nordrhein-westfälischen Heinsberg bereits ein Ausbruch im Zusammenhang mit dem Karneval aufgetreten

war."[438] *Der deutsche Gesundheitsminister zog beim Veranstaltungsverbot „erst nach, als der erste Deutsche der Seuche erlag."*[439]

Im Nachbarland Österreich wurde der Gesundheitsminister freiwillig ausgetauscht, um einer Person aus dem medizinischen Bereich Platz zu machen, was sich dort gut bewährt hatte – in der Bundesrepublik Deutschland jedoch nicht. Erst nach dessen Abwahl kam es zum längst überfälligen Tausch von Politproporz gegen Fachlichkeit und Expertise. „Grundsätzlich war es wohl der Pandemie geschuldet, dass sich das Auswahlverfahren des künftigen Gesundheitsministers mehr an der fachlichen Kompetenz orientierte als an Proporzgedanken."[440]

In den ersten Wochen der Pandemie machten die Regierungen der westlichen Staaten so ziemlich jeden Fehler, den man im schlimmsten Fall für möglich gehalten hätte. Dennoch erklärten die Staats- und Regierungschefs und ihre Gesundheitsminister gebetsmühlenartig, das jeweilige Gesundheitssystem sei für die drohende Pandemie hervorragend gerüstet. In Wirklichkeit fehlten überall in Europa Schutzausrüstungen, Desinfektionsmittel, Beatmungsgeräte und Medikamente. Auch die Gesundheitsämter waren nicht ausreichend vorbereitet.[441] „Erinnern wir uns an die Aussagen: Das Robert Koch-Institut und die Weltgesundheitsorganisation empfehlen für die allgemeine Bevölkerung ausdrücklich keine Masken. So sieht es auch der Vorsitzende der der Deutschen Gesellschaft für Infektiologie: Persönlicher Schutz ist im Augenblick vollkommen unsinnig." Die 180-Grad-Wende, die dann bezüglich des Tragens von Masken vollzogen wurde, hatte in der Bevölkerung zu einem großen Vertrauensverlust geführt."[442]

Manche sind ihrer Aufgabe gewachsen, andere wachsen an ihr – und bei wiederum anderen ist beides nicht der Fall.

Alles, was überzogen ist bzw. neue und unnötige Nebenschauplätze eröffnet, wirkt in einer Krise schädlich.[443] Es ist ein lange erprobter und ebenso bewährter Grundsatz, in einer Krise nichts Neues auszuprobieren, sondern stattdessen lieber auf Bewährtes zu setzen. Nun aber Impfzentren aus dem Boden zu stampfen, wenn bereits ein gut funktionierendes hausärztliches Versorgungssystem besteht, war keine besonders gute Idee. Es hätte ausgereicht – und wäre deutlich patientenkonformer gewesen – hätte man von Beginn an auf die Hausärzte gesetzt und parallel dazu mobile Impfteams in Altenheime, Wohn- und Pflegeinstitute und weitere Gemeinschaftseinrichtungen sowie Schulen (für das Personal!) und später auch Betriebe geschickt. Besonders dort, wo die Impfquote niedrig liegt, hätte man diese konzentriert einsetzen können, während Impfzentren viel zu starr und unflexibel sind. Ebenso wollen sich bei den Auffrischungsimpfungen lediglich 20 Prozent der Bevölkerung dorthin wenden – die überwiegende Mehrheit wählt verständlicherweise auch hier den Hausarzt ihres Vertrauens;[444] und ganz besonders die Impfskeptiker und -gegner gewinnt man mit einer Struktureinrichtung, welche das Größenstigma des Staates trägt, schon zweimal nicht. „Rückblickend lässt sich feststellen: Die Impfzentren waren nicht notwendig. Die Impfzentren waren unverschämt teuer und dabei auch noch weniger effektiv als die hausärztlichen Praxen." [445]

Eine Krise benutzt man nicht dazu, Neues einzuführen, sondern vielmehr setzt man auf die bereits bestehende Infrastruktur. Es geht in einer Krise darum, möglichst schnell wieder stabile Strukturen und Verhältnisse zu etablieren (und damit ist am allerwenigsten gemeint, dass sich alle Verantwortlichen ihrer Position sicher sein können, sondern vielmehr das gute Funktionieren einer Gesellschaft); nicht allein hinsichtlich des wirtschaftlichen, sondern vor allem gegenüber dem sozialen Wohlergehen. Einmal mehr hatte auch hier die Coronakrise aufgezeigt, dass für die nachwachsende Schülergeneration als Zukunftsträger keine entsprechenden Hilfspakete aufgelegt wurden, wie diese hingegen für die Gegenwartswirtschaft geschnürt wurden. Der Bund hätte einen Extra-Fonds auflegen müssen, damit Schulen und Kindergärten zusätzliches Personal bekämen.[446] Oder – um ein anderes Beispiel aus dem institutionellen Bereich zu nennen: Welcher Betrieb hatte vor Corona einen aktuellen und tatsächlich für eine Pandemie wirksamen Hygieneplan?[447]

Bessere Entscheidungen

„Corona ist leise, solange man nicht davon betroffen ist."[448]

Wir haben angesichts der Coronapandemie erleben dürfen, wie schnell die Kunst und die Kultur beiseitegeschoben und als Erstes geopfert wurden – und auch in dieser Position verharren mussten – somit also erwiesenermaßen über keine echte Lobby im wirtschaftsliberalen System verfügen. Doch „Musik könnte in schweren Zeiten zur Mäßigung beitragen, könnte wie alle Kunst kommentieren und informieren, geistige Freiräume schaffen, Ideen für eine bessere Welt projizieren. Dass sie nun von den Mächtigen als wenig systemrelevant erachtet wird, lässt deshalb tief blicken."[449]

„Die Presse eifrig beglosselt,
Woran die Regierung bosselt:
Wo könnte man sparen?
Wir haben's erfahren:
Kultur wird am ersten gedrosselt."[450]

Es wäre durchaus als eine Kunst zu verstehen, die richtigen Entscheidungen zu treffen: auch das hat sehr viel mit Kreativität zu tun! Anstatt etwa die schulischen Faschingsferien einmalig streichen zu wollen, um dann eventuell doch wieder einen Rückzieher machen zu müssen. „Von kreativen Lösungen, wie man vulnerable Gruppen schützt, hörte man ebenso wenig wie von sozial- und kulturverträglichen Maßnahmen."[451] Von kreativ und (voraus-)denkenden Künstlern zu lernen, wäre also durchaus angesagt gewesen.

„Die Kultur schaffende Gruppe lebt am Rande der Gesellschaft."[452]

Manche Künstler begannen damit, sich während der Krise in neu gegründeten Verbänden zu organisieren. Der außerhalb Stehende wurde damit allerdings durch die katalysierende Wirkung der Pandemie zum Schwachen gemacht, weil man nur noch als Mitglied einer möglichst großen Gruppe zu seinen Rechten kam; eine Entwicklung, die nicht gerade den gesunden Geist der Demokratie atmet. Da auch dort die wenigsten Menschen demokratisch gefestigt sind, musste es fast dazu kommen, dass man selbst in so manchem Kunstbereich vom leisesten Windhauch weit nach rechts geweht wurde. Die Tatsache einer katalysierenden Wirkung gilt ebenso auch für das Thema Verschwörungstheorien, welche leider auch so manchen Kulturträger erfassten; doch selbst diese Tendenzen gab es schon zuvor – „der Glaube an Verschwörungen liegt in Deutschland über die letzten Jahre relativ konstant bei 20 bis 30 Prozent.“[453] Nicht wenige Künstler, die sowohl von der Wirtschaft als auch vom Staat im Stich gelassen wurden, schlossen sich schließlich sogenannten Verschwörungstheoretikern an, die ihrerseits allerdings auch noch ein anderes und weitaus weniger demokratisch ausgerichtetes Publikum anziehen. Der Vorwurf solcher Anti-Corona-Maßnahmen-Demonstranten lautete neben manchem Argument, das völlig überzogen oder gar absurd war, allerdings berechtigterweise auch, dass die Kultur zuletzt kam bzw. ganz vergessen wurde.[454] Ein weiteres auftretendes Paradoxon entpuppte sich dabei folgendermaßen: freie Theater, U-Musiker und selbstständige Künstler wurden bereits vor der Coronapandemie hierzulande kaum bzw. überhaupt nicht gefördert, um auftreten und spielen zu dürfen. Spielten sie dann während der Lockdowns gezwungenermaßen nicht, so erhielten sie dafür paradoxerweise plötzlich auch einmal Geld vom Staat.

Zudem wurde durch bestimmte Maßnahmen der Regierung das Großunternehmertum weiter gefördert, während die kleineren Einheiten übergangen wurden – diese ökonomokratische Tendenz galt besonders für die digitale Verkaufswirtschaft.[455] Hier wirkte die Coronakrise allerdings „lediglich“ als Katalysator. Denn man hatte eigentlich gar keine neue Politik eingeschlagen, sondern „nur“ das in verstärkter Form gemacht, was ohnehin wirtschaftspolitisches Programm war – und das war und ist für die Kunst und Kultur nach wie vor sehr wenig; die Bevölkerung hatte bereits vor Corona eine politische Richtung gewählt, welche mit vielen Großkonzernen verbunden und verbandelt ist.

Wenn Corona schließlich einmal endgültig signifikant zurückgehen wird, dann werden dennoch viele Menschen weiterhin ihr neu erlerntes Verhalten beibehalten, welches vor allem den großen digitalen Händlern nutzt. Dies betrifft das in der Pandemie massiv gesteigerte Online-Einkaufsverhalten ebenso wie die Nutzung entsprechender Bezahldienstleister; gewiss nicht alle Menschen werden nach der Pandemie zu ihrem Konsumverhalten vor der Pandemie zurückkehren – das aber wird so manchen kleineren Händlern den Garaus machen, während die großen Verkaufs- und Vermarktungseinheiten erheblich profitieren. Die Menschen an der Basis haben längst erkannt, dass unser überkommenes Wirtschaftssystem nicht nur tiefe Risse aufweist, sondern vielmehr danach ruft, in dieser monopolisierten Form abgerissen zu werden. Wenn dann zu allem Überfluss auch noch vom intensivierten Verdrängungswettbewerb während der Krise profitierende Großkonzerne davon sprechen, doch ebenso ihren Beitrag zur Krise zu leisten, dann ist das nichts anderes, als wenn Wüstenbewohner geloben, keine Fische zu essen: sie tun dies ohnehin nicht. Alle Wirtschaftshilfen, welche während der Coronakrise veranlasst wurden, müssen darüber hinaus gegenfinanziert werden. Dies geschieht jedoch längerfristig und wird die nächste Generation treffen.

„Wer etwas wusste, auch wenn er nie darüber sprach, war gefährlich; denn er war ein potentieller Sprechender.“[456]

Nicht wenige Bürger wunderten sich, weshalb rechte Gruppierungen, die sie vielleicht erstmals während der Asylkrise gewählt hatten, nun plötzlich gegen Klimawandel, wissenschaftliche Corona-Erkenntnisse und entsprechende Schutzmaßnahmen agierten. Man vertrat die Meinung: Das hätte doch eigentlich nichts miteinander zu tun. Dem ist allerdings nicht ganz so, denn: Wer nur egoistisch nationale Interessen verfolgt, blickt dementsprechend auch global nicht über den eigenen Tellerrand hinaus. Er erkennt dann weder das sich anbahnende erdumspannende Klimaproblem noch dessen Ursachen. Auch die betreffende Bevölkerungspolitik beginnt bei solchen Denkweisen erst viel zu spät: nämlich erst dort und dann, wo und wenn das Problem (in diesem Fall die Problemstellung des afrikanischen Armuts- und Kriegsexodus) vor der Haustüre – sprich den Landesgrenzen – steht. Dass sich dieses Problem bereits innerhalb des afrikanischen Kontinents „zusammengebraut“ hatte, entgeht jedoch einer solchen begrenzt kurzsichtigen Wahrnehmung. Ebenso fehlt solchen Menschen die Fähigkeit, nicht nur räumlich, sondern auch zeitlich vorauszudenken: beispielsweise im Hinblick auf die Klimaerwärmung bzw. ebenso bezüglich der Ausbreitung der Coronapandemie.

„Nicht nur der lügt, welcher wider sein Wissen redet, sondern erst recht der, welcher wider sein Nichtwissen redet."[457]

Was der Mensch kennt und weiß, wird zum Teil seiner Identität, weil er sich darauf verlassen muss. „Fehlen aber stabile Vorab-Kategorien, der Einordnung oder des Framing (das Einordnen von Neuem in die eigene Lebenssituation – der Verf.), dann steigt die Anfälligkeit für Fehlinformationen und Fehlinterpretationen. Wenn wir immer weniger tiefergehendes Wissen besitzen, sind wir umso anfälliger für Meldungen, die wahr scheinen, es aber womöglich nicht sind."[458] Mit Halbwissen bzw. politisch, ideologisch oder persönlichkeitspsychologisch motivierten Argumenten umzugehen, ist eine neue Kunst der Gegenwart geworden, welche viele Menschen (noch) nicht beherrschen – aus dem ganz einfachen Grund, weil sie sich dieses erforderlichen aktiven Prozesses der Auseinandersetzung mit Informationen viel zu wenig bewusst sind; man verlässt sich auf das, was man hört und sieht – ganz besonders dann, wenn es digital und (pseudo-)alternativ daherkommt. „Der Umgang mit Wissen und Nichtwissen war zwar schon immer wichtig, muss aber bei der Programmierung digitaler Systeme noch viel grundsätzlicher als bisher in den Blick genommen werden, weil wir sonst dem Output eines digitalen Systems fälschlicherweise auch dort vertrauen, wo dieses Vertrauen auf Grund problematischer Eingangsdaten nicht gerechtfertigt ist."[459] Besonders jüngere Menschen, die volldigital aufgewachsen sind und entsprechend sozialisiert wurden, vertrauen regelrecht blind auf ihre längst zum bestimmenden Teil der Persönlichkeit gewordenen Helfer. Wir haben uns technische Gegenüber geschaffen, die längst nicht mehr nur auf Augenhöhe sind (was für sich genommen, bereits irrig wäre), sondern weit über uns stehen, sodass der Mensch zum passiven Empfänger digitaler Sender geworden ist. Dabei delegieren wir inzwischen nicht nur Informationen und Wissen, sondern auch schon das Denken an diese technokratischen Adressen und übernehmen dabei nur noch die Ergebnisse. Der Denkprozess spielt sich ex corpore, außerhalb der Person ab. Was dann nicht mehr im Rahmen dieser digitalen Welten geschieht – wie z.B. in den Bereichen der anthropologischen Geisteswissenschaft – wird nicht mehr wahrgenommen. Die Fülle an Informationen im Netz führt dabei paradoxerweise dazu, dass man sich als User-Gemeinschaft wieder in streng abgrenzende Communities und Filterblasen zurückzieht.

Rasche gesellschaftliche Veränderungen erfordern zudem eine Fülle an Orientierungsreaktionen, welche übrigens schon der medizinische Verhaltens- und Lernpsychologe Iwan Pawlow beschrieben hatte. Damit sind nicht wenige Menschen überfordert. Sie beginnen deshalb zu leugnen, weil ihnen dann die Umorientierung, zu welcher sie nicht in der Lage sind, (zumindest fürs Erste) erspart bleibt. Tatsächlich aber entfernen sie sich damit immer weiter von der Wirklichkeit, was dann oft zur Zuflucht ins World Wide Web führt. Damit wird jedoch einmal mehr der Bock zum Gärtner gemacht; denn die Betreffenden flüchten schließlich dorthin, woher die überfordernde Veränderung kommt. Die Implosion der Medien schreitet dann ungehemmt fort und übernimmt regelrecht das nicht mehr vorhandene autonome Denken der betreffenden Menschen. In der Übersicht zusammengefasst ergibt sich folgendes Schema, wobei – wie so oft – der zweite Fehler der weitreichendste ist:

1. Überforderungssituation
2. Fehlendes Durchdenken der Situation
3. Flucht zu Gleichgesinnten
4. Entfernung von der Gesellschaft und der Realität
5. Verfestigung und Abschneiden des Rückwegs durch Stigmatisierung und Verstoßen-Werden
6. Segregierende Isolation und Radikalisierung
7. Ausweitung und Ansteckung weiterer Personenkreise

Parallel dazu findet in den Stadien vier bis sieben auch eine Ausweitung im Sinne weiterer und bisher neutraler Mitläufergewinnung bzw. eine Aufnahme radikaler Ansichten und entsprechender Desiderate durch populistisch orientierte Mainstream-Parteien in gemäßigterer Form statt. Kurzum: Die abstrusen Ideen setzen sich auch im Mittelbau durch, um zahlreiche an die Radikalen verlorene Wähler wieder zurückzugewinnen. Oder etwas literarischer ausgedrückt: Wird der Bodensatz aufgeweicht, so verschlämmt er auch klares Wasser.

„Der Maulwurf hört in seinem Loch ein Lerchenlied erklingen und spricht: Wie sinnlos ist es doch zu fliegen und zu singen!“[460]

Vielleicht haben sie schon einmal festgestellt, dass es vollends durchdigitalisierten Computermenschen schwerfällt, mit der Hand zu schreiben oder anderen etwas zu diktieren? Ihre Gehirne sind schlichtweg nicht darauf eingestellt. Fällt ihr Medium nun einmal aus oder wird es ihnen weggenommen, so werden diese hilflos oder aggressiv. Kinder bzw. Jugendliche schlagen in solchen Fällen sogar körperlich massiv auf ihre Eltern ein. Das süchtig machende Medium reicht schließlich gewissermaßen in die betreffenden Menschen hinein.[461] Dies wird auch verständlich, wenn sie etwa darauf achten, wie wichtig ein Smartphone für seine Nutzer geworden ist. Wenn es tatsächlich einmal irgendwo vergessen wird (was in der Regel nicht mehr vorkommt und damit auch schon sehr viel aussagt), dann bricht bei den betreffenden Menschen eine regelrechte Panik aus. Nicht deshalb, weil dort sensible Daten gespeichert sind – das wäre lediglich die Rationalisierung; es ist vielmehr so als hätte man einen Teil seines Körpers verloren – und damit ist vor allem das Gehirn gemeint.

Wer hingegen beispielsweise das Lebendige als Ideologie verstanden und selbiges für sich als Grunddogma gesetzt hat, muss nicht erst in einem konkreten Fall nachdenken und abwägen: Für ihn ist es selbstverständlich, die Menschen zu schützen und den Schutz des Lebens über (in der

Krise ohnehin nur kurzfristige) wirtschaftliche Interessen zu stellen. Es wäre hierbei wohl besser, das Wort „Ideologie“ durch das der „Moral“ zu ersetzen; denn auch die Moral kann eine Ideologie sein. In jüngerer Zeit häufen sich auch im publizistischen Bereich die Beispiele, wo eine moralische Entscheidungsfindung zum Inhalt gemacht wurde; dies entspringt einem gegenwärtigen moralischen Reformstau: uns fehlen die Leitlinien – ob nun im moralischen, ethischen und demzufolge auch im juristischen Bereich oder bei der Corona-Triage. Dazu kommt eine Abwehr des Ideologiebegriffes an sich, der gemeinhin zu Unrecht als etwas sehr Negatives gilt. Ohne ethisches Fundament aber kommt es zu Orientierungslosigkeit, Überforderungssituationen und unüberlegten Einzelfallentscheidungen.[462]

Wenn wir von schlechten, guten und besseren Entscheidungen sprechen, so müssen wir auch in diesem Zusammenhang das Thema Change-Management ansprechen. Der Impfstoff bzw. genauer gesagt die Impfstoffe hatten schließlich eine völlig neue Situation erbracht. Nun war man plötzlich dazu in der Lage, eine schnelle Herdenimmunisierung zu bewirken. Die Situation, mit welcher man in das Winterhalbjahr 2021/22 ging, sah folgendermaßen aus:

- Knapp zwei Drittel der Menschen galten als geimpft; hierzu ist anzufügen, dass die tatsächliche Zahl etwas höher lag (allerdings nicht bei 85%, wie es Nachbefragungen angeblich ergeben hätten), weil angeblich Meldungen nicht getätigt worden seien.

- Etwa sechs bis acht Prozent dürften genesen gewesen sein, wobei hier Dopplungen mit dem Status „Genesen/Nachgeimpft“ (minus) bzw. die Dunkelziffer (plus) bereits herausgerechnet wurden.

Somit konnte man im Herbst 2021 von etwa siebzig Prozent geschützten Menschen ausgehen. Nun kommt aber das Entscheidende: Denn dazu, um die Pandemie mit dem Winterhalbjahr 2021/22 ad acta zu legen, wäre es notwendig gewesen, noch weitere fünfzehn bis zwanzig Prozent der Menschen zu impfen. Angesichts einer durchaus fortgeschrittenen Zahl, war nämlich jede neue Fünf-Prozent-Hürde Gold wert. Es hat noch kaum einen Effekt auf die Pandemie, wenn erst 25, 30 oder 35 Prozent Geimpfte im Lande sind – ob es aber 70 oder 85 Prozent sind, das ist sehr wohl ausschlaggebend dafür, um die Pandemie endscheidend zu brechen.

Wartet man in einer solchen Situation nun wieder ab und bleibt politisch zögerlich, so nähme man in Kauf, dass sich die Pandemie noch über einige Jahre fortziehen kann, weil die Wirte für das Virus dann weiterhin in ausreichender Zahl vorhanden wären. Man muss also in Zeiten der Impfstoffverfügbarkeit einen gänzlich anderen Kurs fahren als zuvor. Es kann dann nicht mehr die Aufgabe der Politik darstellen, die Menschen kollektiv durch Lockdowns und ausgedehnte Maskenpflichten zu schützen, wenn die Möglichkeit des Selbstschutzes bereitgestellt wurde. Eine zentrale Aufgabe bleibt es allerdings, dafür Sorge zu tragen, dass die Pandemie beendet werden kann. Ansonsten würde es in den Folgewintern, wenn der Impfschutz nachgelassen hat und die Auffrischungsmoral gesunken ist, unweigerlich dazu kommen, dass die Pandemie saisonal weiterläuft und besonders Menschen, die aus gesundheitlichen Gründen nicht geimpft werden können, dauergefährdet leben müssen. Auch Tests in Schulen, die in der Wintersaison 2020/21 so bitter notwendig gewesen wären, haben mit der vollständigen Impfstoffverfügbarkeit ihre Hauptwirkung verloren. Sie dienen dann vielmehr dazu, festzustellen, wie hoch die Infektionsraten in den betreffenden jungen Altersgruppen liegen, weil dort schließlich kaum spürbare Erkrankungen auftreten.

Ein weiterer Grund, um die Kern-Pandemie durch aktives Handeln schnellstmöglich zu beenden, ist auch die stete Gefahr von Mutationsbildungen bei hoher Wirte-Verfügbarkeit. Nun wird mancher entgegnen, dass dies ein globales Problem sei, womit ich völlig d`accord gehe. Dies befreit uns aber nicht davon, unsere eigenen Hausaufgaben zu machen; zumal andere Länder bzw. Kontinente dies bereits getan haben. In Europa gab es in Frankreich oder Dänemark beispielweise sehr hohe Impfquoten (unter anderem durch Berufsgruppenimpfungen erreicht);[463] Australien hatte eine erfolgreiche virale Abschottungspolitik bewiesen und parallel dazu erfolgreich geimpft; Asien hatte durch entweder einen funktionierenden Sozialcharakter in den betreffenden Gesellschaften die Menschen gegenseitig geschützt bzw. durch repressive Maßnahmen hinsichtlich einzuhaltender Kontaktbeschränkungen, wie z.B. in China, die Pandemie sehr kleingehalten (allerdings ohne parallele Durchimpfung der Bevölkerung); Afrika hatte in den großen und engen Agglomerationen teilweise Durchseuchungen erlitten und war durchaus ebenso ein „Corona-Kontinent“ – besitzt aber günstige Standortvorteile, wie etwa ein heißes Klima und einen jungen Altersschnitt der Bevölkerung; Südamerika hatte wie der indische Subkontinent in den Städten und Slums eine Herdenimmunisierung (mit hoher Opferzahl) erreicht und in den weitläufigen ländlichen Regionen ein eher niedriges Infektionsgeschehen. Doch für die Mutationengenerierung erwiesen sich die warmen Länder als die entscheidenden, da dort eine hohe Verfügbarkeit an Wirten gepaart mit milden Verläufen und geringen Todesraten sowie wenig Schutzmaßnahmen dem Virus – abgesehen vom Klima – gute Bedingungen bietet.

Ein er(n)ster Rückblick

„Alle Bücher dieser Welt
Bringen dir kein Glück
Doch sie weisen dich geheim
In dich selbst zurück.“[464]

Wie ist die Pandemie nun in einer ersten und ernsten Rückschau einzustufen? Dass sie als Infektionskrankheit der unteren Atemwege die längste Zeit mit der Grippe inhaltlich wenig gemein hatte, dürfte sich inzwischen wohl selbst in Relativiererkreisen herumgesprochen haben. Die jeweilige Ansteckung und demzufolge auch die Prävention ähneln sich aber – bis hin zur zukünftig gegebenenfalls saisonal erforderlichen Impfung. Eine weitere Parallele bietet, was den pandemischen Charakter ausmacht, der Vergleich mit der Tuberkulose: Denn auch Corona hat sich zu einer Krankheit entwickelt, welche in armen Ländern und Schichten nahezu ungehindert wüten, immunisieren und töten konnte, während sich die wohlhabenderen Menschen deutlich besser schützten. Die Coronapandemie zeigte zunächst auch einige sehr auffällig enge Parallelen zur Spanischen Grippe vor einhundert Jahren mit bis zu 50 Millionen Toten auf: die durchschnittliche Todesrate lag seinerzeit ebenfalls bei knapp drei Prozent, bei fehlender Gesundheitsversorgung bei etwa sechs Prozent – also nicht allzu weit von dem entfernt, was wir in globaler Hinsicht und unter Berücksichtigung der Dunkelziffer im Jahr 2020 feststellten.

Ein wesentlicher Unterschied besteht jedoch zur angesprochenen Situation der Spanischen Grippe vor ziemlich genau einhundert Jahren, denn damals gab es noch eine gewisse Form der Solidarität in einer vom Kriegsleid ohnehin schwerst geprüften Bevölkerung, während heute in einer saturierten Überfluss- und Überdrussgesellschaft die Ablehnung der Mitmenschen das Geschehen bestimmt. Vor einhundert Jahren scheiterte die gesundheitliche Versorgung am wirtschaftlichen Zusammenbruch nach dem Ersten Weltkrieg; heute bricht die medizinische Versorgung in kürzester Zeit zusammen, weil viele Gesundheitssysteme ökonomisch-optimierend kaputtgespart wurden. Hätte man die etablierten Gesundheitswesen hingegen weiter auf ihren ehemals hohen (auch finanziellen!) Niveaus weitergeführt, anstatt diese ökonomistisch zu infiltrieren, dann wäre man auch in der Coronakrise nicht derart gegen die Wand gefahren, wie es weltweit besonders in den wirtschaftsliberalen und archaisch-autoritär regierten Staaten geschehen ist. Dies hätte den ganz großen Vorteil erbracht, dass wir als Weltgemeinschaft nur sehr wenige Todesopfer zu beklagen gehabt hätten, wären rechtzeitig genügend intensivmedizinische Apparaturen und dementsprechend ausgebildete Ärzte zur Verfügung gestanden. Wir dürfen darüber hinaus nicht übersehen, dass ein „Alle-impfen-und-dann-weiter-so!“ allenfalls eine singuläre und auf den Coronafall bezogene Lösung darstellt. Es wäre sehr sinnvoll, mehr Intensivmediziner auszubilden, diese in Reserve vorzuhalten und ihre zusätzliche Ausbildung demensprechend auch zu honorieren – und das nicht nur durch Beifall klatschen: Wir müssen auch das Gesundheitswesen kräftig boostern! Wenn die Bürger etwas für den Staat tun sollen – nämlich sich gegen ihre innere Abwehr aus altruistischen Motiven impfen zu lassen –, dann sollte der Staat im Gegenzug auch etwas für die Bürger tun. Schließlich hatte vor wenigen Jahren eine Grippewelle bereits das Gesundheitssystem an – und regional auch über – seine Grenzen gebracht. Lediglich die Coronaimpfung und dazu ein mediökonomischer Weiter-so-Sparkurs wären nur halbherzige Maßnahmen. Die Antwort auf den eindeutig misslungenen Stresstest unseres politischen Gesundheitswesens ist daher nicht die Impfung allein. Das moralische Recht, mit dem Finger auf die Politik zu zeigen, hat dabei allerdings nur, wer selbst auch seinen aktiven Teil zur Pandemiebekämpfung beiträgt – und das geschieht nun einmal vorrangig mit der Impfung. Es wäre also entscheidend glaubwürdiger, wenn die Kritik am kaputtgesparten Gesundheitswesen von Geimpften und nicht von Impfverweigerern käme.

Das politische Kompetenz-Paradoxon

„Welche Regierung die beste sei? Diejenige, die uns lehrt, uns selbst zu regieren.“[465]

Der Tod frisst bekanntlich alle Menschenkind und fragt nicht, wessen Standes sie sind. Doch diese Sentenz hat die Rechnung ohne die postmoderne Gesundheitspolitik gemacht! Denn die ethische Entscheidung über Leben und Tod musste beispielsweise während der Coronakrise von Ärzten ganz konkret vor Ort getroffen werden. Daran verzweifelten bereits im März 2020 viele Ärzte im von dieser schweren Virusinfektion übermäßig stark befallenen Italien. Doch auch in Deutschland, wo man von diesem europäischen Negativbeispiel vorgewarnt gewesen wäre, zeigte man sich nicht in der Lage, eindeutige Kriterien festzulegen, die im Falle fehlender Beatmungsgeräte bzw. Intensivmedizinplätze eine Priorisierung des Überlebens bzw. Hierarchie des Sterbens vorgeben würden.[466] Man wich dieser Fragestellung von politischer Seite stattdessen lieber aus, indem man auf medizinische Kriterien verwies. Hier fehlte es an klaren Entscheidern und Moralisten, denn es sollte bei der betreffenden Fragestellung genau darum gehen, was geschehen solle, wenn medizinische Kriterien eben nicht mehr ausreichen.[467]

Zudem bestand während der Coronapandemie in Deutschland eine weitere völlig übersehene illegale Gleichbehandlung – Coronaerkrankte wurden nämlich grundsätzlich bevorzugt. Wer z.B. auf das Einsetzen von Stents wartete, musste seinen Operationstermin weit nach hinten verschoben sehen. Einige der Betroffenen erlitten demzufolge während dieser Wartezeit beispielsweise einen Herzinfarkt und verstarben. Diese Menschen wurden ebenso benachteiligt, wie sie in keiner Statistik auftauchen, welche die indirekt generierten Corona-Todesfälle berücksichtigen würde. Hier ist eine deutliche Zahl an Untererfassten anzunehmen. „Die Covid-Pandemie hatte und hat starke Auswirkungen auf Herzpatienten – zum einen, weil sie ein erhöhtes Risiko haben, einen schweren Verlauf zu erleiden oder zu sterben, zum anderen, weil auch viele Nichtinfizierte zögerten, bei akuten kardialen Beschwerden den Notarzt zu rufen."[468]

Der Besitz des bestmöglichen Gesundheitszustandes bildet „eines der Grundrechte jedes menschlichen Wesens, ohne Unterschied der Rasse, der Religion, der politischen Auseinandersetzung und der wirtschaftlichen oder sozialen Stellung."[469] Dafür Sorge zu tragen wäre eine zentrale Aufgabe – doch es fehlt hier heutzutage an vernunftbezogenen Denkern: Der Übergang vom theoretischen Geist (Anschauung, Vorstellung, Denken) zum praktischen Geist (Gefühl, Trieb, Glückseligkeit) kann kaum gelingen, wenn die Theorie schlichtweg fehlt.[470] Dazu kommt die Tendenz jeder Einzelgesellschaft, ihre Interessen als diejenigen der gesamten Menschheit vorzugeben.

Im Entscheidungsmanagement gibt es zudem ein entsprechendes Paradoxon: Je weniger jemand tatsächlich kompetent ist und je weniger er in der Theorie von Ethik und Moral gebildet ist, umso leichter fällt es demjenigen, politisch willfährig zu sein und dementsprechend zu handeln. Denn „unendlich viele Vorträge, Publikationen, politische Debatten haben nicht die Funktion, wichtige Lebensfragen zu enthüllen, sondern im Wortschwall zu verbergen."[471] Dazu kommt, dass jeder Mensch eine gewisse Tendenz zur Allmacht auch als Erwachsener noch in sich trägt; je weniger ein Mensch die ihm zu Teil werdende Macht aber verdient, je weniger er dafür geleistet hat und je weniger er für sein Amt geeignet ist, umso mehr wird dieser Mensch kompensatorisch in seiner Macht aufgehen; doch „die Menschen bezahlen die Vermehrung ihrer Macht mit der Entfremdung von dem, worüber sie Macht ausüben."[472]

Ethische Dilemmata

„Was wir auch immer über die Hoffnung sagen oder denken mögen, unsere Unfähigkeit, für das Leben etwas zu tun oder zu planen, verrät unsere Hoffnungslosigkeit."[473]

„Die Pferde der Hoffnung galoppieren, doch die Esel der Erfahrung schreiten langsam."[474]

Der religiöse Glaube, humane Werte, eine moralische Ideologie und die persönliche Ethik werden bei uns heute oftmals durch gesellschaftliche Normen ersetzt; viele Begriffe sind dabei allerdings zu ethischen Leerformeln geworden. Dabei wären Ethik und Moral heute so wichtig wie kaum einmal zuvor in unserer Menschheitsgeschichte! Die Coronapandemie hat den Rentenkassen beispielsweise einen gewissen finanziellen Vorteil verschafft. Denn die am Ende ihres Lebens nur noch Rentenbezüge beziehende und nicht mehr einzahlende Generation, welche noch am Aufbau der heutigen Welt teilhatte, wurde von der Generation ihrer Söhne und Enkel auf subtile Art mehr oder minder bewusst vergessen; eine postmoderne Variante des psychologischen Vatermordes, mit fadenscheinigen Rationalisierungen gespickt: Der betreffende alte Mensch hatte doch bereits mehrere Vorerkrankungen und hätte ohnehin nicht mehr lange zu leben gehabt – nach dem selbstgerechten, nekrophilen und schizopathischen Motto: Man solle als alter Mensch doch froh sein, wenn man stirbt, denn damit lebt sich´s offenbar am besten!

„Die großen Opfer an einer wirklich gelebten Humanität, wie sie angeblich den Homo Sapiens auszeichnen soll, werden von einer triumphierenden Minderheit, die einfach den primitiven wissenschaftlich-technischen wirtschaftlichen Fundamentalismus als geschichtlich unausweichliche Heilslehre verkündet, der großen Mehrheit mitleidlos aufgebürdet.“[475]

Die Coronakrise sollte uns wenigstens eines gelehrt haben: Wenn in der Politik nicht mehr starke Typen (wie etwa Helmut Schmidt, der bei der Sturmflut 1962 diesen Anspruch der individuellen Stärke bewiesen hatte) als sozial handelnde Menschen an den entscheidenden Schaltstellen sitzen, dann sind wir schlichtweg nicht mehr in der Lage, solche großen Krisen – wie z.B. die Coronapandemie – erfolgreich und schnell zu lösen. Demgegenüber veröffentlichte beispielsweise bereits zur Zeit der Frühphase der Weimarer Republik der damalige Pressechef der Reichskanzlei Ulrich Rauscher einen Aufruf im Namen des Reichspräsidenten Friedrich Ebert und erreichte mit diesem Aufruf zum Generalstreik die Beendigung eines Militärputsches – des sogenannten Kapp-Putsches.[476]

Im aktuellen Kontext gegenüber gestellt: Am Faschingssamstag 2020, als allen Insidern endgültig klar geworden war, dass es sich hierbei um eine globale Pandemie handelte, passierte genau das, was Ich-schwache Aufsteiger, die stets ihr karrieristisches Fortkommen im Blick haben, gemeinhin zu tun pflegen: nämlich überhaupt nichts! Ein Verantwortlicher, der sich selbst stets am wichtigsten nimmt, konnte dabei nur verlieren: Hätte er die Grenzen geschlossen und alle Faschings-Events zur hygienisch angezeigten Ausbreitung der Viren abgesagt – er wäre nicht nur von der Wirtschaft schärfstens kritisiert worden. Selbst dann, wenn er dabei Erfolg gehabt hätte, so wäre er dennoch nicht belohnt worden – ganz im Gegenteil: Es hätte dann in sinnverkehrender Weise im Nachhinein geheißen, dass die Maßnahmen überflüssig gewesen wären, weil doch ohnehin fast nichts passiert sei. Die Tatsache aber, dass eben genau diese Abriegelungsmaßnahmen gewirkt hätten, wäre kaum anerkannt worden.[477]

„Ein Funke kann einen Steppenbrand entfachen.“[478]

Erst aus Schaden klug zu werden: Können wir uns das im 21. Jahrhundert mit beinahe acht Milliarden Menschen tatsächlich noch leisten? Wer sich noch an den Super-GAU von Tschernobyl erinnern kann, wird wissen, dass es damals ebenso hieß: alles sei unbedenklich, man könne bedenkenlos unsere gute und gesunde Milch trinken, draußen weiterhin Fußball spielen und dergleichen.

Große Krisen bringen es immer mit sich, dass dort zumeist sehr schnell Wünsche auftreten, dass doch alles bloß wieder so werden solle, wie es zuvor war. Das gilt ebenso für das Personal: Heilsbringer sollen dementsprechend erneut diejenigen sein, welche nur Tage zuvor dieselben Menschen zur hedonistischen Verlustierung in den Karneval, zur gruppennarzisstischen Auflösung in der Fan-Masse des Fußball-Events oder zur Immer-weiter-so-Tradierung in die betonenen Bierzelte schickten. Wer's glaubt, wird selig – und das womöglich viel schneller als er denkt, denn „das Lob von tausend Narren wiegt nicht den Tadel eines einzigen Mannes auf."[479] Gelernt hat man dabei in zwei Jahren Pandemie nicht besonders viel: Die außergewöhnlich ungünstige Entwicklung in der Stadt Köln im März 2022 hing erneut mit dem Karneval dort zusammen.[480]

Der Autoritarismus als Lösung?

China baute zwölft intensivmedizinische Krankenhäuser innerhalb von wenigen Tagen auf, Österreich ließ das Militär für die Intensivmedizin ungeeignete Lazarette erstellen, Spanien baute eine Messehalle zum – allerdings nicht intensivmedizinischen – Krankenhaus um, Deutschland baute Test-Pavillons auf und die Trump-USA stellte Kühlhäuser für Leichen hinter den Krankenhäusern auf. Die Schlüsse daraus mag jeder Leser für sich selbst ziehen.

In einer Diktatur ginge es – gemäß manchem heutzutage mit der gegenwärtigen Demokratie unzufriedenen Menschen, der gleich reaktionsbildend ins Gegenteil des Demokratischen verfällt – angeblich schneller, ein größeres Bauvorhaben, wie etwa ein hochspezialisiertes Krankenhaus oder eine talüberspannende Straßenbrücke, zu realisieren – so argumentieren mittlerweile immer mehr Menschen. Bei einem solchen Fluchtpunkt-Denken werden allerdings autoritäre Strebungen und Strukturen gedanklich etabliert. Verständlicherweise führt jede Unentschlossenheit – nicht nur bei Corona – sehr schnell einmal zum Ruf nach dem starken Mann. So einfach verhält es sich aber doch nicht: Man kann schließlich nicht einerseits die zupackende Autorität einer andererseits demgegenüber zögernden Demokratie gegenüberstellen. Denn dort, wo in einer Demokratie über mehrere Legislaturperioden immer wieder lediglich ein Aussitzen und Wegducken angesagt ist, wird keine Werbung für die Demokratie betrieben – folglich wenden sich die Menschen von ihr ab und wählen womöglich eine (rechts-)populistische Partei.

Wie ist nun aber die Sachlage tatsächlich? Die Anliegen der von einer infrastrukturellen Baumaßnahme vor Ort betroffenen Menschen werden in einer Diktatur zumeist schlichtweg übergangen. „Totalitäre Diktaturen stiften bewusst moralische Verwirrung.“[481] Und umgekehrt macht moralische Verwirrung die Menschen wiederum empfänglich für den Totalitarismus, weil er populistisch sagt, wo und wie alles zu funktionieren hat.

Ganz von der Hand zu weisen ist dieser autoritäre Richtungseinschlag heutzutage allerdings nicht, denn manches, was in übersteigerter Form artikuliert wird, kann durchaus einen wahren Kern besitzen. Vergleicht man z.B. den Umgang mit der thematisierten Pandemie, dann zeigte sich ein Staat wie China, der in zwei Wochen die besagten zwölf hochwertigen Krankenhäuser aufstellen konnte und zugleich harte einschränkende, aber sehr schnell effektive Maßnahmen durchsetzte, dem zögerlichen Vorgehen mancher westlichen Demokratien durchaus überlegen. Das hat allerdings weniger etwas mit der nominellen Staatsform zu tun, sondern vielmehr damit, ob es sich um eine echte leistungsfähige Demokratie des Volkes oder eine in sozialen Belangen doch eher unbedarftere „Wirtschaftsdemokratie" handelt. Wenn in Europa das Coronakrisenmanagement global am schlechtesten gelaufen ist und in asiatischen Staaten deutlich besser, dann hat das nicht gleich etwas damit zu tun, dass die autoritäre Staatsform die geeignetere wäre, sondern kann schlichtweg auch mit der Qualität des Personals in den jeweiligen Systemen zusammenhängen. Denn von einer durchdachten und überlegten Entschlossenheit, wie sie Politiker vom Format eines Konrad Adenauer kennzeichnete, war weder national noch auf europäischer Ebene zur Coronazeit eine vergleichbare Kompetenz zu finden, die sich dadurch ausgezeichnet hätte, Maßnahmen zu ergreifen, bevor empirische Daten vorlagen; und vor allem auf einen entsprechenden Erfahrungsschatz eines diskursiv geführten politischen Lebens zurückgreifen konnte.

Lockdowns mit Vorlaufzeit bzw. Einschränkungen mit einer angekündigten Periode, wo diese noch nicht galten (wie etwa in Österreich mehrfach im Sommerhalbjahr 2020) geschehen, luden daher die Bevölkerung geradewegs dazu ein, schnell noch einmal das zu tun, was bald nicht mehr möglich sein würde: Menschenschlangen vor den Eisdielen, überfüllte Einkaufszentren, das vorläufig letzte Treffen mit Bekannten, noch einmal abends ausgehen und so richtig Party machen. So kam es zu monatelangen Halb-Lockdowns, die allerdings als „harte Lockdowns" bezeichnet wurden; ganz im Gegensatz zum asiatischen Raum, wo mit tatsächlich harten (und sehr kurzen[482]) Lockdowns schon nach zwei Wochen eine deutliche Abnahme des Infektionsgeschehens zu verzeichnen war, während hierzulande neben den Coronainzidenzen parallel dazu der Unmut und die Politikverdrossenheit weiter stiegen. Ich hatte schon im April 2020 einen solchen kurzen und harten Lockdown erwartet, und ehrlich gesagt in gutem Glauben auch damit gerechnet, dass man wenigstens zu Weihnachten 2020 einen harten Lockdown einrichten würde. Aus meiner Sicht[483] wäre es unerlässlich gewesen, vom 15.12.2020 bis zum 15.1.2021 das öffentliche und betriebliche Leben komplett herunterzufahren. Nur Ärzte, Krankenhäuser und Fahrdienste hätten dann geöffnet bzw. wären bereitgestanden sowie Apotheken und Lebensmittelversorger – allerdings mit der Vorgabe, nur einmal pro Woche einzukaufen. Jeder hätte sich zu entscheiden gehabt, wo er diese vier Wochen verbringen wollte und dann (abgesehen von Sport und Bewegung an der frischen Luft, welche jederzeit gestattet gewesen wären), wäre tatsächlich einmal Daheimbleiben angesagt gewesen – aber eben nur für drei bis vier Wochen; und nicht wie für Schulkinder, Studenten, Einzelhändler und Gastronomen für vier Monate bzw. noch weitaus länger!

Ideal wäre bei einer sich aufbauenden Pandemie besonders anfänglich eine global durchgeführte und absolut zuverlässige zeitgleiche Durchführung eines kurzen, aber harten Lockdowns – zumal dieser auch sehr gerecht ist und dementsprechend akzeptiert würde, weil er alle gleichermaßen träfe. Es ist gewiss eine große diplomatische Aufgabe, möglichst viele Staaten dafür zu gewinnen – und ebenso ist davon auszugehen, dass es stets einige Verweigerer geben würde. Doch dem könnte begegnet werden, indem für deren Bürger ein Einreisestopp bzw. wirksame Grenzkontrollen verhängt würden. Zudem: Wenn eine kritische Anzahl an führenden Beteiligten mitmachte und eine solche Maßnahme propagierte, dann würden die anfänglichen Verweigerer zumeist auch sehr schnell umfallen.[484] Es gibt durchaus die Möglichkeit des Aushungerns des Virus im totalen Monats-Lockdown, das ihm jegliche weitere Wirte entzieht; während alle anderen in dieser Zeit Erkrankten höchstens ihr eng begrenztes Umfeld anstecken könnten und sonst niemanden mehr. Die gesundheitliche Behandlung müsste während dieser Zeitspanne selbstverständlich gewährleistet werden – aber es würden dabei wesentlich weniger Fälle als bei den etablierten viertelherzigen Light-Lockdowns entstehen.

Lies erst einmal,
Ein Leben lang,
Und dann erst sag etwas,
Dann aber sagst du oft nichts mehr.

Die Pläne für den pandemischen Notfall lagen in China bereits in der Schublade bzw. auf der Festplatte. Hierzulande war man nicht gerüstet. Wie sieht es eigentlich heute, genau jetzt, aus? Hat man etwas dazu gelernt und etwas getan? Können wir wenigstens jetzt auf dezidierte Notfallpläne zurückgreifen? Beispielsweise für den atomaren Super-GAU? Man müsste, man sollte, wir würden und wir wollten – heißt es dabei zumeist – doch: „Das Bild der Welt bleibt immer schief, betrachtet aus dem Konjunktiv.“[485]

Liegen Baupläne für Notfallzentren bereit? Kann solches Personal die weitaus größere und mit einer Latenz von circa 30 Jahren eintretende Klimakrise abwenden? Eine weitere Lehre aus der Coronapandemie sollte es daher sein, solche Politiker zu installieren, die nicht nur prospektiv denken können, sondern zugleich auch den Mut besitzen, dieses Denken auch entgegen allen auftretenden Widerstände in die Tat umzusetzen. Damit sind allerdings keine wahnhaften Szenarien gemeint, sondern exakt das, was jemand in einem Sprichwort treffend zusammengefasst hat: Ein Kluger muss den Sinn auf das Vergangene lenken, das Gegenwärtige tun und das Künftige bedenken; denn „die Vergangenheit und die Erinnerung haben eine unendliche Kraft.“[486]

„Wahr sein – das können wenige.“[487]

Das Ende der Mutter aller Pandemien?

Wie wird es weitergehen?

„In der Überflussgesellschaft herrscht Diskussion im Überfluss.“[488]

Werfen wir zum Abschluss einen Blick auf eine Zukunft nach Corona – auch, wenn es derzeit nicht unbedingt danach aussehen mag: Wenn die Pandemie endgültig einmal vorbei sein wird, wird es erst einmal dazu kommen, dass sich eine statistische Untersterblichkeit einstellt, da viele der gesundheitlich schwachen Menschen bereits der Pandemie erlagen; allerdings gemindert um verschleppte chronische Erkrankungen, die während der Pandemie auf die lange Bank bzw. zu spät oder gar nicht diagnostiziert und behandelt wurden. Bei einem solchen zu erwartenden Positivtrend der Untersterblichkeit handelt es sich allerdings um keine tatsächlich gesundete Bevölkerung, denn der Tod Kranker und Schwacher wurde hierbei lediglich vorweggenommen. Von einer gesunden Gesellschaft kann demgegenüber nur dann gesprochen werden, wenn jeder Mensch sein Leben voll und ganz ausartikulieren kann. Durch den vorgezogenen Todesfall konnte er dies während der Pandemie in unserer Gesellschaft gerade nicht. Das ist mit dem Corona-Paradoxon gemeint.

Corona hat uns darüber hinaus betrachtet nicht gesünder, sondern vielmehr unlebendiger gemacht. Das gilt einerseits im wortwörtlichen Sinne, aber andererseits noch mehr im Hinblick auf unseren Lebensstil: Der Mensch von heute sieht sich längst keinen existenziellen Anforderungen mehr ausgesetzt, wie sie die Natur einmal vorsah; es reicht heutzutage im Prinzip aus, so zu leben wie ein großer Junge, der gerne wieder ein kleiner wäre. Man fügt sich seinem Schicksal, setzt seine Machtzeichen im kleinen Kreis, verhält sich ansonsten wie ein verletztes Tier und zieht sich zurück; erst dann, wenn jemand dem postmodernen Menschen zu nahe kommt, bewirkt dies eine Form der Abwehraggression. Der postmoderne Lebensstil ist somit insgesamt zunehmend nekrophil geworden. Jeder von uns trägt zwar biophile wie nekrophile Anteile in sich – da wir aber in einer nekrophil determinierten Gesellschaft leben, kommt es dazu, dass die Kräfte des Lebendigen im Menschen nachlassen und den Widerständen weichen, sodass in der zweiten Lebenshälfte der Todestrieb mitsamt seiner Destruktivität für die Lebensausrichtung bestimmend werden kann.

„Man kann die Menschen wie Uhren aufziehen, und sie wirken dann höchst „lebendig“, obgleich sie tatsächlich zu Automaten geworden sind.“[489]

Der Pessimismus mag gewiss eine starke soziale Lähmung – wenn nicht die Lähmung schlechthin darstellen – doch die Naivität und eine Fremdgläubigkeit machen eine Gesellschaft ebenso dysfunktional; zumal sich diese Dysfunktionalität in vielen Bereichen längst äußert und man sich lediglich damit abfindet, anstatt gegenzusteuern oder gar etwas Besseres entgegenzusetzen. Man muss daher einkalkulieren, sich unter Umständen durchaus einmal zum für manche Menschen erforderlichen Feindbild zu machen: wenn jemand beispielsweise versucht, eine bestimmte Diskussion auf ein fachlich höheres Niveau zu heben, welches bei den Realitäten ansetzt oder danach strebt diese zu verstehen und sich nicht nur aus einem Lamentieren, einer so angstbesetzt wie naiven Deutungungsversessenheit bzw. einem oralem Lospoltern zur regressiv induzierten Triebabfuhr zusammensetzt.

Das Abenteuer des Erkennens

„Als am zehnten März (2020 – der Verf.) der erste Coronafall auftrat, hätte niemand geglaubt, dass Rottal/Inn einmal zu den stärksten betroffenen Landkreisen in Deutschland gehören wird.“[490]

Einmal ganz abgesehen davon, dass der erste Coronafall in der betreffenden Beispielregion ganz bestimmt nicht erst am zehnten März auftrat, sondern bereits im Februar – so galt doch generell lange Zeit ubiquitär: Wo kein Test, dort auch keine Krankheit. Dieser Regel konnte man wohl bis zu einem gewissen Punkt folgen; als die Wahrheit dann aber schließlich doch ans Licht kam, war es allerdings zu spät; quod erat demonstrandum – und das nicht zum ersten Mal, wie der vielgelesene Buchautor Carl Zuckmayer bereits vor über einem Jahrhundert konstatierte: „Bei uns nicht in Deutschland, da is´n fester Boden d´runter, da is´ kein hohler Raum zwischen, da kann nichts passieren!“[491]

Von der ersten bis zur letzten Welle waren es immer wieder dieselben Inzidenz-Spitzenreiter, welche die Negativ-Top Ten der Corona-Charts unter sich ausmachen durften. Liest man sich die Einreisebestimmungen für Nachbarländer durch, so fällt auch hier auf, dass es immer wieder dieselben Regionen waren, welche Welle um Welle besonders betroffen waren; die niedrigen Sommer-Inzidenzen, welchen unter dem pandemischen Wahrnehmungsradar blieben, erwiesen sich hierbei als trügerisch. Man kann es nicht oft genug ansprechen: Eintritt, Verlauf und Ausmaß einer Epidemie bzw. Pandemie entscheiden sich ganz am Anfang. Was hätte man zu Pandemiebeginn in den ersten Wochen an Ansteckungen verhindern und wie viele unnütz dem Weiter-so geopferte Leben retten können! Es wäre dann ein bildungssystemischer Zeitkorridor von einer Woche Faschingsferien plus fünf Wochen Corona-Karenz plus zwei Wochen Osterferien angestanden – mehr als nur die Rettung! Doch es galt demgegenüber die Devise: Was jetzt ist, wissen wir frühestens in zwei Wochen – und mit einem diesbezüglichen Vorausdenken waren manche Verantwortliche eindeutig überfordert. Wenn also die Schulen und das öffentliche Leben erst zwei Wochen nach dem Fasching geschlossen wurden, dann erkannten wir dabei, dass exakt diese Denkfähigkeit fehlte. „Das war lehrreich!“ – so in etwa lauteten stattdessen die gängigen Sublimierungen der gezeigten Hilflosigkeit.

Die Aufgabe muss im Hinblick auf eine wütende Pandemie, welche tagtäglich mehr als eintausend Todesopfer in Deutschland allein forderte, allerdings lauten: Erkenntnis ja – aber wann? Vorher wissen und nachher wissen ist nun einmal nicht dasselbe; hier liegen tausende Todesfälle und viele mehr oder minder schwer verlaufene Erkrankungen dazwischen. Wir sollten uns daher parallel zu den unmittelbar ergriffenen Maßnahmen auch einen dicken Notizzettel anlegen, auf welchem wir uns begleitend folgende

Schlaglichter notieren, um diese dann mittelfristig umzusetzen; es gab und gibt also sehr viel zu lernen aus der Coronapandemie. Blicken wir nun einmal darauf:

- Bei zukünftigen Pandemien, griechisch-alphabetischen weiterdekliniert benannten Coronavarianten und vergleichbaren Bedrohungen muss frühzeitig-präventiv gehandelt werden und dabei auch in Kauf genommen werden, im Nachhinein betrachtet übervorsichtig gewesen zu sein – anstatt abzuwarten und darauf zu hoffen, dass sich die Dinge schon von selbst regeln würden.

- Bei Lockdowns ist die frühzeitige Festlegung einer Strategie zu treffen: ein kurzer, harter und rechtzeitiger (zugleich für danach positiv-perspektivischer) Voll-Lockdown oder stattdessen ein dauerhafter Light-Lockdown? Zumal zu beachten ist, dass ein nachträglicher Strategiewechsel kaum mehr möglich ist, da die anfangs gewählten Mittel die Entwicklung und das Fortschreiten der Epidemie bzw. Pandemie entscheidend mitbestimmen.

- Die Politik und ebenso die Medien haben die Bevölkerung stets vollumfänglich über die Wahrheit zu informieren. Dies schließt jegliche Weglassungen klar aus – Medien müssen ihre gesellschaftliche Rolle grundlegend anders als bisher wahrnehmen. Sie haben objektiv und an der Wissenschaft orientiert zu informieren sowie dabei den Menschen, nicht aber sich selbst zu dienen. Nachrichtensendungen haben sich am Empfänger und nicht am Sender zu orientieren; und das Wie-weicheich-der-Frage-aus-Spiel gehört vielleicht in Quizsendungen, nicht aber in die seriöse Politik!

- Der Mensch sollte die Lebensumstände beherrschen und nicht umgekehrt die Umstände den Menschen. Man könnte in diesem Zusammenhang auch in der Übertragung und Weiterführung der Corona-Lehren erkennen, dass ein atomarer Super-GAU beispielsweise nicht nur negative medizinisch-gesundheitliche Folgen haben würde, sondern auch wirtschaftliche, welche ihrerseits allein schon dieses Betriebsrisiko in keiner Weise rechtfertigen.

- Der Dreißigjährige Krieg beispielsweise durchseuchte Deutschland neben der Gewalt auch mit vielen schweren Krankheiten, die ihrerseits wiederum den Bodensatz für eine lang andauernde Servilität schufen.[492] Jeglichen autoritären Gesellschaftscharakterstrebungen ist daher zu begegnen, indem zukünftig der individuelle Charakter und die Identität des einzelnen Menschen von Beginn an deutlich besser gestärkt werden sollten.

- Die Schwäche unserer Gesellschaft liegt darin begründet, dass sie keine gemeinsamen Überzeugungen kennt – außer dem Konkurrenzdenken. Wir müssen demgegenüber grundlegend viel sozialer werden.

- Die Themen Ethik, Moral und Charakter sind keine reinen Expertenthemen, sondern sollten darüber hinaus vielmehr in den Fokus öffentlicher (nicht: veröffentlichter) Diskussionen gestellt werden.

- Ein Testen um des Testens willen bringt außer Publicity eher wenig. Das verhält sich nicht anders als in weiteren Bereichen, wo man nicht gezielt vorgeht: bei der zielgruppengerechten Werbung beispielsweise hat man Erfolg, bei einem willkürlichen Vorgehen erreicht man demgegenüber höchstens ein paar Zufallstreffer.[493] Man muss also stets von mehreren Seiten auf das bestehende Problem zugehen. Ein nicht nur einseitiges, sondern ebenso verhärtetes Vorgehen („testen, testen, testen"; „schließen, schließen, schließen"; „impfen, impfen, impfen") zeigt eigentlich nur den Starrsinn im Denken mancher Handelnder. Multilateralität bzw. Flexibilität und variatives Denken sind jedenfalls etwas gänzlich anderes!

- Ja, wir brauchen ihn – den von den etablierten Wirtschaftsliberalisten und Kapitalisten so arg gefürchteten Systemwechsel: zuerst der Mensch, dann die Ökonomie – nur so kann eine Gesellschaft auf Dauer funktionieren! „Dabei ist nicht zu vergessen, dass die Hauptschwierigkeit nicht in den wirtschaftlichen und technischen Aspekten des Problems liegen dürfte, sondern in seinen politischen und psychologischen Weiterungen. Gewohnheiten und Denkweisen lassen sich nicht ohne Weiteres ändern, da viele mächtige Interessensgruppen ein sehr reales Interesse daran haben, die Tretmühle unseres Konsums beizubehalten."[494]

- Eine Stärkung des primären Wirtschaftssektors ist grundsätzlich von Nöten – denn jeder Staat sollte zuallererst dazu in der Lage sein, sich selbst zu versorgen; der Selbstversorgungsgrad bei Nahrungsmitteln liegt in Deutschland bei gerade einmal zehn Prozent. Die prävalente Dominanz der Kapitalwirtschaft ist dabei erheblich zu reduzieren.

- Prekäre Arbeits- und Wohnverhältnisse sind durch eine menschliche Arbeits- und Lebensqualität zu ersetzen.

- Was die Bildung betrifft, so gilt es generell, Schulklassen zu verkleinern, Lernräume zu vergrößern und die pädagogisch-psychologischen (Denk-)Horizonte zu erweitern. Besonders Kinder und ihre psychosoziale Situation stellen eine Thematik dar, von welcher man während der Pandemie, als man noch entscheidend hätte gegensteuern können, nichts wissen wollte. Kinderärzte, Psychologen und weitere Fachleute kamen nur sehr vereinzelt mit ihren eigentlich sehr gewichtigen Stimmen vor; und Eltern, die gar für mehr Kinderrechte protestierten, wurden so manches Mal umgehend zu Coronaleugnern und verharmlosenden Querdenkern stigmatisiert. Dabei ist es doch bei allen Demonstrationen immer so, dass sich ein Teil irrationaler Menschen anschließt. Wenn diese aber medial in den Mittelpunkt gestellt werden, dann werden die tatsächlich seriösen Anliegen verzerrt dargestellt.[495] Daher noch einmal zum Mitschreiben für alle Verantwortlichen: „Die psychischen Auffälligkeiten bei Kindern und Jugendlichen sind angestiegen mit einem großen Spektrum an Ausprägungen. Die stationäre Psychiatrie geriet unter Druck, es gibt Wartelisten bis zu einem Jahr. “[496] „Eine

Umfrage mit mehr als 5400 Kindern und Jugendlichen in Österreich im Alter zwischen 6 und 18 Jahren lässt erkennen, dass viele der Befragten der Pandemiesituation verängstigt gegenüberstanden. Außerdem gaben viele an, eine gewisse Perspektivlosigkeit zu empfinden.“[497]

- Viele Verantwortliche verhalten sich im Hinblick auf ihre eigene (Fort-)Bildung nicht gerade vorbildlich: Wer von ihnen lernt fachlich fundiert tatsächlich im (Selbst-)Studium etwas dazu? Wer von ihnen liest beständig gesellschaftspolitische Bücher? Wer bildet sich auf wissenschaftlich hohem Niveau weiter?

- „Soll der Mensch gelingen, müssen die Verhältnisse so geändert werden, dass eine sozialcharakterliche Orientierung entsteht, die für das Gelingen nicht nur der Gesellschaft, sondern auch jedes einzelnen Menschen förderlich ist.“[498] Die Coronapandemie hat uns aufgezeigt, dass wir eine kapitalistische Konkurrenz- und keine Sozialgesellschaft sind. In einer gesunden Gesellschaft halten die Menschen in Krisen zusammen; in einer kranken Gesellschaftsform spalten sie sich. Die Coronapandemie schadet jedoch über kurz oder lang nahezu allen; deshalb sollte eine Krise einen und nicht spalten. Dass nun aber genau das geschah, zeigt letztendlich einmal mehr auf, dass die Menschheit in ihrer gegenwärtigen Gesellschaftsverfassung als gescheitert zu betrachten ist.

- Biophile Lebensalternativen sind aufzuzeigen, anstatt weiterhin vorrangig der Nekrophilie zu frönen, doch „viele sterben lieber fünf bis zehn Jahre „zu früh", als ihr Leben zu ändern."[499]

- Nachdem mehr oder minder erfolgreichen Handling dieser Pandemie sollte nun nicht auch noch die Aufarbeitung der großen Krise wieder allein in die Hände von Wirtschaftsberatern, Politikern und Virologen gelegt werden. Sind Psychologen beispielsweise nicht ebenso wichtig – gerade, was die Menschen in der pandemischen Situation betraf und mit den erworbenen psychischen Schäden weiterhin betreffen wird?

- Die Krankenhaussicherheit muss sich zukünftig verbessern – in hygienischer Form, aber auch im direkten Sinne der Sicherheit: Krankenhäuser müssen ihren öffentlichen Charakter ändern und nicht mehr bisher für jedermann zugänglich sein – wie etwa Bahnhöfe; wir sollten die kranken Menschen dort als wertvolles Schutzgut betrachten. Hier wären ständige Einlasskontrollen angezeigt wie nirgendwo anders – und dabei müsste ebenso eine verpflichtende Belehrung über das hygienische Verhalten der Besucher erfolgen: Wo die dicken Jacken und Wintermäntel zu bleiben haben (Wo sind z.B. die mit Empfangspersonal ausgestatteten Krankenhausgarderoben?), welche Toiletten benutzt werden (nicht diejenigen der Patienten – was leider Gang und Gäbe ist und nicht selten sogar aus Langeweile während der Besuchssituation immer wieder gemacht wird), wie bzw. dass überhaupt die Hände richtig desinfiziert werden und vor allem, dass erkältete Menschen keine Besuche zu machen haben (die Temperaturmessungen sollten neben einer zu unterzeichnenden entsprechenden Erklärung des gesundheitlichen Wohlergehens seitens der Besucher beibehalten werden). Nicht wenige Besucher in Krankenhäusern verhalten sich so, als ob die Spender mit Desinfektionsmitteln gar nicht für sie, sondern nur für das medizinische Personal gedacht wären. Hier fehlt es immer noch an Aufklärung; zumal dazu kommt, dass der Trotz mancher Coronagegner dazu geführt hat, bewusst Desinfektionsspender nicht zu benutzen.[500]

- Die schottische Regierung legte angesichts der Pandemie und ihrer Lehren daraus fest, dass dort alle neuen Krankenhäuser ausschließlich mit Einbettzimmern ausgestattet werden. Daran könnten bzw. sollten wir uns ein Beispiel nehmen![501]

- Das Thema Infektionsschutz sollte uns allen deutlich wichtiger sein als bisher. Es ist weder aus gesundheitlicher Sicht verantwortbar noch aus wirtschaftlicher Sicht besonders sinnvoll, jedes Jahr während der sogenannten immunologisch problematischen Übergangsjahreszeiten die Menschen betrunken zu in ihrer aufgesetzten Heiterkeit ohnehin trostlos wirkenden Faschingsveranstaltungen zu schicken.

Bleiben wir – um diesen letztgenannten Punkt exemplarisch etwas weiter auszuführen – an dieser Stelle ein letztes Mal beim leidlichen Thema Fasching. Denn man könnte hierzulande Faschingsumzüge durchaus in den Sommer verlegen – es gilt schließlich zu bedenken: Wie viele Menschen erkranken durch solche Super-Spreading-Ereignisse jedes Jahr unnötig – nicht nur an Corona? Wie viele alte, schwache und chronisch kranke Menschen sterben jedes Jahr deshalb, weil sie sich durch diese verlustierende Viren-, Keim- und Bakterienstreuung anstecken? Das Ganze wird in die Betriebe, in die Kitas, in die Schulen, in die Universitäten und in die Heime getragen – ist es das wirklich wert? Es verhält ja nicht nur bei Coronaviren so – erinnert sei nur an die Meningitisstreuung im Februar/März 1998. Können wir uns abgesehen davon nicht wenigstens etwas niveauvoller beschäftigen als mit Polonaise, Umzügen und billigsten Ballermann-Schlagern? Könnte man diese Events bei uns auf der Nordhalbkugel nicht sinnvoller auf einen hygienisch besser geeigneten Termin (21.6 als Sommeranfang beispielsweise oder auf den Termin der Walpurgisnacht am 30.4.) setzen? In unserer trostlos winterstarren Natur und in den grauen Asphaltstädten wirken diese Umzüge doch ohnehin wie ein zwangsverlustigter Fremdkörper – wie ein verirrter kleiner bunter Wurm in einem Meer von Beton gewordenem Grau trister Winterstädte. Das winterliche Köln ist einfach nicht das hochsommerliche Rio de Janeiro! Wir sind als lebendige Menschen eben doch noch Naturwesen und nicht für die Innenwelt und schon gar nicht für diejenige eingepferchter Massen geschaffen.

In Morbus Veritas

„Es gibt keinen gefährlicheren Irrtum, als die Folge mit der Ursache zu verwechseln.“[502]

Die Coronakrise hat uns so fraglos wie schonungslos die Augen geöffnet. Drei Wege aus der Pandemie standen dabei offen:

- Alles einfach laufen zu lassen, was Millionen an Toten bedeutet hätte.

- Individuelle Verhaltensweisen (z.B. Maske) und allgemeine Schutzmaßnahmen (z.B. Lockdown) einzurichten, was allerdings ohne parallel dazu stattfindende Impfung eine Pandemie um Jahre verlängern würde.

- Eine Zero-Covid-Strategie: Hierfür gibt es gute (Australien) und schlechte (China), weil repressive Beispiele.

Hierzulande hätte ein harter Anfangs-Lockdown wahrlich Wunder gewirkt; dazu eine schnelle parallel zum Lockdown 2020/21 stattfindende Impfkampagne – und uns wären die folgenden Wellen erspart geblieben. Schützen ohne gleichzeitig zu impfen ist definitiv kein erfolgreicher Weg aus der Krise, weil damit die Herdenimmunisierung lediglich verschleppt würde.

Möglichst schnell wieder alles wie vorher – und das ganz besonders bei der Wirtschaft: so lautete leider oft die informelle Corona-Losung bzw. -Lösung. Doch freier Warenverkehr bedeutet immer auch freier Viren-Verkehr –

wie der Coronavirus-Import nachhaltig belegte. „Zurück zur Normalität!“ – dieser Satz wurde uns dabei beständig medial eingebläut, ebenso wie folgender: „Unser altes Leben wieder erhalten!“ Doch wollen wir das überhaupt? Eine derartige pandemische Krise und dann wieder alles wie vorher und so gut wie gar nichts daraus lernen? Zumal es sich zwangsläufig um eine verschärfte Normalität handeln wird: Die Zügel in einer ohnehin bereits ohne Krisenmodus alles andere als menschenfreundlichen und arbeitnehmerfairen Arbeitswelt mit weiterer Prekarisierung, bis hin zum Endstadium Frauen- und Kinderarbeit, würden bei einer Back to Zero-Strategie ansonsten weiter angezogen – allein schon einer Kompensation entstandener Verluste halber.

„Boring old normal, how attractive it seems.“[503]

Hat Corona nun eigentlich auch etwas Gutes angesichts des vielen Schlechten mit sich gebracht? Hat Corona überhaupt eine positive Seite oder war einfach alles nur negativ? Konnte man etwas aus der Pandemie und unserer Krise lernen? Werfen wir – auch wenn es schwerfallen mag – dashalb nun einen Blick darauf:

- Corona war ein notwendiger Augenöffner hinsichtlich unseres desolaten sozialgesellschaftlichen Zustandes.

- Corona bot und bietet die Chance zu einer sozialpolitischen Wende.

- Corona lieferte neue Erkenntnisse über unser Immunsystem, mögliche Ansteckungswege und die entsprechende Prävention; auch im Hinblick auf weitere Krankheiten.

- Die angesichts des Corona-Stresstests erkennbar vernachlässigte Gesundheitserziehung benötigt viel mehr Aufmerksamkeit und deutlich mehr gesellschaftliches Gewicht – nicht zuletzt als eigenes Schulfach. Die Prävention war viel zu lange ein Stiefkind der Politik. Die Gesundheitssysteme müssen zudem resilienter werden.

- Wir wissen jetzt, wo wir stehen: medizinisch-hygienisch, soziologisch-sozial und sozialpsychologisch.

- Wir können aus der Krise lernen, zukünftig nicht vorrangig vom Virus – also der Sache – aus zu denken, sondern vielmehr ausgehend vom Menschen; so wurde während der Coronapandemie der Faktor menschliches Immunsystem so gut wie gar nicht beachtet: es gab verschwindend wenige offizielle Empfehlungen für die Stärkung des Immunsystems.

- Corona kann durchaus eine notwendige Wertediskussion in Gang setzen: über Humanismus, Ethik und Moral – ein neues Achtundsechzig schafft dies allerdings noch nicht!

- Wir wissen nun, wie es um unsere Sozialität und Solidarität steht – nämlich sehr schlecht. Wenn sich mindestens drei von vier Menschen impfen lassen müssen, um die Herdenimmunisierung zu erreichen, dann sollten alle Gesunden dafür bereit sein, um mit ihrer Impfimmunität Heranwachsende, Kranke, Schwangere und Nicht-Reagible zu schützen. Wertlose Schutzmasken gratis an Obdachlose und Behinderte verteilen? Das sagt eigentlich schon alles: „Obwohl spätestens ab September 2020 wieder reichlich nach den regulären EU-Vorgaben zertifizierte Masken verfügbar waren, plante das BGM zum Jahreswechsel, mindestens 65 Millionen der überschüssigen PfH (-Masken – der Verf.) an besonders vulnerable Gruppen zu verteilen: Menschen mit Behinderung, Wohnungslose oder Asylbewerber."[504]

- Die Coronapandemie hat uns ebenso aufgezeigt, dass besonders in Krisen politische Maßnahmen entschlossen und nicht zögerlich-abwartend und auf eine Selbstlösung hoffend getroffen werden müssen. Für Lockdowns beispielsweise gilt: härter, kürzer und gerechter!

- Nicht vergessen wollen wir bei den positiven Seiten auch, dass man nicht – wie vor der Pandemie – jedes Businessmeeting als Präsenz durchführen muss, sondern ergänzend auch Online-Konferenzen einsetzen kann.[505]

- Die Coronakrise hat wohl auch für den letzten Ignoranten die Mainstream-Medien als das entlarvt, was sie sind: selbstgerechte Geschäftsmodelle im Dienste der Aufmerksamkeitswirtschaft in privater Hand, welche sich skrupellos der Skandalisierung bedienen.

- Keine Nation lebt auf einer coronafreien Insel: nationale Egoismen und Abschottungstendenzen funktionieren in einer bald acht Milliarden Menschen fassenden globalen Welt nicht mehr, wie die Coronapandemie nachhaltig belegen konnte. Selbst ein national isoliertes „Freiimpfen“ hat generell wenig bestand, wenn parallel dazu ein ganzer Subkontinent impf- und schutzlos über eine Milliarde Menschen als Wirte für Mutationen offeriert.

- Wir haben angesichts der Krise wohl auch gemerkt, was politisch wirklich wichtig ist – und was nicht. Die sinnlos-endlos-nutzlosen Streitereien um die Sommer-/Winterzeitumstellung beispielsweise gab es während der Pandemie jedenfalls plötzlich nicht mehr.

- Politisch zu handeln bedeutet nicht reden, sondern Ersteres. Corona-Schnelltests, die im Januar 2021 eingeführt hätten werden müssen, erst im Juni in Schulen stellvertretend einzusetzen, ist ebenso fehlkonzipiert, wie Kindern zunächst nichts beizubringen und sie später in Nachhilfeangebote zu schicken. Dazu kommt, dass Schnelltests bei geringer Keimlast eine hohe Fehlerquote aufweisen, ohne fachpraktische Einweisung zumeist falsch durchgeführt werden und viele Tester ohnehin kein Interesse an einem positiven Ergebnis haben – nur dass dies keine Win-win-Situation darstellt, sondern allein dem Virus und seiner Verbreitung hilft.[506] Nicht wenige Getestete hatten kein Interesse an einem positiven Test und der entsprechenden Quarantäne. Der Begriff des „Freitestens“ sagt hierbei eigentlich schon alles; es ging dabei nur darum, möglichst schnell an ein negatives Testergebnis zu kommen und dann verschiedene Tests bzw. Testarten gegeneinander auszuspielen und madig zu machen.

- Die Entdeckung kritischer Phasen stellt eine der bedeutendsten Erkenntnisse jüngerer Wissenschaftsgeschichte dar: Das Gehirn benötigt für seine Reifung Eindrücke und Stimuli aus der Umwelt; dabei gibt es jeweils ein kritisches Zeitfenster (Maria Montessori hatte zwar nicht den entsprechenden neurologischen Hintergrund, doch erkannte sie anhand ihrer Beobachtungen Vergleichbares – sie sprach dabei von sensiblen Phasen), währenddessen sich das Gehirn besonders empfänglich und formbar erweist. Man kann Versäumtes nicht mehr nachholen. Wenn kritische Phasen vorzeitig abgebrochen werden und die Ausdifferenzierung noch nicht im erforderlichen Umfang erfolgen konnte, dann kommt es beispielsweise dazu, dass die betreffenden Menschen sehr leicht erregbar bleiben, was zudem eine Art „Dominoeffekt" im gesamten Gehirn auslösen kann. Bereits Sigmund Freund erkannte in seiner neurologischen Frühzeit, dass die menschlichen Entwicklungsphasen an bestimmte Zeitfenster gebunden sind, in welchen bestimmte Erfahrungen gemacht werden müssen, um psychisch gesund leben zu können. Wir allen wissen zudem, dass es viel leichter ist, etwas zur rechten Zeit zu erlernen, als eine Lücke zu lassen, welche mit nutzlosen Gewohnheiten gefüllt wird, welche wir uns später wieder äußerst mühsam abgewöhnen müssen.[507]

Sapere aude – wage zu wissen!

„Warum du wieder alles Hoffen
Noch niemals mitten ins Schwarze getroffen?
Weil du's nicht lassen konntest, beim Zielen
Immer ins Publikum zu schielen."[508]

Begeben wir uns einmal auf die Metaebene: Wie würden Unwissende unsere Gesellschaft, Arbeitswelt und Kultur von außen betrachtet wohl einordnen? Wäre das Ende der Menschheit vor – sagen wir einmal – 250 Jahren besiegelt worden und andere intelligent(er)e Lebewesen würden unser gefallenes Leben im Nachhinein begutachten: Was würden sie feststellen? Was dürfte ihnen wohl ins Auge stechen?

Es wären wohl zuallererst die alles überragenden imposanten sakralen Kirchenbauten der alten Welt, welche augenfällig würden. Man würde sich gewiss fragen, welchem Zweck diese übermenschlichen Bauten wohl gedient haben könnten. Für Nicht-Theisten, welche die uns Überlebenden wohl einmal sein dürften, wäre es gewiss kaum nachvollziehbar, dass die größten Anstrengungen einer Gesellschaft keinen lebensstiftenden und biophilen Sinn für dieselbe hatten, kein hungriges Maul stopften und kein einziges sterbendes Kind heilen konnten – eher im Gegenteil.

Gehen wir zum Vergleich nun wieder zurück in die Gegenwart: Blickt man heute auf uns herab – was fällt dann auf? Brandgerodete Urwälder für den einmaligen privatwirtschaftlichen Profit, Machtgewinne und Vormärsche von Diktatoren, brutalste Menschenrechtsverletzungen, latent bis offen artikulierte Frauenfeindlichkeit, Kindesmissachtung und System gewordene Tierqual. Immerhin ist es uns hierzulande gelungen, die Bevölkerung bis zur O-mikron-Öffnung – oftmals gegen die Unvernunft einer schnell zum Meinungspol gewachsenen Minderheit – zu schützen. Der Dank war es, dass diese mit ihrer omikronalen (und gegenüber allen zuvor massentötenden Varianten) vergleichsweise harmlosen „Infektionsimpfung" zur Herdenimmunisierung im Frühjahr ihre Absurdität bestätigt sahen, dass Corona doch nur so ähnlich wie die Grippe wäre. Im Prinzip zeigt diese egozentrisch-narzisstische Haltung das auf, woran unsere Gesellschaft krankt: einen entgrenzten Egoismus, der jegliche Vernunft von vornherein ausschaltet.

Was ist nun der diesbezügliche Ertrag der Coronakrise, aus der wir doch etwas lernen wollten? Wir alle haben als Weltgemeinschaft einen großen Schritt weg von der Demokratie in Richtung Diktatur gemacht – und daran trägt nicht unser gegenseitiger Umgang mit dem entsprechenden Virus die Hauptschuld, sondern unser Umgang als Menschen. Doch was von alldem, das tatsächlich in Ordnung gebracht werden muss, wird sich wohl wirklich ändern? Schon während der Pandemie wurde von manchen Politikern immer wieder versprochen, dass wir unser altes Leben zurückbekämen. Ist Corona tatsächlich bloß eine Ausnahmesituation gewesen, wie sie nie wieder vorkommen kann?

Es verhält sich mit unserer (Corona-)Gesellschaft im Prinzip wie in einer kriselnden Ehe: Man geht sich aus dem Weg, trennt sich für eine gewisse Zeit und fasst Vorsätze für ein besseres Zusammenleben; aber dann, wenn man wieder zusammenkommt, klappt es doch wieder nicht besser – eben deshalb, weil es vorher schon nicht funktioniert hatte. Zudem kann die eher naiv-hoffnungsgläubige Vorstellung, das Virus wäre etwas Externes und Fremdes, das man wie einen lästigen Fremdkörper einfach nur schleunigst wieder loswerden müsse, schnell einmal zum Bumerang werden: denn das Virus kam nicht vom Mars, sondern aus unserer menschlichen Mitte; es ist eine Folge unserer Art zu leben. Die Hauptlehre aus Corona lautet somit schlichtweg: Es fehlt an Bildung im Land!

Ich hoffe, dass bald wieder mehr Vernunft einkehren möge – und sei es nur deshalb, weil man allmählich des doch recht sinnlosen Streitens müde geworden ist. Dann kann sich die Gesellschaft auch wieder den wirklich wichtigen Themen zuwenden – dem Kampf gegen die Prekarisierung und dem Ende der Arbeitsgesellschaft, dem Renten- und Ozonloch bzw. dem Klimakonkurs und der Verhinderung einer Renaissance von Kernkraft und Atomwaffen.

Schließen möchte ich diese Abhandlung nun mit einem wirklich schönen und sinnweisenden Satz von Erich Fromm: „Bedeutsame Antworten lassen sich in einer Reihe von Büchern finden, meistens aber in einem selbst.“[509] Äußerlich scheint der Lern- und Veränderungswille der Verantwortlichen womöglich nicht besonders groß zu sein; innerlich, in den Menschen aber, wird sich sehr viel ändern müssen: hoffentlich zum Guten!

„Und wird die Welt auch noch so alt,
Der Mensch, er bleibt Kind!
Zerschlägt sein Spielzeug mit Gewalt,
Wie eben Kinder sind!
Wann alles erst in klein zerstückt
Und nichts mehr zu verderben,
So sucht er wieder – neu beglückt –
Und spielt dann mit den Scherben.“[510]

Anhang

Scherbengedicht

Vor Trümmern sitzt er, der Mensch, davon so vielen.
Ihm ist, als wollt er damit wieder spielen.
Setzt zusammen, was ganz einst war
Geht auf in seinem stupiden Tun nun ganz und gar.

Und so bleibt´s, von der Wiege bis zur Bahre,
Vom ersten Schrei und Schritte hin bis zur Leichenstarre:
Glaubt jemand nun, all unser Tun hätt stets doch Sinn und Ziel,
Trau dem Menschen ruhig was zu, nur nicht allzu viel![511]

Zum Autor[512]

„Und niederschauend von des Todes Warte,
Kam mir der Drang, das Leben zu bestehn,
Die Lust, dem Feind, der unten meiner harrte,
Mit vollem Aug ins Angesicht zu sehn."[513]

Dr. Achim Heinze ist ein Vertreter der Analytischen Sozialpsychologie. Sein soziologisches, psychologisches und pädagogisches Denken orientiert sich an der Wissenschaft vom Menschen. Weiter bezieht Heinze den wertvollen Schatz einer Kulturgeschichte der Dichter und Denker stets mit in seine Werke ein, indem er die zu allen Zeiten und Krisen hohe Relevanz ihrer Spruchweisheit in aktuellen Zusammenhängen aufzeigt.

Wie Baruch de Spinoza, Friedrich Hegel, Ernst Bloch oder Erich Fromm steht Achim Heinze für einen humanistischen Wissenschaftsbegriff, welcher nicht dem kybernetischen Mainstream entspringt – sondern diesen vielmehr angreift – und vice versa: „Mich kann so etwas inzwischen längst nicht mehr richtig treffen, da ich allenfalls meine Hypothesen – die längst schon weit mehr als das geworden sind, nämlich die tatsächlichen Verhältnisse – dabei einmal mehr bestätigt vorfinde. Ich würde mich in solchen Fällen allerdings auch nicht zwangsläufig darüber freuen, wenn ich diesbezüglich Unrecht gehabt hätte; dies würde zwar bedeuten, dass meine prospektive Einschätzung der Dinge unrichtig gewesen wäre; doch die Zukunft sich weitaus besser als befürchtet zeigt; leider ist dem selten so. Für kurzfristige Hoffnungsschimmer bin ich im Denkprozess schon zu weit fortgeschritten. Anders als in den frühen 1930er-Jahren, bei den damals zum noch nicht explizit so genannten autoritären Charakter forschenden Kollegen, rutscht auch mir das Herz nicht mehr in die Hose, wenn heutzutage einmal mehr die zu Grunde liegende autoritäre Charakterprägung von Mensch und Gesellschaft bestätigt wird. Ich möchte aber festhalten, dass ich hinsichtlich meiner von Grund auf durchdachten Haltung sehr viele ermutigende, äußerst positive und dankende Zuschriften erhalten habe – mehr und persönlicher als jemals zuvor!“, berichtet der Autor über die Coronazeit.

„Corona – und was wir daraus lernen können“ ist nicht als ein Hauptwerk des Autors einzustufen, sondern vielmehr als eine Notwendigkeit zu verstehen, auf aktuelle Entwicklungen von geisteswissenschaftlicher und humanwissenschaftlicher Seite zu reagieren: „Ich bilde mir immer zuerst eine eigene Meinung und höre danach erst bewusst darauf, was andere Denker dazu verlautbaren, denn mit einer Theoriebildung, die nicht vom Menschen ausgeht, und einer entsprechenden kypernetisiert-technokratischen Umsetzung, besteht immer die Gefahr einer voreingenommenen Annäherung, welcher ich nicht anheimfallen möchte“, so der Autor weiter: „Es ist sehr einfach, wochen- oder tagesaktuell in Kommentaren oder Podcasts (s)eine Meinung kundzutun. Substanz jedoch hat nur all das, was sich auf lange Zeiträume bezieht. Ein eigenständiges epochales Werk bedarf somit immer der umfassenden Schriftform.“

Hinweise und Dank

Kürzungen bei wortwörtlichen Zitaten werden in Einzelfällen aus syntaktischen Gründen vorgenommen; dies geschieht in einer Form, welche den intendierten Sinn des zitierten Verfassers nicht verändert.

Die Begriffe Corona, Covid und dergleichen werden in der (ver-)öffentlich(t)en Diskussion nicht immer trennscharf verwendet. Zu Beginn war Wuhan-Pneumonie die fachgerechte Bezeichnung. Im Zuge eines zweifelhaften Entgegenkommens der WHO, welches bewusst den Ursprungsort zu vermeiden suchte, wurde der Kunstbegriff Covid-19 offiziell propagiert. Es sollte nicht der einzige Etikettenschwindel bleiben.[514] Ich schließe mich aus Gründen besserer Lesbarkeit einer allgemein üblichen Verwendung unterschiedlicher Begrifflichkeiten an. Selbiges gilt für Begriffe wie z.B. „Dritte Welle“ und die Geschlechtsformen von Ausdrücken.

Zunächst dominierte im Zusammenhang mit Coronabegriffen die Schreibeweise mit Bindestrich. Im Laufe der

Pandemie haben sich gängige Begriffe, wie z.B. „Coronawelle“ als Standardbegriffe ohne Bindestrichschreibweise etabliert.

Man hat zudem Begriffe aus dem griechischen Alphabet eingeführt, um Länder sprachlich nicht an den Pranger zu stellen. Dazu ist allerdings anzumerken: Muss man von rigoros-selbstgerechten Herrschern diktierte Anti-Demokratien – wie etwa das Bolsonaro-Brasilien – tatsächlich schützen, die ihrerseits nicht einmal ihre eigene Bevölkerung geschützt haben, sondern die Alten und Vorerkrankten lieber sterben ließen? Auch der Nicht-Corona-Politik Boris Johnsons haben wir eine eigene Variante zu verdanken. Daher werden im Text z.B. auch die Begriffe „Britische Variante“ für Alpha verwendet. Nicht erwähnt werden die nicht durchsetzungsfähigen Varianten, wie z.B. eine im März 2022 aufgetretene Mutation: dabei handelt es sich um eine nicht flächenwirksame Virusvariante, welche die Eigenschaften von Delta und Omikron auf sich vereinigte. Im Folgenden eine Übersicht über die wichtigsten Virusvarianten, welche auch den Urtyp einschließt.

WHO-Kennzeichnung	Wissenschaftliche Kennzeichnung	Erstmalig dokumentiert aufgetreten in
Urtyp		China, 12/2019
Italienische Variante		Italien, 2/2020
Alpha	B.1.1.7.	Großbritannien, 9/2000
Beta	B.1.351	Südafrika, 5/2000
Gamma	P1	Brasilien, 11/2000
Delta	B.1.617.2	Indien, 10/2000
Omikron	B.1.1.529	Südafrika, Nördliches Europa (Dänemark, Großbritannien) 11/2021
Lambda	C.37	Peru, 12/2000
Vy	B.1.621	Kolumbien, 1/2021
Omikron-Sublinien	BA.4 / BA.5	Südafrika, 4/2022

Übersicht über die wichtigsten Virusvarianten

Für die Inverlagnahme sowie für die sehr gute Zusammenarbeit danke ich Herrn Daniel Bieter und dem Rediroma Verlag herzlich. Ebenso geht mein Dank für alle Anregungen und Anmerkungen in persönlichen Gesprächen an die an der Thematik interessierte Menschen.

Widmen möchte ich dieses Buch all denjenigen, die von der Pandemie am stärksten betroffen waren bzw. es noch lange bleiben werden: den ökonomisch schwachen Menschen im Inland wie auch in globaler Hinsicht, allen von den Maßnahmen übersehenen bzw. weit in den Hintergrund gerückten Menschengruppen, aber vor allem den verlassenen und verstorbenen Menschen, die vielleicht nicht einmal noch Abschied von ihren Lieben nehmen konnten. Sie gemahnen uns alle, nicht einfach wieder so weiterzumachen und zurück zum entgrenzten Wirtschaftsliberalismus und unkontrollierten Kapitalismus zurückzukehren, sondern als Weltgesellschaft sozialer zu werden – viel sozialer!

Literaturangaben und weiterführende Aspekte

[1] Fulda, L. In: Der ewige Brunnen Ein Hausbuch deutscher Dichtung Reiners, L. (Hrsg.) München 1959, S. 674
[2] Grillparzer, F. In: Der ewige Brunnen Ein Hausbuch deutscher Dichtung Reinders, L. (Hrsg.) München 1959, S. 477
[3] Rilke, R.M.: Das Buch von der Armut und vom Tode Gesammelte Werke Die Gedichte München 2020, S. 166
[4] Mandelstam, N. zit. nach Gruen, A.: Der Verlust des Mitgefühls München 2016, 11. Aufl., S. 212
[5] „Wie eine verschollene Märe
Aufbricht das begrabene Jahr:
Wie schön es gewesen wäre –
Wie traurig es war.“ Roth, E.: Werke München 1977, S. 166
[6] Winterhoff, M.: SOS Kinderseele München 2013, 4. Aufl., S. 26
[7] Arendt, H.: Was heißt persönliche Verantwortung in einer Diktatur? München 2019, 4, Auf, S. 2
[8] Lauster, P.: Lassen Sie der Seele Flügel wachsen Wege aus der Lebensangst Reinbek bei Hamburg 2003, S. 170
[9] Wenn z.B. Beschränkungen unbefristet eingesetzt werden, dann wird damit bereits ein totalitärer Charakter offenbart.
[10] Gruen, A.: Ich will eine Welt ohne Kriege Stuttgart 2020, 5. Aufl., S. 90ff., S. 103f.
[11] Bloch, E.: Das Prinzip Hoffnung Band 1 Frankfurt am Main 2019, 11. Aufl., S. 4
[12] Nietzsche, F.: Ecce homo Köln 2007, S. 74
[13] Roth, E.: Werke München 1977, S. 8
[14] Zudem weisen große Ziffern, Zahlen und Nummern auch stets einen machtgebenden phallischen Charakter auf – sie stehen sogar wortwörtlich für eine hohe Potenz und Macht.
[15] Schmedt, M. In: Deutsches Ärzteblatt Heft 46 vom 13.11.2020, S. A 2207
[16] Erwitt, E. zit. nach Gesellschaft Deutscher Tierfotografen e.V. (Hrsg.): Atem des Jahrtausends 365 Tage Natur in Deutschland Stuttgart 2001, S. 81
[17] Fromm, E.: Die Alternative eines humanistischen Sozialismus In: Wissenschaft vom Menschen Gießen 2020, S. 159
[18] Eine Spezies, welche die Mittel gefunden, entwickelt und verfeinert hat, um sich selbst zu zerstören, gibt sich selbst der Verdammnis preis.
[19] Nietzsche, F.: Zur Genealogie der Moral Köln 2010, S. 146 Im Originalzitat: „eingestehn wollen“.
[20] Vgl. Maier, M.: Unsicher auf zwei Rädern: In Zeitschrift für Verkehrserziehung 1/2022, S. 9
[21] Dies gilt im Übrigen auch für Erwachsene: Man denke nur an die prominente Stellung von Werbesendungen zum Thema Reizdarm oder an das Trendwort „Mikrobiom“ – diese körperlichen Manifestationen sind in einer hohen Zahl auch auf psychische Ursachen zurückzuführen.
[22] Vgl. Reichert, J, et Berner, R.: Familiär verinselt im Lockdown In: Deutsches Ärzteblatt Heft 8 vom 26.2.2021, S. A 404ff. Während der Lockdown-Zeiten war der Geist gefordert – sofern nicht der Medienkonsum diesen abtötete. Die Träume wurden reichhaltiger und dasselbe Phänomen, welches DDR-Bürger einst beschrieben, nämlich ein Verreisen in eine durch die psychisch-räumliche Gefangenschaft lebendigere Phantasie, trat auf.

[23] Vgl. Reichert, J, et Berner, R.: Familiär verinselt im Lockdown In: Deutsches Ärzteblatt Heft 8 vom 26.2.2021, S. A 406
[24] Vgl. Deutsches Ärzteblatt Heft 18 vom 7.5.2021, S. A 982
[25] Fromm, E.: Wirkungen der psychoanalytischen Therapie In: Wissenschaft vom Menschen Gießen 2020, S. 174
[26] Nietzsche, F.: Zur Genealogie der Moral Köln 2010, S. 135
[27] Nur Schlitzohren bezeichnen Chinesen in diffamierender Weise als Schlitzaugen.
[28] Gerheuser, F. In: Deutsches Ärzteblatt Heft 6 vom 11.2.2022, S. A 214
[29] Matthiesen, C. In: Deutsches Ärzteblatt Heft 6 vom 11.2.2022, S. A 214
[30] Man sieht es so manchem Nachrichtensprecher, dessen aufrichtige Charaktergefühle ihn nicht zum gefühlskalten Schauspieler verkommen haben lassen, immerhin richtiggehend an, dass (und vor allem wie) es ihm immer wieder unangenehm zu sein scheint, etwas weglassen zu müssen, zu vertuschen, herabzuspielen bzw. sich dann – wenn es Not tut –, auch einmal direkt der Meinmeldung zu bedienen.
[31] Schmedt, M.: Resilienz stärken In: Deutsches Ärzteblatt Heft 13 vom 2.4.2021, S. A 649 Originalzitat im Präsens
[32] Schmedt, M.: Eine Frage des Blickwinkels In: Deutsches Ärzteblatt Heft 33 – 34 vom 22.8.2022, S. A 1379
[33] Rückert, F. zit. nach Pawlak, M.: Zitate von A bis Z, Herrsching 1989, S. 479
[34] Schnitzler, A. zit. nach Gesellschaft Deutscher Tierfotografen e.V. (Hrsg.): Atem des Jahrtausends 365 Tage Natur in Deutschland Stuttgart 2001, S. 38
[35] Russland sprang schließlich ein (!)
[36] Vgl. Maibach-Nagel, E.: Immer im Nachklapp In: Deutsches Ärzteblatt Heft 16 vom 23.4.2021, S. A 805
[37] Seit Sigmund Freud sind die folgenden vorgeschobenen Sätze schließlich längst als Rationalisierungen enttarnt worden: „Ich will nur Ihr Bestes!" (wessen Bestes ist wohl tatsächlich gemeint?) bzw. „Ich habe es doch gut gemeint!" – gut gemeint: ja, aber mit wem nur? „Doch ohne Ende ist die Flucht." Roth, E.: Werke München 1977, S. 16
[38] Morgenstern, Ch. zit. nach Pawlak, M.: Zitate von A bis Z, Herrsching 1989, S. 53
[39] Dieser heißt leider wirklich so.
[40] Vgl. Wackerhage, H. et al: Sport, Exercise and Covid-19, the Disease caused by the SARS-CoV-2 Coronavirus German Journal of Sports Medicine 71 5/2020, S. E5/127
[41] Kekulé, A.: Der Corona-Kompass Berlin 2020, S. 30
[42] Vgl. Yiwu, L: Wuhan Frankfurt am Main 2021, S. 62
[43] Frege, A.: Hope Street München 2020, S. 331
[44] Das hat sich doch gelohnt! 12:00 Nachrichten Bayern 2 vom 12. 3.2020
[45] Goethe, J.W. zit. nach Pawlak, M.: Zitate von A bis Z Herrsching 1989, S. 382 „Tartüfferie der Tat." Nietzsche, F.: Zur Genealogie der Moral Köln 2010, S. 134
[46] Mühleisen, H.-O.: Menschenrechte – Grundrechte – Bürgerrechte In: Informationen zur politischen Bildung Grundrechte München 1993, S. 3
[47] Geschrieben Mitte Oktober 2020.
[48] Vgl. Kekulé, A.: Der Corona-Kompass Berlin 2020, S. 243 – ebenfalls verfasst im Oktober 2020.
[49] Schmedt, M. Weiter keine nachhaltige Strategie In: Deutsches Ärzteblatt Heft 51 – 52 vom 21.12.2020, S. A 2491
[50] Vgl. Schmedt, M. Weiter keine nachhaltige Strategie In: Deutsches Ärzteblatt Heft 51 – 52 vom 21.12.2020, S. A 2491
[51] Vgl. Lauster, P.: Die Liebe Psychologie eines Phänomens Reinbek bei Hamburg 2003, S. 161

[52] Lauster, P.: Die Liebe Psychologie eines Phänomens Reinbek bei Hamburg 2003, S. 160

[53] Lauster, P.: Lassen Sie der Seele Flügel wachsen Wege aus der Lebensangst Reinbek bei Hamburg 2003, S. 71

[54] Vgl. Reichart, A.: Die Blockade der Reichen 16.4.2021, S. A 757 Wie will man eigentlich den Menschen auf der Krim zu Hilfe kommen, wenn man bei ihrem Gegner um Impfstoff betteln muss? (Verfasst vor der Ukraineinvasion Putins)

[55] Deutsches Ärzteblatt Heft 9 vom 5.3.2021, S. 145

[56] Vgl. https://www.heise.de/tp/features/Januar-2021-bisher-toedlichster-Monat-der-Pandemie-5041505.html

[57] Vgl. Birbaumer, N.: Dein Gehirn weiß mehr, als du denkst Berlin 2014, 5. Auflage, S. 96ff.

[58] Heine, H. In: Der ewige Brunnen Ein Hausbuch deutscher Dichtung Reiners, L. (Hrsg.) München 1959, S. 706

[59] Kekulé, A.: Der Corona-Kompass Berlin 2020, S. 285f.

[60] Selbst wenn sie diesen Namen oftmals gar nicht mehr verdient, denn es gibt weder Gemeinsames und Geselliges – im eigentlichen Wortsinne – noch Konzept.

[61] Lat.: „Nichts wird aus dem Nichts geboren, und nichts kann ins Nichts zurückgeführt werden."

[62] Kinder haben zwar eigentlich noch kein so gut ausgebildetes und lernerfahrenes Immunsystem wie Erwachsene, aber doch – und gerade deshalb – ein aktiveres und schneller reagierendes Immunsystem, was für neue Herausforderungen ein entscheidender Vorteil sein kann.

[63] Vgl. PNP vom 15.2.2022, S. 8

[64] Vgl. Fleischmann, S. In: PNP vom 5.11.2020, S. 12

[65] Meidinger, H.-P.: Gefahr eines Schul-Lockdowns nicht unterschätzen. In: PNP vom 18.11.2020, S. 2

[66] Vgl. Kekulé, A.: Der Corona-Kompass Berlin 2020, S. 242

[67] Heudorf, U. In: Deutsches Ärzteblatt Heft 51 – 52 vom 21.12.2020, S, A 2508

[68] Bamm, P.: Die unsichtbare Flagge München 1977, 17. Auf., S. 144

[69] Huch, R.: Geh schlafen, mein Herz In: Müller-Alfeld, T. und Kraft, H. (Hrsg.) Das Buch der Lyrik Darmstadt 1954, S. 442

[70] Nietzsche, F.: Also sprach Zarathustra Köln 2005, S. 36

[71] Gruen, A.: Dem Leben entfremdet Stuttgart 2022, 6. Aufl., S. 16

[72] Gruen, A.: Dem Leben entfremdet Stuttgart 2022, 6. Aufl., S. 101 „Vom eigentlichen Sozialismus halten sie nichts, obwohl er sie aus ihrer Misere retten könnte. Die Mächtigen waren leider schnell genug, ihnen einzuprägen, dass er schlecht für sie sei. Anstatt etwas für sich selbst zu tun, führt diese politische Revolution nur zur Stärkung der Rechten. Die Verlierer haben keinen Zugang zu den Ursachen ihrer eigenen Not und halten die Freiheit, die zu ihren eigenen Rechten führen würde, für abscheulich." Gruen, A.: Dem Leben entfremdet Stuttgart 2022, 6. Aufl., S. 101f.

[73] Gruen, A.: Dem Leben entfremdet Stuttgart 2022, 6. Aufl., S. 107

[74] Varoufakis, Y.: Die ganze Geschichte München 2017, S. 583 Nicht zu verwechseln mit einer solchen Projektion sind falsche Zuordnungen und die Suche nach Ersatzbefriedigungen bzw. Ersatzobjekten. Wer beispielsweise vor einer Prüfung nervös ist, verschiebt die Aufregung auf ein Objekt, wie z.B. den Wecker, der möglicherweise morgens vor der Prüfung nicht klingeln würde oder ein für die Prüfung wichtiges Instrument, das plötzlich verlegt worden sein könnte. Hierzu zählt auch das Beispiel des Auf-den-Tisch-Schlagens: Die Zielrichtung wird zwar geändert, aber der verdrängte Aspekt, wie z.B.

die Wut, tritt immer noch zu Tage. Vgl. Funk, R.: Das Leben selbst ist eine Kunst Freiburg im Breisgau 2018, S. 9

[75] Nietzsche, F.: Also sprach Zarathustra Köln 2005, S. 31

[76] Nietzsche, F.: Zur Genealogie der Moral Köln 2010, S. 88

[77] Vgl. Weinberg, H. In: Deutsches Ärzteblatt 17/2020, S. A861

[78] Vgl. Deutsches Ärzteblatt Heft 6 vom 12.2.2021, S. A 280 Dass nun auch noch „die Kolleginnen und Kollegen (und die zugehörigen Teams) in den Arztpraxen nicht zum vorrangig zu impfenden Personenkreis gehören, ist inakzeptabel!" Kolben, M et Maurer, S. In: Deutsches Ärzteblatt Heft 6 vom 12.2.2021, S. A 320 Hier wurde immerhin (zu) spät nachgebessert.

[79] Gaß, G. zit nach FAZ Online https://www.faz.net/aktuell/wirtschaft/personalmangel-auf-intensivstationen-viele-pflegekraefte-gehen-17616341.html Seitenaufruf am 29.11.2021

[80] PNP vom 4.7.2020, S. 24

[81] Goethe, J.W. von: Im Atemholen sind zweierlei Gnaden In: Müller-Alfeld, T. und Kraft, H. (Hrsg.) Das Buch der Lyrik Darmstadt 1954, S. 404

[82] PNP vom 8.5.2020, S. 16

[83] Vgl. PNP vom 1.7.2020

[84] Eichendorff, J: Es wandelt, was wir schauen In: Müller-Alfeld, T. und Kraft, H. (Hrsg.) Das Buch der Lyrik Darmstadt 1954, S. 431

[85] Vgl. Schlenger, R.: Der Preis der Schnelligkeit In: Deutsches Ärzteblatt Heft 44 vom 30.10.2020, S. A 2101f.

[86] Fontane, T.: Gedichte Stuttgart 1998 S. 76

[87] Da half auch kein verblendeter Relativismus, der die zweite Welle im Februar 2021 indirekt für beendet erklärte – zu einem Zeitpunkt als täglich noch über 500 Menschen starben („Jetzt kommt die dritte Welle"). Ist es wirklich sachlich zutreffend, von einer dritten Welle zu sprechen, wenn der „Endpunkt" der zweiten Welle mit einer deutschlandweiten Inzidenz von 60 (bei wenigen Testungen), geschlossenen Bildungsstätten und Geschäften markiert sein solle, die höher liegt als der Kulminationspunkt der ersten Welle? Ist so eine Sichtweise tatsächlich noch als sachlich zutreffend einzustufen bzw. verbietet sich dies daher nicht schon von selbst? Der Einheitlichkeit halber beuge ich mich den eingeführten Bezeichnungen und verwende für den zweiten Peak der zweiten Welle im Frühling 2021 deshalb auch den Begriff „dritte Welle". Beim Übergang von der vierten in die fünfte Welle lag die Inzidenz sogar noch weit höher.

[88] Kekulé, A.: In: PNP vom 20.2.2021, S. 2

[89] Funk, R.: Das Leben selbst ist eine Kunst Freiburg 2018, S. 250

[90] Meidinger, P. In: PNP vom 11.11.2020, S. 2

[91] Bei Co-Infektionen, geschwächten Personen, alten Menschen und Vorerkrankten kommt es auch bei der Erstinfektion im Rachenraum immer wieder zu schweren Verläufen.

[92] Wer diesbezüglich unerfahren ist, soll einfach einmal mit einer Farbsprühdose im Innenraum und dann demgegenüber im Außenraum etwas lackieren: dies wirkt wahrlich selbsterklärend.

[93] Schmedt, M. In: Deutsches Ärzteblatt Heft 46 vom 13.11.2020, S. A 2207

[94] Vgl. Spitzer, M.: Vorsicht Bildschirm! Elektronische Medien, Gehirnentwicklung, Gesundheit und Gesellschaft München 2007, 3. Aufl., S. 27, S. 38f., S. 183

[95] Goethe, J.W. von In: Der ewige Brunnen Ein Hausbuch deutscher Dichtung Reinders, L. (Hrsg.) München 1959, S. 274

[96] Flaischlen, C. zit. nach Pawlak, M.: Zitate von A bis Z Herrsching 1989, S. 55

[97] Vgl. weiter z.B. ORF, Zeit im Bild vom 17.11.2019, 19:30 Bericht zur Regen-/Schneekatastrophe in Kärnten: Wer leichtfertig solche Sturmwarnungen herausgibt, spielt mit den Ur-Ängsten.
[98] Fromm, E.: Vorrang hat der Mensch! In: Fromm, E.: Über den Ungehorsam und andere Essays Gießen 2019, S. 83
[99] „Im Zug der Esoterik-Welle haben sich viele Menschen einem Glauben verschrieben, der rational nicht zu begründen ist." Johach, H.: Erich Fromms Religionsverständnis – Herausforderung für den christlichen Glauben In: Fromm Forum 26/2022 Tübingen 2022, S. 160
[100] Fromm, E.: Bemerkungen zum Problem des Narzissmus In: Fromm Forum 26/2022 Tübingen 2022, S. 181
[101] Johann Wolfgang von Goethe wusste bereits, dass jedes ausgesprochene Wort bekanntlich den Gegensinn erweckt. Vgl. Goethe, L.W. von In: Goethes Spruchweisheit Insel Verlag o.O. o. Hrsg., S. 5
[102] Yiwu, L: Wuhan Frankfurt am Main 2021, S. 30
[103] Oder um es provokant zugespitzt zu formulieren: Wenn sich zwei streiten, freut sich das Dritte!
[104] Nietzsche, F.: Zur Genealogie der Moral Köln 2010, S. 146
[105] Müller, M. In: Paparazzi Juni 2021, S. 15
[106] Erstaunlich, dass es nach wie vor immer noch Männer sind, die zitiert (und zuvor medial präsentiert!) werden. Wo die Medien doch immer so tun, als wären sie die moralische Instanz für Gleichberechtigung. Wenn wir schon beim Unbewussten sind: Dieses Beziehen auf andere, Fachkompetentere und Bessere stellt nichts anderes als eine Regression auf die kindliche Ohnmacht dar, welche mit der Hilfe eines Stärkeren extrapersonal überwunden werden soll – gemäß dem primitiven Denk-Muster: „Dann kommt mein großer Bruder und schlägt dich..."
[107] Vgl. Fromm, E.: Die Medizin und die ethische Frage des modernen Menschen In: Das Christusdogma und andere Essays Gießen 2020, S. 163 Der Begriff der Ambivalenz besagt dabei, dass man für etwas zugleich sowohl Liebe als auch Hass empfinden kann. Sich ambivalenter Gefühle bewusst zu werden, überfordert allerdings viele Menschen. Sie tendieren dann dazu, sich auf einen der beiden Pole zu konzentrieren und die auftretende Gegenstrebung reaktionsbildend-verkehrend abzuwehren. Vgl. Fromm, E.: Verdrängung, Widerstand, Übertragung In: Wissenschaft vom Menschen Gießen 2020, S. 122
[108] Nietzsche, F.: Zur Genealogie der Moral Köln 2010, S. 141
[109] Fromm, E.: Die Medizin und die ethische Frage des modernen Menschen In: Das Christusdogma und andere Essays Gießen 2020, S. 173
[110] Das aber wäre so, als wenn man im Januar 1940 bereits von der gesellschaftlichen Ordnung nach dem Zweiten Weltkrieg fabuliert hätte.
[111] Vgl. Schmedt, M.: Vorsicht Desinformation In: Deutsches Ärzteblatt Heft 47, 26.11.2021, S. A 2187
[112] Kröner, C.: In: Deutsches Ärzteblatt Heft 49, 10.12.2021, S. A 2318
[113] Die aus dem Dritten Reich hinlänglich bekannten SA-Praktiken lassen grüßen.
[114] Betsch, C. et al.: Eine politische Entscheidung In: Deutsches Ärzteblatt Heft 49, 10.12.2021, S. A 2312
[115] „In der Pandemie hat die Aggressivität zugenommen, aber auch davor war schon ein Anstieg zu verzeichnen." Sächsische Landesärztekammer In: Deutsches Ärzteblatt Heft 49 vom 10.12.2021, S. A 2320

[116] Bittrich, H. J. In: Deutsches Ärzteblatt Heft 22 – 23 vom 7.6.2022, S. A 1004 Im Originalzitat „hat“

[117] Deutsches Ärzteblatt Heft 49, 10.12.2021, S. A 2315

[118] Schenk, M.: Wie Fake News in der Medizin groß werden In: Deutsches Ärzteblatt Heft vom 25 5.6.2021, S. A 1258

[119] Schenk, M.: Wie Fake News in der Medizin groß werden In: Deutsches Ärzteblatt Heft vom 25 5.6.2021, S. A 1259

[120] Man denke dabei unter anderem an das Anti-Malariamittel Hydroxychloroquin, welches auch von öffentlichkeitsheischenden Männern wie Donald Trump und Elon Musk empfohlen wurde.

[121] Goethe, W. von In: Goethes Spruchweisheit Insel Verlag o.O. o. Hrsg., S. 43

[122] Fromm, E.: Die grundlegende Alternative des Menschen In: Wissenschaft vom Menschen Gießen 2020, S. 60

[123] Zudeick, P.: Gestohlene Worte – eine Kampfansage an Rechts In: Fromm Forum 25/2021 Erich-Fromm-Gesellschaft (Hrsg.) Tübingen 2021, S. 35

[124] Vgl. Polnisches Sprichwort zit. nach Pawlak, M.: Zitate von A bis Z Herrsching 1989, S. 199

[125] Fromm, E.: Die Revolution der Hoffnung Gießen 2019, S. 149

[126] Lange Zeit wurde von medialpolitischer Seite schließlich ein Vermummungs- bzw. Verschleierungsverbot verkauft. Was letztendlich aber die typischen Karrieristen nicht davon abhielt, dieses symbolträchtige Accessoire in jeglicher Form zu instrumentalisieren – getreu dem Motto: „Was hilft´s, nach dem Applaus der Welt mit vorgebundener Maske schielen?“ Heyse, P. In: Der ewige Brunnen Ein Hausbuch deutscher Dichtung Reiners, L. (Hrsg.) München 1959, S. 861

[127] Schmedt, M.: Stöckchen springen In: Deutsches Ärzteblatt Heft 24 vom 17.6.2022, S. A 1063

[128] Fromm, E.: Die Revolution der Hoffnung Gießen 2019, S. 150

[129] Informationen zur politischen Bildung Grundrechte München 1993, S. 1

[130] Und nicht selten auch regelrechten „Urlaubsflucht“!

[131] „Weniges wurde so kanalisiert wie das Reisen.“ Bloch, E.: Das Prinzip Hoffnung Band 1 Frankfurt am Main 2019, 11. Aufl., S. 435

[132] Im engeren Sinn trifft der Begriff „Persönlichkeit“ ohnehin nicht zu.

[133] Vgl. Freud, S. zit. nach Fromm, E.: Das Unbewusste ist der ganze Mensch In: Wissenschaft vom Menschen Gießen 2020, S. 124

[134] Von Horváth, Ö.: Jugend ohne Gott Frankfurt am Main 1992, S. 87

[135] Heine, H. In: Der ewige Brunnen Ein Hausbuch deutscher Dichtung Reinders, L. (Hrsg.) München 1959, S. 475

[136] Als Virologe, der Reagenzgläser besser kennt als die Menschen, bleibt man nicht gerade bei seinen Leisten, wenn Betreffende über das Gruppenverhalten von Menschen – beispielsweise in Fußballarenen – urteilen. Man sollte besser zusammen als isoliert voneinander bzw. gar gegeneinander arbeiten.

[137] Lauster, P.: Lassen Sie der Seele Flügel wachsen Wege aus der Lebensangst Reinbek bei Hamburg 2003, S. 223

[138] Schmedt, M.: Ablenkungsmanöver In: Deutsches Ärzteblatt Heft 15 vom 16.4.2021, S. A 751

[139] Fromm,. E.: Die Revolution der Hoffnung Gießen 2019, S. 25

[140] Roth, E.: Werke München 1977, S. 155

[141] Mit der Impfung kommt man bei der Herdenimmunisierung dem Tod zuvor.

[142] Maibach-Nagel, E.: Schuld-Verschiebebahnhöfe In: Deutsches Ärzteblatt Heft 45 vom 6.11.2020, S. A 2143
[143] Schmedt. M.: Von Fouls und roten Karten In: Deutsches Ärzteblatt Heft 42 vom 22.10.2021, S. A 1901
[144] Vgl. Arendt, H.: Was heißt persönliche Verantwortung in einer Diktatur? München 2019, 4, Auf, S. 66
[145] Wir gehen hierbei – wie eingangs angesprochen – in einem weiteren moralischen Degradationsschritt, nachdem es bei der Asylkrise noch Fremde sein mussten, mittlerweile schon gegenseitig aufeinander los: aus der Abwehr wurde die Selbstzerstörung. Die weitere Entwicklung wird schließlich dazu führen, dass das Unerwünschte immer näher rücken muss – topographisch wie sozial: ein anderer Landesteil, fremde Familien – und am Schluss Außerwählte aus dem Eigenen. Ganz am Ende werden dann eigene Kinder (bzw. ein schwarzes Schaf der Familie) abgelehnt und bekämpft – nur um sich selbst und der Wahrheit nicht in die Augen sehen zu müssen. „Das Urteil können sie verwehren, aber die Wirkung nicht verhindern." Goethe, L.W. von In: Goethes Spruchweisheit Insel Verlag o.O. o. Hrsg., S. 63
[146] Tatsächlich ist Corona im Gegensatz zu den wirklich großen Themen unserer Zeit, wie etwa Globalisierung, unermessliche kapitalistische Entgrenzung, Prekarisierung, Arbeitsentwertung usw. kein echtes strukturell politisches Thema.
[147] Gruen, A.: Ich will eine Welt ohne Kriege Stuttgart 2020, 5. Aufl., S. 8
[148] Roth, E. Werke Band 3 München 1977, S. 562
[149] Grillparzer, F. In: Der ewige Brunnen Ein Hausbuch deutscher Dichtung Reinders, L. (Hrsg.) München 1959, S. 477
[150] Fromm, E. zit. nach Osterfeld, G.: Pädagogische Aspekte im Werk von Erich Fromm. Wiss. Diss. Bonn 2009, S. 118
[151] Auch fehlte es an konsistentem Handeln, als z.B. Baumärkte wieder geöffnet wurden, aber die dazu erforderliche Maskenpflicht erst eine Woche später angesetzt war.
[152] Bei der Coronapandemie offenbarte sich auch einmal mehr die Ironie des Schicksals: Kurz vor dem Beginn der Coronapandemie in Europa hatte jemand drei auf einer privaten Baustelle herumliegende Mundschutzmasken in einen Restmüllsack gesteckt. Nur einige Tage später, musste der Betreffende diese wieder aus dem Müll herausholen, zu Hause waschen und froh darum sein, überhaupt eine (Second-Hand-)Schutzmöglichkeit in den Händen zu halten bzw. im Gesicht zu tragen. Dies erinnert etwas daran, als die Deutschen Truppen im letzten Weltkrieg auf dem Rückzug ihre verendeten Pferde wieder ausgruben und das verdorbene Fleisch essen mussten. Es ging damals wie heute, zur Zeit der Coronapandemie, gesellschaftlich steil bergab.
[153] Gruen, A.: Der Verrat am Selbst München 2012, 23. Aufl., S. 2
[154] Fromm, E.: Das Selbst In: Wissenschaft vom Menschen Gießen 2020, S. 144
[155] Gruen, A. Der Verrat am Selbst München 1012, 23. Aufl., S. 126f.
[156] Heine, H.: Sämtliche Gedichte Berlin 2019, 8. Aufl., S. 499
[157] Vgl. Arendt, H.: Was heißt persönliche Verantwortung in einer Diktatur? München 2019, 4, Auf, S. 85
[158] Lauster, P.: Lassen Sie der Seele Flügel wachsen Wege aus der Lebensangst Reinbek bei Hamburg 2003, S. 224
[159] Höcke, B. zit. nach Selch, V.: Revolte von rechts In: Fromm Forum 24/2020 Rechtspopulismus und Demokratie Tübingen 2020, S. 121
[160] Blasius, R.: In FAZ https://www.faz.net/aktuell/gesellschaft/unwort-des-jahres-eine-kleine-geschichte-der-luegenpresse-13367848.html, Seitenaufruf am 21.12.2019

[161] Vgl. Wikipedia https://de.wikipedia.org/wiki/L%C3%Bcgenpresse, Seitenaufruf am 21.12.2019
[162] Zudeick, P.: Gestohlene Worte – eine Kampfansage an Rechts In: Fromm Forum 25/2021 Erich-Fromm-Gesellschaft (Hrsg.) Tübingen 2021, S. 36
[163] Zudeick, P.: Gestohlene Worte – eine Kampfansage an Rechts In: Fromm Forum 25/2021 Erich-Fromm-Gesellschaft (Hrsg.) Tübingen 2021, S. 36
[164] Bloch, E. zit. nach Zudeick, P.: Gestohlene Worte – eine Kampfansage an Rechts In: Fromm Forum 25/2021 Erich-Fromm-Gesellschaft (Hrsg.) Tübingen 2021, S. 38
[165] Vgl. Zudeick, P.: Gestohlene Worte – eine Kampfansage an Rechts In: Fromm Forum 25/2021 Erich-Fromm-Gesellschaft (Hrsg.) Tübingen 2021, S. 42f.
[166] Tucholsy, K. zit. nach Zudeick, P.: Gestohlene Worte – eine Kampfansage an Rechts In: Fromm Forum 25/2021 Erich-Fromm-Gesellschaft (Hrsg.) Tübingen 2021, S. 41
[167] Funk, R.: Das Leben selbst ist eine Kunst Freiburg im Breisgau 2018, S. 51
[168] Nürnberger, Ch.: Die Machtwirtschaft Ist die Demokratie noch zu retten München 1999, 2. Aufl., S. 128
[169] Fromm, E.: Liebe, Sexualität und Matriarchat. München 1994, S. 224
[170] Kekulé, A.: Der Corona-Kompass Berlin 2020, S. 285
[171] Vgl. Doidge, N.: Neustart im Kopf Wie sich unser Gehirn selbst repariert Frankfurt 2008, S. 290
[172] Die wahrgenommene soziale Starrheit ist dabei oftmals nichts anderes als ein Produkt der Vereinzelung des westlichen Menschen.
[173] Gruen, A.: Dem Leben entfremdet Stuttgart 2022, 6. Aufl., S. 69
[174] Fallada, H.: Wer einmal aus dem Blechnapf frisst Hamburg 2018, S. 546
[175] Vgl. Everts, C.: Die Konzeption der streitbaren Demokratie In: Prägekräfte des 20. Jahrhunderts München 1997, S. 79
[176] Schweizer, S.: 50 Jahre RAF Die ganze Geschichte. Waiblingen 2020, 3. Aufl., S. 15
[177] Roth, E.: Sämtliche Werke Band 1 München 1977, S. 35
[178] Was zu Beginn unter Umständen ohnehin nicht viel helfen konnte, da ohne ausreichende Verfügbarkeit von Beatmungsgeräten bzw. entsprechend erfahrenem intensivmedizinischem Personal keine medizinisch erfolgreiche Therapie wirksam werden konnte – Stichworte: Zytokinsturm/Cortisongabe.
[179] Vgl. Ciesek, S. In: Deutsches Ärzteblatt Heft 43 vom 23.10.2020, S. A2028; vgl. Goethe, L.W. von In: Goethes Spruchweisheit Insel Verlag o.O. o. Hrsg., S. 12
[180] Vgl. Lenzen-Schulte: Der lange Schatten von Covid-19 In: Deutsches Ärzteblatt Heft 49 vom 4.12.2020, S. A 2416
[181] The Lancet zit. nach Deutsches Ärzteblatt Heft 33 – 34 vom 22.8.2022, S. A 1382
[182] Liliencron, D. In: Der ewige Brunnen Ein Hausbuch deutscher Dichtung Reinders, L. (Hrsg.) München 1959, S. 292
[183] Dies wurde übrigens Anfang März 2020 geschrieben, als es erst drei Tote in Deutschland gab.
[184] Raabe, W. In: Der ewige Brunnen Ein Hausbuch deutscher Dichtung Reinders, L. (Hrsg.) München 1959, S. 576
[185] Fromm, E.: Das Christusdogma und andere Essays Gießen 2020, S. 39 Originalzitat im Imperfekt verfasst.
[186] Goethe, L.W. von In: Goethes Spruchweisheit Insel Verlag o.O. o. Hrsg., S. 67
[187] Schmedt, M. Weiter keine nachhaltige Strategie In: Deutsches Ärzteblatt Heft 51 – 52 vom 21.12.2020, S, A 2491

[188] Sogar die aus den Reaktionen zur Silvesternacht 2015/16 bekannten zynischen Abstandsregelungen zu unseren Mitmenschen als Ersatz für fehlende Masken wurden einmal mehr als „Abhilfe“ empfohlen.
[189] Hinweis: Geschrieben vor der Ukraine-Krise.
[190] Harnack und Schulze-Boysen zit. nach Benz, W.: Verweigerung im Alltag und Widerstand im Krieg In: Informationen zur politischen Bildung 243 Deutscher Widerstand 1933 – 1945 Bundeszentrale für politische Bildung (Hrsg.) München 1994, S. 45
[191] Kekulé, A.: Der Corona-Kompass Berlin 2020, S. 24, S. 28; vgl. Kekulé, A.: Der Corona-Kompass Berlin 2020, S. 21ff.
[192] Vgl. Aschenberg-Dugnus, C. In: PNP vom 11.10.2021, S. 4
[193] „Ob es seine (Wielers – der Verf.) wissenschaftliche Ader war, ein übersteigertes Geltungsbedürfnis oder schlicht fehlendes Fingerspitzengefühl, mag jeder selbst beurteilen.“ Schmedt, M. In: Deutsches Ärzteblatt Heft 8 vom 8.2.2022, S. A 301
[194] Kekulé, A.: Der Corona-Kompass Berlin 2020, S. 103
[195] Roth, E.: Sämtliche Werke Band 1 München 1977, S. 86
[196] Schmedt, M.: Die stillen Leiden In: Deutsches Ärzteblatt Heft 39 vom 1.10.2021, S. A 1731
[197] Jakobus zit. nach Fromm, E.: Das Christusdogma und andere Essays Gießen 2020, S. 44
[198] Raimund, F.: Hobellied In: Müller-Alfeld, T. und Kraft, H. (Hrsg.) Das Buch der Lyrik Darmstadt 1954, S. 305
[199] Vgl. Kraus, D et Weinmann-Menke, J.: Was uns SLE über Covid.19 verrät In: Deutsches Ärzteblatt Heft 49 vom 10.12.2021, S. A 2336
[200] Fulda, L. In: Der ewige Brunnen Ein Hausbuch deutscher Dichtung Reiners, L. (Hrsg.) München 1959, S. 679
[201] Nietzsche, F.: Zur Genealogie der Moral Köln 2010, S. 145
[202] Kästner, E. In: Der ewige Brunnen Ein Hausbuch deutscher Dichtung Reiners, L. (Hrsg.) München 1959, S. 677
[203] Goethe, L.W. von In: Goethes Spruchweisheit Insel Verlag o.O. o. Hrsg., S. 83
[204] Roth, E.: Werke Band 3 München 1977, S. 562
[205] Die tatsächlichen „Fragestellungen der Soziologie haben sich grundsätzlich von der Wirtschaft auf die Struktur der Menschenmassen verschoben.“ Reich, W.: Die Massenpsychologie des Faschismus, Köln 2020, 8. Aufl., S. 145
[206] Kunzmann, P., Burkard, F.-P. und Wiedmann, F.: dtv-Atlas Philosophie, München 1998, 9. Aufl., S. 233
[207] Dazu kommt zu allem Überfluss auch noch die Drop-Out-Problematik.
[208] Siehe Elektrosmog/Smartphones
[209] Bloch, E.: Das Prinzip Hoffnung Band 1 Frankfurt am Main 2019, 11. Aufl., S. 174
[210] Vgl. Bloch, E.: Das Prinzip Hoffnung Band 1 Frankfurt am Main 2019, 11. Aufl., S. 227
[211] Nietzsche, F.: Zur Genealogie der Moral Köln 2010, S. 131f.
[212] Vgl. Bierhoff, B.: Marxismus zwischen Tradition und Erneuerung kritischen Denkens In:
Fromm Forum 23/2019: Gefangen in der Gesellschaft Tübingen 2019, S. 213
[213] Werden Impulse unterdrückt, dann tendieren sie dazu, durch Ideologien ersetzt zu werden, welche den ursprünglichen Impuls verleugnen bzw. sein Gegenteil behaupten. Vgl. Fromm, E.: Über den Ungehorsam und andere Essays Gießen 2019, S. 33, S. 40
[214] Vgl. Bamm, P.: Die unsichtbare Flagge München 1977, 17. Auf., S. 44

[215] Kekulé, A.: Der Corona-Kompass Berlin 2020, S. 293 In der weiteren Entwicklung dieser Pandemie kam es aber schließlich sogar dazu, dass diese Krankheit zu allem Überfluss auch noch für das politische Lagerdenken instrumentalisiert wurde. Dazu kommt, dass die Bevölkerung durch halb- bzw. viertelherzige Maßnahmen „sauer gefahren ist mit den Restriktionen und wir die Lage am Arbeitsplatz noch immer nicht im Griff haben."
[216] Fromm, E.: Die Revolution der Hoffnung Gießen 2019, S. 139
[217] Gruen, A.: Der Verlust des Mitgefühls München 2016, 11. Aufl., S. 190
[218] Vgl. Marx, K. zit. nach Fromm, E.: Das Menschenbild bei Marx Gießen 2018, S. 215
[219] Goethe, L.W. von In: Goethes Spruchweisheit Insel Verlag o.O. o. Hrsg., S. 85
[220] Otte, R.: Medizin zwischen Technik und Humanität In: Meier, J. und Bremer, F.: Der Mensch ist kein Ding! Neumünster 1996, S. 18
[221] Fromm, E.: Die Medizin und die ethische Frage des modernen Menschen In: Das Christusdogma und andere Essays Gießen 2020, S. 163
[222] Lauster, P.: Lassen Sie der Seele Flügel wachsen Wege aus der Lebensangst Reinbek bei Hamburg 2003, S. 147
[223] Gruen, A.: Dem Leben entfremdet Stuttgart 2022, 6. Aufl., S. 150f.
[224] Vgl. Schmedt, M.: Vertrauen kann man nicht kaufen In: Deutsches Ärzteblatt Heft 16 vom 22.4.2022, S. A 683
[225] Im Übrigen wären (und waren – siehe Ungarn,...) rechte Parteien die ersten, welche während der Pandemie die Pflicht zur Impfung zur nationalen Sache erklärt und von völkischer Solidarität schwadroniert hätten, wären sie (schon) am Ruder gewesen; auch an den repressiven Lockdowns hätten sie sehr wohl ihre Freude gehabt.
[226] Ebenso wie die Querdenker wollte die diensthabende Politik anfangs das Problem nicht lösen, sondern verdrängen.
[227] Angeblich soll es sogar Organisationen geben, die Menschen gegen bezahlte Mitgliedsteuer erzählen, dass wir alle schuldig und aus dem Paradies vertrieben wären; bereits Kindern wird Angst vor der Hölle gemacht und man glaubt dort sogar noch an den Teufel.
[228] Vgl. Pölking, H.: Wer war Hitler? Ansichten und Berichte von Zeitgenossen Berlin 2017, S. 44
[229] Vgl. Allroggem, M. et al: Einschätzung der Gefährdung In: Deutsches Ärzteblatt Heft 20 vom 20.5.2022, S. A 912
[230] Vgl. Fromm, E.: Zur Frage eines garantierten Einkommens für alle In: Fromm, E.: Über den Ungehorsam und andere Essays Gießen 2019, S. 114
[231] Und wenn die Grünen nicht gewesen wären, dann hätte man wohl nicht speziell E-Autos, sondern alle Fahrzeuge finanziell gefördert.
[232] Vgl. PNP vom 1.2.2021, S. 6
[233] Vgl. PNP vom 11.5.2022
[234] Und besonders „der Gierige wird immer Mangel leiden, weil er nie genug bekommt." Fromm, E.: Zur Frage eines garantierten Einkommens für alle In: Fromm, E.: Über den Ungehorsam und andere Essays Gießen 2019, S. 118
[235] Niemand würde dies übermäßig ausnutzen und nur aus Jux und Zwang durch die Gegend fahren.
[236] Vgl. Kekulé, A.: Der Corona-Kompass Berlin 2020, S. 269, S. 278
[237] Vgl. https://www.aerztezeitung.de/Medizin/Zum-ersten-Mal-ist-die-Grippewelle-ausgeblieben-419037.html
[238] Fromm, E.: Zur Theorie und Strategie des Friedens In: Fromm, E.: Über den Ungehorsam und andere Essays Gießen 2019, S. 167

[239] Fromm, E.: Gründe für eine einseitige Abrüstung In: Fromm, E.: Über den Ungehorsam und andere Essays Gießen 2019, S. 134
[240] Nietzsche, F.: Zur Genealogie der Moral Köln 2010, S. 137
[241] Die wenigsten Impfgegner sind schließlich überzeugte Anhänger der Naturmedizin – sie vereinigen sich mit diesen lediglich in der ablehnenden Not.
[242] Visetti, G. zit. nach Kekulé, A.: Der Corona-Kompass Berlin 2020, S. 121 Dabei ist zum Thema Widerstand auch anzuführen, dass bei einem braven Befolgen aller Regeln ohne individuellärztliche Initiative die sogenannten Patienten Zero (noch!) deutlich später erkannt worden wären: „Die Beachtung der medizinischen Regularien war einer der Gründe dafür, dass das Virus wochenlang ungestört zirkulieren konnte."
[243] Dabei vergessen wir selbst heute in der rückschauenden Bewertung, dass die Mahner und Warner nicht einmal vollständig Recht hatten, denn selbst ihre geäußerten Befürchtungen waren sogar noch zu vorsichtig.
[244] Roth, E.: Sämtliche Werke Band 1 München 1977, S. 257
[245] Rückert, F. In: Der ewige Brunnen Ein Hausbuch deutscher Dichtung Reiners, L. (Hrsg.) München 1959, S. 715
[246] Unbekannter Dichter: Erntelied In: Müller-Alfeld, T. und Kraft, H. (Hrsg.) Das Buch der Lyrik Darmstadt 1954, S. 411
[247] Vgl. Lenzen-Schulte, M.: Expertenkrise in der Pandemie In: Deutsches Ärzteblatt Heft 26 vom 2.7.2021, S. A 1310
[248] Kekulé, A.: Der Corona-Kompass Berlin 2020, S. 112
[249] Vgl. Yiwu, L: Wuhan Frankfurt am Main 2021, S. 20
[250] Kekulé, A.: Der Corona-Kompass Berlin 2020, S. 161
[251] Vgl. Kekulé, A.: Der Corona-Kompass Berlin 2020, S. 160
[252] Drosten, C.: In: PNP vom 7.6.2021, S. 4
[253] Vgl. Bernegger, M. Von Bio-Kampfstoffen ausgelöst? Deutsche Wirtschaftsnachrichten Seitenaufruf am 25.2.2020
[254] PNP vom 25.5.2021, S. 4
[255] Roth, E.: Sämtliche Werke Band 1 München 1977, S. 328
[256] Vgl. Kekulé, A.: Der Corona-Kompass Berlin 2020, S. 129
[257] Kekulé, A.: In: PNP vom 20.2.2021, S. 2
[258] Hier betrügt und verdrängt das statistikgeprägte Denkschema einmal mehr den Realismus. Die weniger durchsetzungsfähige Variante verschwindet deshalb, weil sie zu wenige Wirte findet, was nicht zwangsläufig an ihrer neuen Konkurrenzvariante, sondern auch an der mangelnden Wirteverfügbarkeit liegen kann – und diese wird vorrangig durch die klimatische Saisonalität und die Impfprävention beeinflusst.
[259] Ein „nettes" Wort für etwas, das nicht recht viel weiter als in die Kinderschuhe kam.
[260] Man vergleiche hier nur einmal mit Recep Erdogan, der sich entrüstet nach dem „Böhmermann-Gate" an Kanzlerin Merkel gewandt hatte.
[261] Roth, E.: Sämtliche Werke Band 1 München 1977, S. 123
[262] Roth, E.: Sämtliche Werke Band 1 München 1977, S. 375
[263] Carael et al. Zit. nach: Döring, N. et al.: Männer, die für Sex bezahlen – Prävalenz und sexuelle Gesundheit In: Deutsches Ärzteblatt Heft 12 vom 25.3.2022, S. 201
[264] Deutsches Ärzteblatt Heft 11 vom 19.3.2021, S. A 574 Zumal in der entsprechenden Studie auf Covid-19-Patienten verzichtet wurde und infizierte Affen eingesetzt wurden. Nur nebenbei: Lohnen dafür Tierversuche wirklich?
[265] Deutsches Ärzteblatt Heft 11 vom 19.3.2021, S. A 572
[266] Vgl. Tagesschau vom 22.3.2021; 20:00 Uhr
[267] Kekulé, A.: Der Corona-Kompass Berlin 2020, S. 250

[268] Wenn auf einem Kreuzfahrtschiff hohe Reproduktionszahlen auftreten, dann liegt das doch nicht daran, dass ein einzelner von Zimmer zu Zimmer jeden infiziert hätte, sondern an den vorhandenen Bedingungen: viele Menschen, enge Räumlichkeiten; dazu Klimaanlagen und geschlossene Luftzirkulationskreisläufe.
[269] Altes Sprichwort zit. nach Pawlak, M.: Zitate von A bis Z, Herrsching 1989, S. 47
[270] „Faktoren, wie etwa die Grenznähe einer Region, können als alterative Erklärungen für den Anstieg der Inzidenzen ausgeschlossen werden. " Forschungsinstitut Gesellschaftlicher Zusammenhalt und Helmholtz Zentrum München zit. nach PNP vom 20.11.2021, S. 3
[271] Leuthold, H. In: Der ewige Brunnen Ein Hausbuch deutscher Dichtung Reiners, L. (Hrsg.) München 1959, S. 885
[272] Reich, W.: Die Massenpsychologie des Faschismus, Köln 2020, 8. Aufl., S. 301
[273] Falls jemand glauben möge, das musikalische Material wäre als Prädikat solcher Show-Wettbewerbe ausschlaggebend – selig seien die Naiven!
[274] Und dies betrifft nicht allein das an anderer Stelle angesprochene Kondom.
[275] Sich selbst Hoffnung machende Sprüche von Lokalpolitikern der Machart: Wir wären die Ersten in der Krise gewesen und nun wäre man als Erster auch wieder aus der Krise wieder herausgekommen, waren nie etwas anderes als billiger Selbst- und (in verantwortlicher Stellung vor allem) Fremdbetrug. Es galt: Nach der erster Welle ist vor der zweiten Welle – und so weiter und so fort!
[276] Unbekannter Dichter: Streitlied zwischen Leben und Tod In: Müller-Alfeld, T. und Kraft, H. (Hrsg.) Das Buch der Lyrik Darmstadt 1954, S. 414
[277] Will man seitens des Tigers ernsthaft versuchen, dem Hirsch begreiflich zu machen, wie köstlich es ist, Blut zu schlürfen? Vgl. Goethe, L.W. von In: Goethes Spruchweisheit Insel Verlag o.O. o. Hrsg., S. 69
[278] Boxhammer, R.: In: PNP vom 14.1.2021, S. 11 (Leserzuschrift)
[279] Arendt, H.: Eichmann in Jerusalem Ein Bericht von der Banalität des Bösen München 2020, 16. Aufl., S. 232
[280] Vgl. Arendt, H.: Eichmann in Jerusalem Ein Bericht von der Banalität des Bösen München 2020, 16. Aufl., S. 233
[281] „In einer Stunde streckt man einen Baum zur Erden, der hundert Jahr hat gebraucht, um groß zu werden." Rückert, F. zit. nach Pawlak, M.: Zitate von A bis Z Herrsching 1989, S. 372 Wer das Gesetz in die eigene Hand nimmt, erweist der Gerechtigkeit nur dann einen Dienst, „wenn er gewillt ist, die Sachlage in einer Weise zu verändern, die dem Gesetz wieder Gültigkeit verschafft."
[282] Gruen, A.: Dem Leben entfremdet Stuttgart 2022, 6. Aufl., S. 84
[283] Die Organspende ohne Organhandel wäre sehr wohl sinnvoll, aber das wird uns in diesem Take-What-You-Can-Get-System kaum gelingen.
[284] Roth, E. In: Der ewige Brunnen Ein Hausbuch deutscher Dichtung Reiners, L. (Hrsg.) München 1959, S. 685
[285] Das rationalisierende Reflex-Argument, dass diese doch ausverkauft wären, konnte dabei nicht entschuldigen, denn man hätte sich auch selbst welche erstellen können.
[286] Bloch, E.: Das Prinzip Hoffnung Band 1 Frankfurt am Main 2019, 11. Aufl., S. 38
[287] Dies alles wurde im Übrigen lange vor der Coronapandemie niedergeschrieben. Inzwischen dürften diese Feststellungen wohl deutlich mehr Zustimmung finden.
[288] Hesse, H.: Mit Hesse durch das Jahr Bühl 1977, o.S.
[289] Birbaumer, N.: Dein Gehirn weiß mehr, als du denkst Berlin 2014, 5. Auflage, S. 106
[290] Hinsichtlich Seniorenheimen wird von der zu Grunde liegenden Geisteshaltung allen Ernstes drei Generationen nach Auschwitz in der Bundesrepublik Deutschland wieder

politisch darüber debattiert, eine ganze Generation (auch noch diejenige, welche sich für den bundesdeutschen Wiederaufbau mitverantwortlich zeichnete) der Herdenimmunisierung zu opfern, zu welcher alte und vorerkrankte Menschen aus gesundheitlichen Gründen eben gerade nicht mehr in der Lage sind. Auch Hitlers Massenmorde begannen im Übrigen mit der Euthanasie („Gnadentod") unheilbar Kranker. Vgl. Arendt, H.: Eichmann in Jerusalem Ein Bericht von der Banalität des Bösen München 2020, 16. Aufl., S. 58 Damals stellte sich die Bevölkerung allerdings gegen die Euthanasie – und heute?

[291] Kekulé, A.: Der Corona-Kompass Berlin 2020, S. 274

[292] Meyer, C.F.: Chor der Toten In: Müller-Alfeld, T. und Kraft, H. (Hrsg.) Das Buch der Lyrik Darmstadt 1954, S. 441

[293] Fromm, E.: Der gegenwärtige Zustand des Menschen In: Das Christusdogma und andere Essays Gießen 2020 , S. 96

[294] Vgl. Fromm, E.: Der gegenwärtige Zustand des Menschen In: Das Christusdogma und andere Essays Gießen 2020 , S. 99

[295] Gruen, A.: Dem Leben entfremdet Stuttgart 2022, 6. Aufl., S. 6109

[296] „Robinhood-Trader", denen eigene Kompetenz im Finanzmarktgeschehen fehlt, sowie Hedgefonds-Strategen verstärkten diesen Trend gemeinhin noch durch das Kopieren solcher aktuell angesagter Kaufrichtungen.

[297] „Es war der Beginn der Inflation, von der sich die heutige Jugend keine Vorstellung machen kann. Wenn man nicht das Essen vor zwölf Uhr bestellte, kostete es, wenn der neue Kurs herauskam, einige hundert Millionen mehr." Siodmak, R. zit. nach Pölking, H.: Wer war Hitler? Ansichten und Berichte von Zeitgenossen Berlin 2017, S. 129

[298] Vgl. Müller, M.: Fear the walking dead In: Paparazzi 12/2020, S. 12ff.

[299] Hemel, U.: Kritik der digitalen Vernunft, Freiburg im Breisgau 2020, S. 238

[300] Vgl. Lanzer, P. In: Deutsches Ärzteblatt Heft 8 vom 8.2.2022, S. A 341

[301] Jacobsen, E. In: Deutsches Ärzteblatt Heft 8 vom 8.2.2022, S. A 341 Im Originalzitat kein Plusquamperfekt.

[302] Hartig, A. In: Deutsches Ärzteblatt Heft 8 vom 8.2.2022, S. A 342

[303] Nietzsche, F. zit. nach Precht, D.: Anna, die Schule und der Liebe Gott Der Verrat des Bildungssystems an unseren Kindern München 2015, S. 247

[304] In Deutschland war es nicht viel anders.

[305] Zumal auch bestimmte Tiere, wie etwa Nerze, in der Massentierhaltung sogar selbst als Überträger des Coronavirus auftreten. Vgl. Carstens, N. In: Du und das Tier 4/2020, S. 33

[306] Vgl. Heinze, A.: Von der Leistungs- zur Lotteriegesellschaft Noch nicht erschienen.

[307] Dahrendorf, R. zit. nach Osterfeld, G.: Pädagogische Aspekte im Werk von Erich Fromm. Wiss. Diss. Bonn 2009, S. 175

[308] Fromm, E.: Gesellschaftlich ausgeprägte psychische Effekte In: Wissenschaft vom Menschen Gießen 2020, S. 149

[309] Fromm, E.: Zum Problem Psychologie und historischer Materialismus In: Fromm Forum 25/2021 Erich-Fromm-Gesellschaft (Hrsg.) Tübingen 2021, S. 141

[310] Fromm, E.: Der revolutionäre Charakter In: Das Christusdogma und andere Essays Gießen 2020, S. 146

[311] Osterloh, F.: Stärkere Anreize setzen In: Deutsches Ärzteblatt Heft 44 vom 30. 10. 2020, S. A 2085

[312] Vgl. Heinze, A.: Von der Leistungs- zur Lotteriegesellschaft Noch nicht erschienen.

[313] Kekulé, A.: Der Corona-Kompass Berlin 2020, S. 109f.

[314] Yiwu, L: Wuhan Frankfurt am Main 2021, S. 214

[315] Vgl. Goethe, L.W. von In: Goethes Spruchweisheit Insel Verlag o.O. o. Hrsg., S. 39

[316] Vgl. Kekulé, A.: Der Corona-Kompass Berlin 2020, S. 29
[317] Kekulé, A.: Der Corona-Kompass Berlin 2020, S. 200; vgl. Kekulé, A.: Der Corona-Kompass Berlin 2020, S. 31, S. 200
[318] Lindner, C. In: Deutsches Ärzteblatt Heft 3 vom 22.1.2021, S. A76
[319] Kekulé, A.: Der Corona-Kompass Berlin 2020, S. 31, S. 23
[320] Kekulé, A.: Der Corona-Kompass Berlin 2020, S. 109
[321] Dazu ist weiter anzumerken: „Globalisierung ist sicher das am meisten gebrauchte – missbrauchte – und am seltensten definierte, wahrscheinlich missverständlichste, nebulöseste und politisch wirkungsvollste (Schlag- und Streit-)Wort der letzten Jahre." Beck, U. S.: Was ist Globalisierung? Frankfurt am Main 1997, 42
[322] Vgl. Deutsches Ärzteblatt online https://www.aerzteblatt.de/nachrichten/104629/Bertelsmann-Stiftung-sieht-600-Krankenhaeuser-als-ausreichend-fuer-die-Versorgung-an, Seitenaufruf am 26.7.2020
[323] „Knapp 90 % der in städtischen Regionen lebenden Bevölkerung in Deutschland erreichen innerhalb von 15 Minuten das nächste Krankenhaus mit einer Basisversorgung. In ländlichen Regionen schaffen dies nur gut 64 % der Bevölkerung." Statistisches Bundesamt Pressemitteilung Nr. 163 vom 29. April 2019 https://www.destatis.de/DE/Presse/Pressemitteilungen/2019/04/PD19_163_91.html Seitenaufruf am 26.5.2021
[324] Joe, L. zit. nach Pawlak, M.: Zitate von A bis Z, Herrsching 1989, S. 462
[325] Fromm, E.: Die Revolution der Hoffnung Gießen 2019, S. 177
[326] Besonders die Fehlübertragung wird deshalb auch von destruktiven Narzissten vorgenommen, die nicht erkennen, dass andere Menschen ein ihnen unbekanntes Eigenleben besitzen.
[327] Fromm, E.: Propheten und Priester In: Fromm, E.: Über den Ungehorsam und andere Essays Gießen 2019, S. 43
[328] Vgl. Fromm, E.: Über den Ungehorsam und andere Essays Gießen 2019, S. 8
[329] Fromm, E.: Propheten und Priester In: Fromm, E.: Über den Ungehorsam und andere Essays Gießen 2019, S. 49
[330] La Rochefoucauld zit. nach Pawlak, M.: Zitate von A bis Z, Herrsching 1989, S. 71
[331] Hilgers, H. In: PNP vom 19.11.2020, S. 3
[332] Osterfeld, G.: Pädagogische Aspekte im Werk von Erich Fromm. Wiss. Diss. Bonn 2009, S. 210
[333] Rückert, F. In: Der ewige Brunnen Ein Hausbuch deutscher Dichtung Reinders, L. (Hrsg.) München 1959, S. 267
[334] Vgl. PNP vom 30.7.2020, S, 18
[335] Deutsches Ärzteblatt 117/25 vom 19.6.2020, S. A1252
[336] Vgl. Osterfeld, G.: Pädagogische Aspekte im Werk von Erich Fromm. Wiss. Diss. Bonn 2009, S. 182
[337] Neben diesen (manchmal sogar aus der Not geborenen) autoritativen Tendenzen, mussten wir darüber hinaus auch feststellen, dass die Politik nicht mehr strategisch denken kann, sondern zumeist lediglich noch taktiert.
[338] Keller, G.: Das Fähnlein der sieben Aufrechten Stuttgart 1956, S. 66
[339] Goethe, L.W. von In: Goethes Spruchweisheit Insel Verlag o.O. o. Hrsg., S. 74
[340] Gewiss hätten nicht wenige auf guten Rat (der zumeist als teuer gilt) gehofft und gehört, wenn ihnen beispielsweise empfohlen worden wäre, auf die Benutzung öffentlicher Verkehrsmittel zur Schule zu verzichten und bei den leisesten Erkältungssymptomen, verbrachten Urlauben und besonders nach Flugreisen ihre Kinder vorsorglich zu Hause zu lassen.

[341] Schulleiterin einer Grundschule In: Niederbayerische Schule Ausgabe 5/6 November 2020, S. 6

[342] Was ohnehin übertrieben war und nicht gerade für eine hohe Medienkompetenz der Entscheider sprach.

[343] Man bedenke angesichts dieser Dichotomie, wie sehr immer darauf gepocht wurde, dass die Schulpflicht eingehalten werden sollte und nur ein einziger Tag Abwesenheit mit aller gesetzlicher Härte bestraft werden müsse. Und dann werden die Kinder monatelang nach Hause geschickt, obwohl man Klassen hätte teilen können – ja müssen.

[344] Gruen, A.: Dem Leben entfremdet Stuttgart 2022, 6. Aufl., S. 45

[345] Zur Konvergenz: Im Bereich der Trainingslehre vertrete ich dieselbe Theorie: Der gesundheitlich und auf dauerhafte Leistungsfähigkeit angelegte Weg lautet folgendermaßen: Man belastet sich – im Allgemeinen – wie hinsichtlich des Immunsystems im Besonderen – nur so stark, dass sich der Körper jeweils davon erholen kann. Man bleibt also im anabolen Bereich. Vgl. Heinze, A.: Leistungsfaktor Radsport Stuttgart 2018, S. 53

[346] Osterloh, F.: Das stille Leiden der Kinder und Jugendlichen In: Deutsches Ärzteblatt Heft 39 vom 1.10.2021, S. A 1739

[347] PNP vom 9.11.2020, S. 10

[348] Hilgers, H. In: PNP vom 19.11.2020, S. 3

[349] Beckmann, K. zit. nach Osterloh, F.: Das stille Leiden der Kinder und Jugendlichen In: Deutsches Ärzteblatt Heft 39 vom 1.10.2021, S. A 1740

[350] Fischbach, T. zit. nach Osterloh, F.: Das stille Leiden der Kinder und Jugendlichen In: Deutsches Ärzteblatt Heft 39 vom 1.10.2021, S. A 1740

[351] Renner, T. zit. nach Osterloh, F.: Das stille Leiden der Kinder und Jugendlichen In: Deutsches Ärzteblatt Heft 39 vom 1.10.2021, S. A 1742

[352] Beispielsweise ein erstes Mal wenigstens im Bordell auf seine sexuellen Kosten zu kommen.

[353] Rosenblum zit. nach Spitzer, M.: Vorsicht Bildschirm! Elektronische Medien, Gehirnentwicklung, Gesundheit und Gesellschaft München 2007, 3. Aufl., S. 27, S. 38f., S. 72

[354] Spitzer, M.: Vorsicht Bildschirm! Elektronische Medien, Gehirnentwicklung, Gesundheit und Gesellschaft München 2007, 3. Aufl., S. 27, S. 38f., S. 73 Auch McGurk-Effekt genannt.

[355] Hilgers, H. In: PNP vom 19.11.2020, S. 3

[356] Vgl. Precht, D.: Anna, die Schule und der Liebe Gott Der Verrat des Bildungssystems an unseren Kindern München 2015, S. 30

[357] Precht, D.: Anna, die Schule und der Liebe Gott Der Verrat des Bildungssystems an unseren Kindern München 2015, S. 297

[358] Fromm, E.: Existenzielle Bedürfnisse und das Wohl-Sein In: Wissenschaft vom Menschen Gießen 2020, S. 63

[359] Heine, H., zit. nach Pawlak, M.: Zitate von A bis Z, Herrsching 1989, S. 36

[360] Nietzsche, F.: Der Antichrist Köln 2008, S. 28, S. 95

[361] Meidinger, H.-P.: Gefahr eines Schul-Lockdowns nicht unterschätzen. In: PNP vom 18.11.2020, S. 2

[362] Dieses Beispiel bezieht sich nicht auf die Omikron-Variante.

[363] Vgl. Hoffman, C.: Auswirkung einer Mund-Nasen-Bedeckung auf Herzfrequenz, Sauerstoffsättigung und subjektives Belastungsempfinden In: German Journal of Sports Medicine 72 7/2021, S. 364

[364] Vgl. Nunnenkamp, P.: Schreckgespenst Globalisierung In: Informationen zur politischen Bildung 263 Bundeszentrale für politische Bildung (Hrsg.): Globalisierung, S. 32
[365] Nietzsche, F.: Also sprach Zarathustra Köln 2005, S. 98
[366] Zöpfl, H. In: PNP vom 16.3.2021, S. 8
[367] Zöpfl, H. In: PNP vom 16.3.2021, S. 8 Im ersten halbwegs so zu bezeichnenden Nach-Corona-Sommer 2022 war sogleich geplant, Schüler zu Gunsten wirtschaftlicher Interessen zu Hause und online lernen zu lassen, weil ein Wirtschaftskongress in der betreffenden Region stattfand. Man erntet auch hier, was man sät!
[368] Spitzer, M.: Vorsicht Bildschirm! Elektronische Medien, Gehirnentwicklung, Gesundheit und Gesellschaft München 2007, 3. Aufl., S. 7
[369] Vgl. Bloch, E.: Das Prinzip Hoffnung Band 1 Frankfurt am Main 2019, 11. Aufl., S. 387
[370] Vgl. Fromm, E.: Visionen einer seelisch gesunden Gesellschaft In: Wissenschaft vom Menschen Gießen 2020, S. 158
[371] Vgl. Fromm, E.: Die Alternative eines humanistischen Sozialismus In: Wissenschaft vom Menschen Gießen 2020, S. 158
[372] Fromm, E.: Visionen einer seelisch gesunden Gesellschaft In: Wissenschaft vom Menschen Gießen 2020, S. 157
[373] Hesse, H.: Mit Hesse durch das Jahr Bühl 1977, o.S.
[374] Fromm, E.: Ethik und Politik. München 1990, S. 29
[375] Vgl. Kekulé, A.: Der Corona-Kompass Berlin 2020, S. 144
[376] Pestalozzi, H. zit. nach Pawlak, M.: Zitate von A bis Z Herrsching 1989, S. 78
[377] Fromm, E.: Propheten und Priester In: Fromm, E.: Über den Ungehorsam und andere Essays Gießen 2019, S. 47
[378] Vgl. Etymologisches Wörterbuch des Deutschen (div.) Braun, W. et al. München 1995; S. 1435, S. 136f.
[379] Kekulé, A.: Der Corona-Kompass Berlin 2020, S. 238f.
[380] Vgl. German Journal of Sports Medicine 72 /2021, S. 364 Im Sportunterricht und bei kognitiven Anstrengungen (Probearbeit) sieht es womöglich aber anders aus. Hier sollte nach draußen ausgewichen werden bzw. die Maske abgenommen werden dürfen - zumal während Probearbeiten ohnehin nicht gesprochen wird.
[381] Schmedt, M.: Managerqualitäten gefragt. In: Deutsches Ärzteblatt Heft 14 vom 8.4.2022, S. A 589
[382] Lat.: „Die Stimme des Rufers in der Wüste." zit. nach Pawlak, M.: Zitate von A bis Z, Herrsching 1989, S. 465
[383] Hesse, H.: Mit Hesse durch das Jahr Bühl 1977, o.S.
[384] Fromm, E.: Credo eines Humanisten In: Wissenschaft vom Menschen Gießen 2020, S. 197
[385] Von Horváth, Ö.: Der ewige Spießer Berlin 2015, 5. Aufl., S. 48
[386] Dieser Begriff wurde damals medial noch tunlichst vermieden und als ich diesen Passus Mitte März 2020 verfasste, stand hier noch Epidemie – und sie werden es kaum glauben: selbst dieser Begriff galt damals noch als verpönt!
[387] Reich, W.: Die Massenpsychologie des Faschismus, Köln 2020, 8. Aufl., S. 194f.
[388] Fromm, E.: Credo eines Humanisten In: Wissenschaft vom Menschen Gießen 2020, S. 200
[389] Roth, E.: Werke München 1977, S. 103
[390] Bei der politischen Wahl wird schlussendlich doch wieder der die Autorität repräsentierende Politiker gewählt, selbst wenn zwischenzeitlich oberflächlich opponierende Strebungen aufgetreten sind.

[391] Vgl. Fromm, E.: Credo eines Humanisten In: Wissenschaft vom Menschen Gießen 2020, S. 201
[392] Roth, E.: Sämtliche Werke Band 1 München 1977, S. 445
[393] Fromm, E.: Die Revolution der Hoffnung Gießen 2019, S. 27
[394] Roth, E.: Sämtliche Werke Band 1 München 1977, S. 423
[395] Reich, W.: Die Massenpsychologie des Faschismus, Köln 2020, 8. Aufl., S. 191
[396] Vgl. Munthe, A. zit. nach Pawlak, M.: Zitate von A bis Z Herrsching 1989, S. 381
[397] Kamphausen, U. In: Ärzteblatt Heft 33-34 vom 17.8.2020, S. A 1569
[398] Goethe, J.W. zit. nach Pawlak, M.: Zitate von A bis Z Herrsching 1989, S. 313 Vgl. 14.4.2020 Tagesschau 20:15 Uhr
[399] Kekulé, A.: Der Corona-Kompass Berlin 2020, S. 291
[400] Fromm, E.: Die Revolution der Hoffnung Gießen 2019, S. 40
[401] Was im Übrigen auch für eine Hinrichtung gilt. „Nicht, wenn die Wahrheit schmutzig ist, sondern wenn sie seicht ist, steigt der Erkennende ungern in ihr Wasser." Nietzsche, F.: Also sprach Zarathustra Köln 2005, S. 41
[402] Dazu kommt übrigens auch die Tatsache, dass „Menschen, die sich gut über die Covid-19-Pandemie informiert fühlten, ein besseres psychisches Wohlbefinden zeigten." Gilan, D. et al: Psychische Belastungen, Resilienz, Risiko- und protektive Faktoren während der SARS-CoV-2-Pandemie In: Deutsches Ärzteblatt Heft 10 vom 12.3.2021, S. 179 Dieser Aspekt ist keinesfalls unterzubewerten, denn wer etwas inhaltlich nicht durchdringt, muss es abwehren.
[403] Schmedt, M.: Vorsicht Desinformation In: Deutsches Ärzteblatt Heft 47, 26.11.2021, S. A 2187
[404] Kekulé, A.: Der Corona-Kompass Berlin 2020, S. 163 Mann muss allerdings anführen, dass die Vektortechnik bereits seit diesem Zeitraum erprobt wurde und vor allem im Dopingbereich eingesetzt wird – da kann es natürlich nur purer Zufall sein, dass die Länder, deren Athleten Gendoping mit Vektoren betrieben, auch die Nase bei den Vektor-Impfstoffen vorne hatten!
[405] „Heute sind, noch ehe sie sich regenerieren konnten, bereits neue, genauer, sehr alte Mächte fanatisch dabei, wiederum standardisierte Meinungen – gar nicht so verschieden von den vorherigen – durch Massenimpfung zu verbreiten." Kästner, E.: Fabian Zürich 2018, 2. Aufl., S. 5 Vielleicht wissen nicht alle, dass auch Erich Kästners Bücher verbrannt wurden – das komplette Zitat lautet nämlich: „Dass im Dritten Reich die Geschmacksurteile verstaatlicht, in Phrasen geliefert und millionenfach geschluckt wurden, hat Geschmack und Urteil breiter Kreise bis in unsere Tage verdorben. Und heute sind, noch ehe sie sich regenerieren konnten, bereits neue, genauer, sehr alte Mächte fanatisch dabei, wiederum standardisierte Meinungen – gar nicht so verschieden von den vorherigen – durch Massenimpfung zu verbreiten." Kästner, E.: Fabian Zürich 2018, 2. Aufl., S. 5
[406] Vgl. Beerheide, N. et Eckert, N.: Wechsel beim Impfschema In: Deutsches Ärzteblatt Heft 27 – 28 vom 12.7.2021, S. A 1347 Immerhin wurden die AstraZeneca-Erstgeimpften dadurch ein wenig entschädigt, dass mit mRNA Zweit- und damit heterolog Geimpfte einen sogar noch leicht besseren Schutz aufweisen.
[407] Vgl. Deutsches Ärzteblatt Heft 27 – 28 vom 11.7.2022, S. A 1225
[408] Die ideale Reihenfolge zum Schutzaufbau lautet ohnehin: Impfung und dann zur Auffrischung ggf. eine Infektion und nicht umgekehrt.
[409] Mayr, A. et al: J. Vet Med 2004, Bd. 51, DS. 199ff. zit. nach Prävention aktuell 4/2022 Sonderpublikation des Deutschen Ärzteverlags
[410] Nietzsche, F.: Also sprach Zarathustra Köln 2005, S. 56

[411] Darauf hinweisen möchte ich hierbei, dass es aus Sicht mancher Ärzte keine Begründung für einen Sportverzicht gibt. Vgl. z.B. Steinacker, J. zit. nach: Kinder und Jugendliche: „Return-to-Sport" nach Impfung und Covis-19-Infektion In: Dossier der Sportmedizin 73. Jg., 2/2022, S. D 10 Für elektive Eingriffe wird im Übrigen nach Covid-Infektion bzw. Impfung ein mehrwöchiger Zeitraum Distanz empfohlen (zumeist sieben Wochen), um perioperative Risiken zu minimieren. Die Tatsache, dass die Myokarditis bevorzugt nach der zweiten Impfdosis auftritt, könnte auch artefaktische Züge tragen, da hier die Tendenz, zu frühzeitig wieder mit dem Sport anzufangen höher ist – nach dem Motto: „Schließlich war nach der ersten Impfung auch nichts passiert."

[412] Und auch dabei vielleicht auch nicht ganz vergessen: Der Patient Zero war gewiss kein Vegetarier! Tierschutz und Menschenschutz gehen immer Hand in Hand.

[413] Nietzsche, F.: Götzen-Dämmerung Köln 2008, S. 81

[414] Nietzsche, F.: Zur Genealogie der Moral Köln 2010, S. 141

[415] Vgl. Winter, M.: „Frauen spenden - Männer empfangen": Psychologische und geschlechtsspezifische Aspekte der Lebendorganspende Deutscher Ärztinnenbund https://www.aerztinnenbund.de/bdquoFrauen_spenden_-_Maenner.2057.0.2.html Seitenaufruf am 3.10.2021 Wenn nun aber eine Massenimpfung die Lösung für ein grundsätzliches Problem der Massengesellschaft sein sollte, dann müssen wir allerdings konstatieren: eine solche Impfung ist keine Lösung, sondern bleibt letztlich immer nur eine Symptombekämpfung. Unter einem solchen Symptom versteht man einerseits ein Anzeichen und einen Vorboten, ein Kenn- und Warnzeichen, aber auch das Krankheitszeichen und dessen Erscheinung. Das Syndrom ist hingegen als ein ganzer Symptomkomplex zu verstehen und gibt ein komplettes Krankheitsbild ab. Vgl. Das große Duden Lexikon Mannheim 1967 Band 7, S. 806f.

[416] Morgenstern, C. In: Der ewige Brunnen Ein Hausbuch deutscher Dichtung Reiners, L. (Hrsg.) München 1959, S. 744

[417] Ebner-Eschenbach, M. von In: Der ewige Brunnen Ein Hausbuch deutscher Dichtung Reiners, L. (Hrsg.) München 1959, S. 707

[418] BayMBI.2020 Nr. 270 Abs., 3.2.14 vom 14.5.2020, S. 3

[419] Vgl. Yiwu, L: Wuhan Frankfurt am Main 2021, S. 20

[420] Vgl. Tholl, G.: Trend: Smartphone darf mit aufs Klo In: PNP vom 1.7.2022, S.165

[421] Sind wir heute in moralischer Hinsicht wirklich so viel besser, wenn wir dabei überwachen und sprechen, anstatt anzuleiten, zu bilden und zu befähigen?

[422] Roth, E.: Sämtliche Werke Band 1 München 1977, S. 127

[423] Fromm, E.: Die Revolution der Hoffnung Gießen 2019, S. 141

[424] „Nur die Feigen reden sich aus allem heraus, und die Lügner bleiben allgemein." Bloch, E.: Das Prinzip Hoffnung Band 1 Frankfurt am Main 2019, 11. Aufl., S. 288

[425] Fontane, T. In: Der ewige Brunnen Ein Hausbuch deutscher Dichtung Reiners, L. (Hrsg.) München 1959, S. 614

[426] Zum unterscheidenden Verständnis von Antigen-Schnelltests und wissenschaftlich genaueren PCR-Tests ein Vergleich: Schnelltests entsprechen in ihrer Aussagekraft etwa dem Alkohol-Feldtest („Blasen"), während PCR-Tests bei dieser Analogie den Tests mit Hilfe einer Blutabnahme entsprechen.

[427] Vgl. Fromm,. E.: Die Revolution der Hoffnung Gießen 2019, S. 20

[428] Hesse, H.: Mit Hesse durch das Jahr Bühl 1977, o.S.

[429] Schmedt, M.: Resilienz stärken In: Deutsches Ärzteblatt Heft 13 vom 2.4.2021, S. A 649

[430] Schmedt, M.: Ein Dauerproblem In: Deutsches Ärzteblatt Heft 29 – 30 vom 25.7.2022, S. A 1279

[431] Und erst nach mehr als nur berechtigtem Protest nachgebessert wurde.
[432] Vgl. Schmedt, M: Man weiß es nicht so genau In: Deutsches Ärzteblatt Heft 10 vom 12.3.2021, S. A 483 Dazu Immobiliengeschäfte, während andere im Lande am Hungertuch nagen mussten. Reicht es nicht, Minister zu sein, um finanziell über die Runden zu kommen? Sollte in einer pandemischen Krise, wo tagtäglich allein hierzulande mehr als eintausend Menschen sterben, nicht alles an persönlicher Energie auf das Amt verwendet werden? Dazu kommt die Diktion des abschlussfordernden Verkäufers und nicht diejenige eines kurativen Arztes: „Ich kann ihnen bis zum Sommer ein Impfangebot machen" – Marketing statt Medizin.
[433] „So richtig los ging die Diskussion aber erst mit dem Unterstützer Jens Spahn (CSU), der dies bei einem Treffen der Landesgesundheitsminister forderte. " Schmedt, M.: Selbst gemachtes Dilemma In: Deutsches Ärzteblatt Heft 43 vom 29.10.2021, S. A 1971
[434] Spahn, J. zit. nach Weiss, J. In: Alter Wein in neuen Schläuchen In: Deutsches Ärzteblatt vom 16.4.2021, S. A 789
[435] Adam, W.: In: Deutsches Ärzteblatt Heft 27 – 28 vom 12.7.2021, S. A 1372
[436] Müller, U.: In: Deutsches Ärzteblatt Heft 27 – 28 vom 12.7.2021, S. A 1372
[437] Schmedt, M.: Gut vorbereiten In: Deutsches Ärzteblatt Heft 49 vom 10.12., S. A 2299
[438] Kekulé, A.: Der Corona-Kompass Berlin 2020, S. 30
[439] Kekulé, A.: Der Corona-Kompass Berlin 2020, S. 31, S. 25
[440] Schmedt, M.: Ohne Leistungskürzungen In: Deutsches Ärzteblatt Heft 50 vom 17.12. 2021, S. A 2365
[441] Vgl. Kekulé, A.: Der Corona-Kompass Berlin 2020, S. 28
[442] Reichart, A.: Die Blockade der Reichen In: Deutsches Ärzteblatt vom 16.4.2021, S. A 757
[443] Das gilt beispielsweise für Beherbergungsverbote – die auch seitens der Ärzteschaft als überzogen galten. Vgl. Maibach-Nagel, E.: Coronastrategie Fachlicher Diskurs, klarer Kurs In: Deutsches Ärzteblatt Heft 43 vom 23.10.2020, S. A 2011
[444] Vgl. Deutsches Ärzteblatt Heft 48 vom 3.12.2021, S. A 2246
[445] Brinkmann, C.: Unzureichend dargestellt In: Deutsches Ärzteblatt Heft 44 vom 5.11.2021, S. A 2067f.
[446] Vgl. Meidinger, H.-P. In: PNP vom 8.6.2020, S. 4 In einem vorstehenden Kapitel wurde bereits aufgezeigt, dass man sich mit dem informellen rigiden Personalsparkurs, welcher ganz besonders angesichts der Coronakrise in seiner Schadhaftigkeit auffällig wurde, tief ins eigene Fleisch geschnitten hatte.
[447] Wo blieben hierzulande die Tests, welche im Nachbarland Österreich in den Schulen längst etabliert waren? Regelmäßige Schnelltests wurden für Kitas, die Grundschulen und auch für die Sekundarstufe auch hierzulande zu Beginn der zweiten Welle von führenden Virologen dringend empfohlen. Vgl. Kekulé, A.: Der Corona-Kompass Berlin 2020, S. 264
[448] Frege, A.: Hope Street München 2020, S. 336
[449] Stratmann, H.: In: Rock Hard Heft 401 11/2020, S. 34
[450] Roth, E.: Sämtliche Werke Band 1 München 1977, S. 665
[451] Schmedt, M.: Die Unvernunft Weniger In: Deutsches Ärzteblatt Heft 44 vom 30.10.2020, S. A 2077 Die eigentlich ganz einfache Idee dazu wäre es gewesen, sich mit den Elternbeiräten abzustimmen und dann gegebenenfalls für diese Woche Hausaufgaben stellen zu dürfen. Dass ein Streichen der Ferien hingegen die ohnehin sehr geforderten Lehrkräfte erzürnen und das ohnehin schon mehr als nur angeprangerte Klima belasten würde – das wäre eigentlich vorauszusehen gewesen!

[452] Fromm, E.: Die Revolution der Hoffnung Gießen 2019, S. 47 Originalzitat im Präsens
[453] Bühring, P.: Die Motive der Leugner In: Deutsches Ärzteblatt Heft 25 vom 25.6.2021, S. A 1257
[454] Vgl. zudem Hallervorden, D.: Corona-Song https://www.youtube.com/watch?v=k4OFXkcn24Q Video Seitenaufruf am 31.7.2021
[455] Zum Begriff der Ökonomokratie Vgl. Plaßmann, T. In: Informationen zur politischen Bildung 263 Bundeszentrale für politische Bildung (Hrsg.): Globalisierung, S. 3
[456] Gamm, H.-J.: Der Flüsterwitz im Dritten Reich, München 1963, S. 40
[457] Nietzsche, F.: Also sprach Zarathustra Köln 2005, S. 46 Ein Hinweis dazu: Nietzsche galt Kant gegenüber nicht gerade als wohlgesonnen!
[458] Hemel, U.: Kritik der digitalen Vernunft Freiburg im Breisgau 2020, S. 68
[459] Hemel, U.: Kritik der digitalen Vernunft Freiburg im Breisgau 2020, S. 84
[460] Geibel, E. In: Quellen heiterer Tierweisheit Frankfurt am Main o.J. o.S.
[461] Vgl. Doidge, N.: Neustart im Kopf Wie sich unser Gehirn selbst repariert Frankfurt 2008, S. 299
[462] Wer hier nun glaubt, seine Moral leichtfertig beiseiteschieben zu können, hat tatsächlich nie eine echte Moral besessen.
[463] Im doch recht überschaubar großen Dänemark bestand allerdings die Problematik durch Einträge aus dem Nachbarland Schweden.
[464] Hesse, H.: Mit Hesse durch das Jahr Bühl 1977, o.S.
[465] Goethe, J.W. zit. nach Pawlak, M.: Zitate von A bis Z Herrsching 1989, S. 264
[466] Es lässt psychoanalytisch tief blicken, dass man hier zu Hemisphäre nicht von Reihenfolge spricht, sondern die Bevorzugung („Priorisierung") und damit die Konkurrenzsituation bereits verbal zum Maßstab macht.
[467] Vgl. PNP vom 27.3.2020, S. 1
[468] Richter-Kuhlmann, E.: Reduziert während der Pandemie In: Deutsches Ärzteblatt Heft 26 vom 2.7.2021, S. A 1305
[469] Hillert, A.: Gebrauchsanweisung für das Leben in der Postmoderne Stuttgart 2019, S. 220 Man konnte übrigens zu Beginn der Coronakrise bei E-Bay durchaus noch gebrauchte Beatmungsgeräte von hochwertigen Firmen kaufen. Diese hatten in der Regel 100000 Stunden Laufzeit und wurden routinemäßig von Krankenhausverwaltungen ausgemustert, doch in einer Krise würden sie gute Dienste tun und könnten viele Menschenleben retten! Internet-Recherche vom 4.4.2020
[470] Vgl. Hegel, F. zit. nach Bloch, E.: Das Prinzip Hoffnung Band 1 Frankfurt am Main 2019, 11. Aufl., S. 313
[471] Reich, W.: Charakteranalyse Köln 2010, S. 477
[472] Horkheimer, M., Adorno T., W.: Dialektik der Aufklärung Frankfurt am Main 2011, 20. Aufl., S. 15
[473] Fromm, E.: Die Revolution der Hoffnung Gießen 2019, S. 38
[474] Russ. Sprichwort In: Quellen heiterer Tierweisheit Frankfurt am Main o.J. o.S.
[475] Dürr, H.-P.: Warum es ums Ganze geht. München 2010, 3. Aufl., S. 125
[476] Vgl. Sturm, R.: Kampf um die Republik 1919 – 1923 In: Informationen zur politischen Bildung 261 Weimarer Republik Bundeszentrale für politische Bildung (Hrsg.) München 1998, S. 23
[477] Was also macht der Karrierist? Er spielt alles herunter. Die Räder des Exportexpress müssen weiter rollen: Aber wer gewinnt hier überhaupt noch?
[478] Mao zit. nach Yiwu, L: Wuhan Frankfurt am Main 2021, S. 29
[479] Lebensweisheit zit. nach Pawlak, M.: Zitate von A bis Z Herrsching 1989, S. 198
[480] Vgl. PNP vom 12.3.2ß22, S. 5

[481] Arendt, H.: Was heißt persönliche Verantwortung in einer Diktatur? München 2019, 4, Auf, S. 65
[482] Vorbildlich waren nur die Lockdowns selbst – nicht aber die Maßnahmen, um diese in der Bevölkerung durchzusetzen: mehrjährige Gefängnisstrafen bei Lockdown-Verstößen in China beispielsweise waren mehr als nur unverhältnismäßig.
[483] Stand 4/2020
[484] Hierbei verhält es sich psychologisch nicht anders als bei den anfänglichen Impfskeptikern – nicht zu verwechseln mit denjenigen aus der Großgruppe der zweiten Generation.
[485] Roth, E.: Sämtliche Werke Band 1 München 1977, S. 223
[486] Humboldt, W. Von. zit. nach Pawlak, M.: Zitate von A bis Z Herrsching 1989, S. 443
[487] Nietzsche, F.: Also sprach Zarathustra Köln 2005, S. 154
[488] Marcuse, H.: Repressive Toleranz In: Wolff, P.W, Moore, B und Marcuse, H.: Kritik der reinen Toleranz. Frankfurt am Main 1967, 3. Aufl., S. 105
[489] Fromm, E.: Anatomie der menschlichen Destruktivität. Hamburg 2005, 21. Aufl., S. 377
[490] PNP vom 11.4. 2020, S. 31
[491] Zuckmayer, C.: Der Hauptmann von Köpenick Frankfurt am Main 1991, S. 89f.
[492] Vgl. Nietzsche, F.: Zur Genealogie der Moral Köln 2010, S. 128
[493] Dopingtests ohne Auswertung (welche es tatsächlich gibt!) sind wie ein „Corona: testen, testen, testen“.
[494] Fromm, E.: Die Revolution der Hoffnung Gießen 2019, S. 165
[495] Eine Gefahr stellt es bei der Diagnostik psychischer Schäden übrigens auch dar, dass die Ursachen in Corona gesehen werden, obwohl diese anderweitig zu finden wären, dass es also so einer Fehlinterpretation der Motivlage kommen kann.
[496] Schmedt, M.: Die stillen Leiden In: Deutsches Ärzteblatt Heft 39 vom 1.10.2021, S. A 1731 Im Originaltext Präsens
[497] Schulze, A.-K.: Ihre Bedürfnisse beachten In: Deutsches Ärzteblatt Heft 11 vom 18.3.2022, S. A 478
[498] Fromm, E. In: Wissenschaft vom Menschen Gießen 2020, S. 13
[499] Lauster, P.: Lassen Sie der Seele Flügel wachsen Wege aus der Lebensangst Reinbek bei Hamburg 2003, S. 148
[500] Dementsprechend wurden selbst während der vierten und schwersten Coronawelle lediglich acht Prozent der Fahrgäste in Verkehrsmitteln, wie z.B. Bahnen, kontrolliert. Focus 49/2021, S. 20
[501] Vgl. Gastmeier, P. et al.: Schlussfolgerungen aus krankenhaushygienischer Sicht In: Deutsches Ärzteblatt Heft 26 vom 1.7.2022, S. A 1180
[502] Nietzsche, F.: Götzen-Dämmerung Köln 2008, S. 36
[503] Bragg, B. In: The million things that never happened (Music-CD) Cooking Vinyl 2021
[504] Reichhardt, A.: Das unendliche Maskendrama In: Deutsches Ärzteblatt Heft 27 – 28 vom 12.7.2021, S. A 1348 Es fehlte nur noch, dass man minderwertige Desinfektionsmittel als unvergällten Alkohol an Obdachlose ausgegeben hätte.
[505] Hierzulande steht allerdings zu befürchten, dass mit deutscher Gründlichkeit wieder einmal hoffnungslos übertrieben werden dürfte.
[506] Vgl. Deutsches Ärzteblatt Heft 48 vom 18.11.2021, S. A2162ff.
[507] Vgl. Doidge, N.: Neustart im Kopf Wie sich unser Gehirn selbst repariert Frankfurt 2008, S. 61f, S. 69f., S. 89 Sexueller Missbrauch an Kindern hat auch deshalb so schwerwiegende und irreversible Folgen, weil dieser oft in einer kritischen Phase der

Sexualentwicklung stattfindet. Vgl. Freud, S. zit. nach Doidge, N.: Neustart im Kopf Wie sich unser Gehirn selbst repariert Frankfurt 2008, S. 105 Stellen wir zum Abschluss noch die umtreibenden Fragen und wagen den Blick in die Glaskugel: Wird es in den nächsten Jahren wieder denselben Fasching mit all seinen viralen Veranstaltungen geben? Das bunte Apres-Ski-Treiben? Wie wird das Erwachen am nächsten Neujahrsmorgen sein: völlig coronagedankenfrei? Gibt es einen Hangover oder war Silvester immer noch bzw. schon wieder mit verordneter Ausgangssperre gesegnet?

[508] Geibel, E. In: Der ewige Brunnen Ein Hausbuch deutscher Dichtung Reiners, L. (Hrsg.) München 1959, S. 669

[509] Fromm, E.: Der nekrophile Charakter In: Wissenschaft vom Menschen Gießen 2020, S. 103

[510] Spitzweg, C. In: Der ewige Brunnen Ein Hausbuch deutscher Dichtung Reiners, L. (Hrsg.) München 1959, S. 686

[511] Verf.: Dr. A. D. Heinze

[512] Bild: U. P. Wolf, München

[513] Hebbel, F.: Gedichte Stuttgart 1993, S. 35

[514] Vgl. Yiwu, L: Wuhan Frankfurt am Main 2021, S. 198